CANGO
中国国际民间组织合作促进会

Since 2008
Vistionary Education
教育扶贫志愿项目

U0993849

嘉言善行

山区校长谈教育

中国国际民间组织合作促进会
教育扶贫志愿项目 ◎编

LEVELLING MOUNTAIN-HIGH GAPS

Lessons from China's Leading Rural Educators

中国经济出版社
CHINA ECONOMIC PUBLISHING HOUSE
北京

图书在版编目（CIP）数据

嘉言善行：山区校长谈教育 / 中国国际民间组织合作促进会教育扶贫志愿项目编 .-- 北京：中国经济出版社，2020.10

ISBN 978-7-5136-6314-4

Ⅰ. ①嘉… Ⅱ. ①中… Ⅲ. ①山区－乡村教育－中国－文集 Ⅳ. ① G725-53

中国版本图书馆 CIP 数据核字（2020）第 169972 号

责任编辑　姜　静
责任印制　马小宾
封面设计　任燕飞

出版发行　中国经济出版社
印 刷 者　北京柏力行彩印有限公司
经 销 者　各地新华书店
开　　本　710mm × 1000mm　1/16
印　　张　20.25
字　　数　396 千字
版　　次　2020 年 10 月第 1 版
印　　次　2020 年 10 月第 1 次
定　　价　68.00 元
广告经营许可证　京西工商广字第 8179 号

中国经济出版社　**网址** www.economyph.com　**社址** 北京市东城区安定门外大街 58 号　**邮编** 100011
本版图书如存在印装质量问题，请与本社销售中心联系调换（联系电话：010-57512564）

共 序

王香奕　中国国际民间组织合作促进会副理事长兼秘书长
付　敬　教育扶贫志愿项目发起人之一、志愿者

中国国际民间组织合作促进会（简称中国民促会）教育扶贫志愿项目自2008年发起以来，近200位来自全国各地的校长先后参加了其旗舰项目之一——“中国山区优秀校长国际领导力奖学金项目”。

项目举办期间，这些在我国最艰苦地区深耕基层教育的领军人物，时刻用他们的丰厚经验、独到见解和对话能力感染着我们。项目初创期，志愿者团队就萌生过这样的想法：将他们的实践案例和思想智慧结集成册、分享传播，让更多的教育工作者受益。

今年，时机终于成熟。

志愿者团队振臂一呼，校长们“云”集响应，在各自家乡开始为此提笔凝思。宋代教育家和理学家朱熹在其《朱子全书》中写道：“见人嘉言善行，则敬慕而记录之。”借其所言，我们将这本书命名为《嘉言善行：山区校长谈教育》。在教师节前夕，该书编辑工作进入收尾阶段；在10月17日国际消除贫困日前，最终与读者见面。

相比同类公益项目，中国民促会教育扶贫志愿项目较早将贫困（山区）地区优秀校长的能力建设作为核心目标，并以此体现项目的独特定位。十多年来，我们构建了较大的数据库，基本涵盖了中国山区优秀教育管理者的成长样本。

今年是我国脱贫攻坚决胜之年，千百年来困扰中华民族的绝对贫困问题即将被

历史性地画上句号。而在实现惠及千百万普通家庭的宏伟目标进程中，教育扮演着不可替代的作用，校长们功不可没。入选本项目的历届校长作为这一群体中的佼佼者，更是为基层教育事业做出了难以估量的贡献。

在这个具有历史意义的关键节点，我们邀请入选过“中国山区优秀校长国际领导力奖学金项目”的校长们深入梳理治校之道，总结管理方略、创新实践和前瞻思考，希望这份精神财富沉淀下来，进而成就更多山区“教育家”。

中国民促会教育扶贫志愿项目启动后，历年来得到了多家企业、机构和个人的捐赠与支持。2020 年，四川德赛尔化工实业有限公司、芜湖市持明慈善基金会、美光科技（通过赠与亚洲捐赠并进行管理）和《中国日报》资深评论员黄向阳为项目捐资。中德科学中心多年为项目顺利开展提供场地支持。这些善行是项目可持续发展的第一推动力。在此，我们对项目捐方和支持方、历届授课老师、编辑团队和志愿者团队的无私奉献深表谢意。

十年磨一剑。校长们在本书中展示的智慧才华和思想结晶，是在与我国前驻美大使周文重先生、清华大学图书馆馆长王有强教授、教育学者孙云晓先生、儿童心理学家和作家金韵蓉女士以及汉学家高大伟教授（David Gosset）等一大批志愿奉献的中外知名专家学者对话之后升华而成的。在此，我们不一一具名，特别致谢近 100 名参与项目的志愿师资。

程世林、侯清彬、王坚、李代强、王海龙、韦婷、何光府、徐观兵、简阅、吴天书、范呈碧、李志磊、匡小兰、孟令起等 14 位校长组成了《嘉言善行：山区校长谈教育》编委会，帮助约到近 70 位校长的稿件。他们的贡献为本书内容提供了可靠的保障。

在本书编辑过程中，中国经济出版社责任编辑姜静女士和资深媒体人、特聘编辑贾双林先生给予了专业指导和付出；华东师范大学教育管理学系白芸副教授和湖南大学公共管理学院何韵助理教授为参与本书撰稿的各位优秀校长线上专题分享“调研与写作”知识，在此深表谢意。

自 2008 年以来，追求志愿精神和专业水准的完美结合是教育扶贫志愿项目的灵魂。半年来，刘小涵、李御智、陈红玲、卢瑶、马晓丽、付梦瑶、石佳颖、冯熹宇、周萌、张彭、范丹丹、王丽聪、李芷昕、刘红展、余梦蝶、李廷辉、于文彬、李欣、陈欣然、潘莉、李玟涵、赵丽辉、付敬、孙国徽等作为编委会成员和编辑们的助手，参与到这一知识型产品的生产过程中，确保了本书的高质量。

新冠疫情对减贫事业的负面影响不容小觑。在中国，我们即将与绝对贫困（Absolute Poverty）告别，但与相对贫困的战斗却是长期的。

经合组织（OECD）刚发布的数据表明，在G20经济体中，今年只有中国的经济能实现正增长，全球对因经济普遍衰退而致返贫的挑战极度担忧。从更长的时间维度来看，可持续的教育投入是解决代际贫困问题最可靠的“药方”。

我国正在为制定国民经济和社会发展第十四个五年规划（2021—2025年）问计于民。我们相信，这些闪耀着思想火花的基层声音，对国家教育事业的未来发展会有所启发。如此，各位校长、编辑团队和志愿者团队半年来的这场学术进阶之旅就注定更有价值了。

2020年10月1日

目 录

好校长成就好学校——特色办学面面观

新理念引领大教育——乡村教育大家谈

新变革提升新素养——教学实践见成效

好校长成就好学校

——特色办学面面观

行者、乐者、学者、智者

——一个校长的自我修行

陈　达　四川省巴中市平昌县实验小学党总支书记、校长

2014年11月，习近平主席在亚太经合组织工商领导人峰会上指出："大时代需要大格局，大格局需要大智慧。"在国家优先发展教育、坚持立德树人思想的指引下，校长的角色、地位和作用从来没有像现在这样引起人们的关注。2013年2月26日，教育部颁布实施《义务教育学校校长专业标准》，首次明确提出了中国义务教育学校校长的6项重要专业职责，即"规划学校发展、营造育人文化、领导课程教学、引领教师成长、优化内部管理、调适外部环境"。在贫困地区，由于办学条件艰苦、师资力量薄弱，有一位具有浓厚教育情怀、独特人格魅力的校长尤为关键。

一、平易近人的校长是"行者"——行者无疆

苏联教育家苏霍姆林斯基曾经说过："一个好校长就是一所好学校。"我们暂且不去分析这句话是否夸大了校长的作用，但首先应该明白这句话向人们传递着这样一个信息——校长在学校建设和发展中的作用举足轻重！因此作为校长，只有让自己始终保持奔跑的姿态，才能时刻充满激情，才能全面掌控信息，才能密切与学生、老师和家长联系，才能科学地做出决策。在自己的专业领地里，我们不需要"减肥"，我们可以尽情地汲取前辈思想的精华，生发出更具创造力的思想。我们虽然不能力求教育的全新变化，但是一定会继承和发扬永恒的"新教育"精神。

二、平易近人的校长是"乐者"——乐者无忧

作为校长，我们的事业无法复制，我们的职业是伟大的，因为我们改变的可能不只是一个人，还可能是一个家庭，甚至几代人。我们乐观，老师和学生就乐观；我们豁达，老师和学生就豁达；我们胸怀天下，老师和学生就海纳百川；我们高瞻远瞩，老师和学生就放眼世界。天府新区信息职业技术学院景志明院长的观点尤为

经典：校长需要“智商”“胆商”，更需要“情商”，如果校长总是高高在上，不能主动去了解、关心、体谅老师，甚至对老师的错误和疏忽恶语相向，长此以往，必定大失人心，让人望而生畏、绕道而行。

所以，我们应该清醒头脑、淡化角色、切实转变作风、增加人文关怀，以普通老师的身份走进办公室，和老师谈心、聊天，嘘寒问暖，在谈心、聊天的过程中，了解老师的真实想法和内心诉求，增进友谊，拉近距离，不断汲取教育智慧；也应该定期开展问卷调查、谈心和座谈会，倾听师生心声；参与各种教学教研活动，关注师生的情绪和感受；更应该抽出时间，淡化形式，随时随地深入学生中去，善于和各类学生交朋友，在和学生深层次的接触过程中，为所有学生的幸福学习和快乐成长支招，为所有教师的快乐工作和终身成长助力。

三、平易近人的校长是“学者”——学者无涯

古语有训：“立身以立学为先，立学以读书为本。”“鱼离水则鳞枯，人离书则神索。”一个不知道学习的校长，肯定是一个没有生命力的校长。我们深知要提升办学理念、具有先进的教育思想，就必须善于学习、勤于思考、勇于实践，只有不断学习新理念、新经验、新知识，教育事业才能补充新养分，才能不断取得成功。只有通过学习有所感悟，工作才能有新思路，工作能力和水平才能提高。“读万卷书，行万里路”，我和老师们建立学习共同体凝心聚力、共进共长；同名校长工作室的伙伴们潜心研究、抱团成长；与新鲜资讯同行、与专业书籍相伴、与传统文化并肩。教育没有止境，唯有用心耕耘。只要我们心在远方、路在脚下，努力做一名有追求、敢创新、爱学习的引领者，学校一定能成为师生的幸福家园。

四、平易近人的校长是“智者”——智者无惑

党的十八大报告首次提出，“把立德树人作为教育的根本任务”，“努力办好人民满意的教育”；党的十九大报告明确提出，“努力让每个孩子都能享有公平而有质量的教育”。这是党中央对教育事业提出的新要求，也是中国教育砥砺前行的新坐标，这为我们指明了全面推进教育事业科学发展的根本方向。办好人民满意的教育、加强现代学校制度建设是必然要求和大势所趋，科学制定和完善各项规章制度、形成铁的纪律，做到以规管人、按章办事，是学校发展的根本保障。但刚性制度要柔性实施，由于教育事业本身就是充满爱的阳光事业，所以在制度运用中，校长既要坚持原则、依“法”治校、维护制度的尊严，又要因势利导、充分包容、理解教职工，人性化实施，做到以诚待人、以情感人、以理服人，用人文关怀温暖人心，用真挚情感凝聚人心，努力成为一名智者，引领教师阔步前行。

北京广渠门中学吴甡校长有句很经典的话："做教育，其实不是很难，没有那么复杂，就是一种生命影响生命。"一个学校要发展，校长就要甘做春泥，勇于护花、善于护花，老师就要甘为人梯，用爱心和耐力帮助每个生命成长，使学生在这里受益，使生命互相影响。优美的生活环境，良好的学习氛围，让孩子健康成长，让老师开心工作，这便是我追求的一种理想的教育。做一个有亲和力的人，做一个平易近人的校长，守望初心，高扬真善美，传播正能量，为改变老区落后面貌、助力脱贫攻坚、促进教育内涵发展和持续发展贡献自己应有的力量，这便是我坚守的教育之路。

养高雅之气，培聪慧之人

——四川省巴中市通江县第六小学“雅慧教育”实践研究

高怀阳　四川省巴中市通江县第六小学校长

一、“雅慧教育”提出的背景

通江县第六小学始建于2012年12月，2014年8月底投入使用。学校占地面积30亩，现有42个教学班，在校学生2489人。学校地处城乡接合部，70%以上的学生是农村孩子或进城农民工子弟，留守儿童达40%以上，家庭教育缺失，学生行为习惯较差。建校之初，学校面临地域劣势、条件艰苦、师资薄弱、缺乏信任等诸多困难。因此，如何快速提升办学质量、获得家长信任，从而站稳脚跟，成了学校发展的当务之急。根据党的十八届三中全会关于完善中华优秀传统文化教育的精神，结合学校实际，在广泛调研和深入思考后，学校提出了“养高雅之气，培聪慧之人”的办学理念和建设以“雅慧”为核心的校园文化，落实立德树人根本任务，实现学生德育与智育同步发展。

雅者，正也。正而有美德者谓之雅；慧者，心系于事也。明白一切事项谓之智，了解一切事理谓之慧。雅是德，慧是智。“雅慧教育”的核心要义就是以德为先，德智共育，全面发展。实施“雅慧教育”的途径是建设以“雅慧”为核心的校园文化体系。

二、“雅慧教育”的主要内容

以“建雅慧校园、塑雅慧教师、修雅慧课程、培雅慧学生”为载体，构建“雅慧文化”体系，着力培养“外雅于形，内慧于心，有家国情怀、未来眼光”的现代小学生。

（一）建雅慧校园

校园是师生学习和生活的重要场所，对师生的心理情绪、行为习惯、品格形成等方面具有潜移默化的影响。我们始终把建设清幽、雅致、优美的自然环境和包容、互助、奋发有为的人文环境作为“雅慧教育”的重要内容。

1. 建筑景观呈现雅

根据学校地形和建筑等实际情况，学校建有一轴四景一音韵（杏坛讲学浮雕—校赋墙—校训墙—雅慧雕塑—校园雅乐），两室两场（校史陈列室、图书室，雅慧广场、运动场），一院一堂（博雅书院、通慧堂），三廊四楼（尔雅廊、尔慧廊、思源文化廊，静雅楼、勤雅楼、博雅楼、品雅楼）。从色彩到命名，无不体现出“雅”的气质。

2. 传统文化浸润雅

通过中国格，以楷、行、草、隶、篆五种书法字体书写的“雅”“慧”形成的中国印，集汉隶而成的校训“尔雅尔慧”，编钟、编磬、围棋、古琴雕塑等校园景观，以及廊道文化，无不以传统文化元素浸润师生心灵、陶冶师生情操，逐步形成雅正人格品质。

3. 校园绿化勾勒雅

桃园、李园、樱桃园、海棠园，春赏繁花秋尝果。蔷薇、杜鹃、丹桂、紫薇、玫瑰、月季、紫荆与各色时令鲜花渐次开放。爬山虎绿满墙，三角梅红满窗。朝夕闻鸟语，四季有花香。人与自然相得益彰。身临其中，心灵得以净化，智慧得以升华。

4. 人文环境彰显雅

教育是育人的工作，人的因素是关键，人文环境是保障。要形成包容互助奋发有为的人文环境，就必须建设好教师队伍和管理队伍。常言道：“火车跑得快，全靠车头带。”由此可见，管理队伍是学校发展的关键。为了建设好管理队伍，形成良好的人文环境，我们主要从以下两个方面加强管理队伍的建设。

一是榜样示范。德国教育家雅斯贝尔斯认为，最好的教育不是说教而是影响。最好的管理也是如此。孔子说：“政者，正也。其身正，不令而行；其身不正，虽令不从。”我们要求从校长到每位班子成员必须是全体教职工行的榜样、学的示范；谋事干事勇担当，清正廉明做表率。

二是建立公平公正的校园生态。我们通过不断创新管理理念和管理方法，营造了良好的校园氛围和校园生态，归纳起来就是三项原则、四条途径。三项原则，即坚持制度化和人性化相结合的原则，坚持原则性和灵活性相结合的原则，坚持层级管理和扁平管理相结合的原则。对教师的管理在管与不管之间，既给老师留足空间，又要求老师自觉遵守各项规章，努力工作，不断进取。四条途径：一是树立正气，避免“劣币驱逐良币”；二是奖罚分明，让每个人可以看到自己的明天；三是公平公正，激发教师工作热情；四是民主参与，人人都是学校主人。

（二）塑雅慧教师

雅慧教师是“雅慧教育”的核心。“要有好的学校，先要有好的教师。”“没有一个量够质优、志同道合的教师团队，再好的学校改革构想也将付之阙如。”我们主要通过三种途径塑造和培养言行雅正、知识丰富、技能卓越的雅慧教师队伍。

1. 树立职业理想，热爱教育事业

通过“愿景激励、党建示范、文化引领、制度保障”营造良好的校园氛围，使每个人都有自己的职业愿景，每个人都为实现自己的人生价值而努力工作。比如，我们在办校之初就向老师们提出了两个愿景：一是放心把子女放在本校读书，二是为了我们更有尊严而努力工作。目前，我校有 30 多名本校教师的子女在本校就读。

2. 加强师德建设，规范教师言行

教师的一言一行都对学生产生着积极或消极的影响，直接影响着教育的效果。我们通过每周的工作例会，加强对教师师德的教育和引导；通过评选“师德标兵”“优秀教师”“优秀党员”“最美雅慧教师”等活动，弘扬正气，激励先进。办学五年来，从未有过违背教师师德的案例。

3. 强化专业引领，提高教学技能

教师的专业化程度，直接影响着教育教学质量的高低。我校属于新建学校，师资力量薄弱，专业化程度不高。面对客观现状，我们没有抱怨，没有观望，没有等待。充分相信每个人都有提升和发展的空间。我们立足本校现有教师资源，通过三条途径促进教师的专业化成长。

（1）走出去

每年派出大量学科教师赴成都、北京乃至全国各地参加培训，接受先进的教学理念和教学方法。

（2）引进来

通过邀请省内外知名教育专家、特级教师进校园举办讲座，巡课评课，对教师进行全员培训。

（3）加强课题研究和校本研修

一是加强课题研究。学校激励人人做科研型教师，将科研成果纳入绩效考核和评职晋级评优选模计分项目，极大地激发了教师参与课题研究的积极性。目前，我校一项省级课题和两项市级课题即将结题，阶段性成果获得省级三等奖。微型课题

40 余人次获得市县一、二等奖。

二是持续开展“12345”教师专业发展工程，即一赛二帮三研四课五星。

“一赛”是指每学期开展一次课堂教学竞赛。

“二帮”是指骨干教师与青年教师结对帮扶。

“三研”是指每周固定三个半天开展学科校本教研。每周二下午为语文教研时间，每周三为艺体及综合科教研时间，每周四为数学教研时间。学校在安排课表时专门为校本教研留出时间，确保任课教师全员参与。

“四课”是指新进教师的见面课、青年教师的合格课、中年教师的研讨课、校级班子和骨干教师的示范课。“四课”由学科教研组实施，每学年一次。

“五星”是指我校已进行五年的“五星级教师专业化发展培养”工程。具体做法是：学校制定每个星级教师的专业化标准，教师对标逐级申报，学校组织评议审核通过后，将根据星级标准给予星级教师每年 200~1000 元科研经费补助。每年考核一次，考核合格后方可申报高一星级，不合格的教师将不再享受相应荣誉和补助。县级骨干教师须从三星级以上教师中推荐，市级骨干教师则从四星级中推荐，以此类推。目前，我校有四星级教师 1 人，三星级教师 12 人，二星级教师 20 人，一星级教师 28 人。星级教师的评定只看专业水平，严格把关，没有名额限制，宁缺毋滥，该工程既是职称评定受名额和硬性条件限制的补充，又避免了职称评定一评定终身、一评了事的弊端，有力激发了教师专业化发展的动力。星级教师培养使年轻教师迅速成长、中年教师不断走向优秀。比如，向琴和李艳两位教师四年前从农村考入我校，短短几年就成长为在市内有影响力的学科骨干教师，在课堂展评中获全市第一名，代表巴中市参加全省课堂展评并获二等奖。又如，徐泽由一位年轻教师迅速成长为全县科学学科带头人，在全市科学课堂展评中获一等奖，代表巴中市参加全省实验操作比赛获二等奖，两项自制教具获省一等奖，并推送参加国家级评选。到目前为止，我校教师在全国、省、市、县课堂展评和各项专业技能竞赛中获得一、二等奖的达 80 多人次，为教学质量的提升奠定了坚实的基础。

（三）修雅慧课程

课程建设是一所学校走向高质量发展的必由之路，是学校发展的高地，脱离课程的质量是无源之水、无本之木。雅慧课程是雅慧教育的重要载体，课程的设置既关注学生的实践动手能力，又关注学生的品行修养和智力开发，让学生在活动中求知、在活动中益智，从而变得更加聪慧。近年来，我们根据学校办学理念和校园文化设计，大胆进行课程设置改革，开发了传统文化、品格教育、艺术体育、实践体验等课程体系。

1. 传统文化课程

大胆改革课程设置，打破每节课40分钟的定式，推行“长短课”。每天上午课前全校统一开展20分钟的经典诵读，从“三百千”、《弟子规》、《声律启蒙》、《笠翁对韵》等蒙学读物到“四书五经”等传统经典，做到全员诵读、师生共读。每天下午课前20分钟全校进行书法练习。通过开展国学吟诵、书法、国画、剪纸、古筝、武术、围棋、中国象棋等社团活动，大力弘扬传统文化。

2. 品格教育课程

党的十八大、十九大报告中均明确提出教育的根本任务是“立德树人”。我校把“正品成格，立德树人”作为“雅慧教育”的核心要义之一。以“勤、礼、孝、信”为德育理念，根据不同年龄特征，持续开展品格教育。卢梭说：“最好的教育就是无所作为的教育，学生看不到教育的发生，却实实在在地影响着他们的心灵。”通过开展班级“集雅榜”评选“品格小明星”“最美雅慧学生”“中华好少年”活动和班队活动等多种途径，把教育融入生活之中、活动之中，寓教于做，寓教于乐，实现“四爱”（爱生命，以安全为重；爱父母，以感恩为先；爱同学，以友爱为本；爱祖国，以忠诚为怀）德育目标。

3. 艺术体育课程

通过设置一年一度的国学文化艺术节、校园吉尼斯、樱桃诗会、桃李文化节、“雅慧之声”校园卡拉OK大赛、现场书写大赛、师生田径运动会、校园足球联赛等传统活动，创办科创、蜀绣、舞蹈、绘画、书法、剪纸、古筝、跆拳道、武术、围棋、象棋、国学吟诵、银耳种植、花木种植等40多个精品社团，实现学生德智体美劳全面发展，提升学生综合素养。

4. 实践体验课程

一方面，我们开辟了以粮食、蔬菜、耳类、花木种植为主要内容的实践体验园地。我们利用学校一块空地建了耳房，与银耳科研所、银耳博物馆合作，利用实践课程指导学生参与银耳种植全过程，所收银耳在食堂熬成银耳羹让全校师生分享。实践体验既培养锻炼了学生的实践动手能力，又让学生充分了解了家乡的名片，以身为通江人而自豪，从而培养学生的家国情怀。

另一方面，我们利用学校绿化地带开辟了桃园、李园、樱桃园，开发设置了“樱桃诗会”“桃李节”校本课程，春赏繁花秋尝果，既培养了学生的生态意识，又让学生了解了春华秋实的生命过程。全国知名门户网站对我校开展银耳种植和传统文化教育等情况进行了专题报道。课程建设为学生的未来多播下一粒种子，总有一粒会生根、发芽、开花、结果。

（四）培雅慧学生

培养“博识约取、知书达礼”的雅慧学生，是建雅慧校园、塑雅慧教师、修雅慧课程的终极目标。我校自建校以来就特别重视学生的德、智、体、艺、能全面发展。通过雅慧课程的持续实践，我们培养了学生良好的行为习惯和道德品质，学业成绩不断提高，德智体美劳全面发展。500 余人次在国家、省、市、县各类比赛活动中获等级奖，真正朝着“外雅于行，内慧于心”的方向迈进。

三、“雅慧教育”的办学成效

五年来，我校先后被授予“全国校园足球特色学校”“四川省校园足球示范学校”“四川省乒乓球协会青少年培训基地”“四川省卫生单位”“四川省无烟单位”“四川省优秀传统文化艺术传承学校”“巴中市文明校园”“巴中市阳光体育示范学校”“巴中市新德育实验示范学校”“巴中市节水型示范单位”等称号，四年在主管部门组织的年度综合考核中获一等奖，连续四年被县委政府和教育主管部门表彰为“教育教学质量先进单位”“教育科研先进单位”。学校的办学理念和办学成果得到省内外领导和专家的高度评价，得到社会各界和家长的一致认可，在校学生由办校之初的 600 余人增加到 2500 余人。

潜心打造农村小学三维立体教育场

李广杰　吉林省抚松县仙人桥镇中心校校长

“场”是自然存在的，一切物质会在“场”中力量的作用下遵循规律，传承基因……教育场就是把相似或相同的教师个人磁场聚合起来，形成既体现个性，又和谐统一的大教育环境，从而具有吸引和磁化作用，产生教育效能。

一、概述

未来学校的发展方向是营造自由、和谐、自主选择的学校大教育场。深层次讲，就是一切教育活动都要尊重生命、关注经历中的经验、遵循人的成长规律，以获得幸福快乐为目的而进行。我们学校提出的三维立体教育场就是为孩子的成长发展提供一个良好的教育环境，让孩子置身其中，在学校快乐生活、自由成长。我们的理念就是让学校成为一个像物理磁场一样的“场”，先把学生牢牢地吸引过来，再慢慢地有方向、有规律、有计划地进行教育影响。久而久之，学生就变成这个“主场”中的一分子，具有这个教育场的所有特性。当学生离开这个“主场”后，便成为传承和复制这个“场”的元素，成为能影响周围个人的“子场”，我们也就完成了学校的教育教学任务。这样一个三维立体教育场的环境是看得见、摸得着、感受得到的，是物质的；看不见的是它的精神影响力，也就是学校的校风、师风和学风。

三维包括办学方向、教育教学内容和教育手段的积累，我们称之为教育场的“长、宽、高”。长，即“为每个农村孩子将来幸福生活做准备”，这个理念借鉴了杨东平 2015 年在《人民教育》上发表的《未来农村教育的新图景》一文中的吉林省抚松县的教育经验，符合我校的教育教学主张，我们将其提炼后确定为我校的教育目标，这也和未来学校的人才要求相吻合，更接地气，有浓浓的教育温度。宽，即“广纳正能量教育资源，尽最大努力为每个孩子提供个性发展的课程资源”，学校综合教育教学能力就是学校具有教给学生哪些本领的实力。长和宽相乘，就向人们展示出学校教育的一个“面”。这个“面”的大小制约了我们教育教学的范畴，也就是学校的教育规模。高，就是在这个“面”上，师生一切教育教学活动的积累。我校推行“经历教育”，将书本上的知识和个人经历进行科学整合，形成教育合力。每个“真实教育经历故事的积累”就是“高”的元素。长 × 宽 × 高 = 三维立体（真实存在的教育框架）。学生置身其中，感受它的气息、传承它的文化、复制它的元素。当孩子们从里面走出来的时候，德智体美劳等方面得到初步全面发展，为将来的幸福生活完成了人生的奠基。

（一）“长”的具体目标

“为每个农村孩子将来幸福生活做准备”。这句话看似简单，却容量巨大。一个孩子将来要想获得幸福生活，首先要有被社会接纳的品德，所以，学校以“德、勤、爱”为内容建构教育场的根基。我们以践行社会主义核心价值观为指导思想，以提炼的新八德为德育落脚点，即“励志、孝亲、尊师、友学、尚礼、诚信、感恩、守法”，既延续了传统文化，又符合新时代的人才要求。我们珍惜每个孩子传承的家庭传统文化，做好家庭教育场与学校教育场的融合。比如，家长经常告诉孩子要有礼貌、要保管好自己的东西等，学校在校本课和经历教育 100 项内容与目标中，设计好相似的教学内容和活动内容，让学生从心理上接纳学校这个教育环境，使学生过去的经历与新的道德认识相结合，这样经过长期熏陶，就形成了自觉和不自觉的道德习惯。然后，通过教师引导再上升到道德认识，形成自己的道德判断，指导生活中的道德行为。这样周而复始的德育流程会使学生的道德水平不断提升。

在培养道德习惯过程中，学校强调“四勤”培养，即“工作勤恳、学习勤奋、为人勤勉、生活勤俭”。“勤”文化是我校的文化传承，2007 年，我校正式将“勤”作为校训。实践证明，人只要具有了“勤”的品质，他的“德”就有了高尚的基础。教师的“勤”能潜移默化地影响学生，“渐次性”培养了孩子的“勤”。

学校注重“爱”的教育，“爱”是善良的源头，我们从同情每个学困生、贫困生和家庭遭遇变故的学生开始，让学生由同情产生同感，又由同感衍生同理，再由同理引起同频共振，最后演变成爱的行动。学生的善良不是教出来的，而是通过集体中爱的行为相互感动长期影响的。校园里有了“爱”，才会让孩子感受到幸福快乐的小学生活，使他们成为具有高尚情操和生活情趣的社会主义合格公民。

（二）“宽”的拓展

每个孩子都具有独特的天赋，都是未被发现和有待培养的人才。我认为：孩子在我们学校的学前两年和小学六年这八年时间里，应在我们的引导和帮助下知道自己的发展优势是什么、最感兴趣的是什么。所以，丰富学校的课程是三维教育场的重要内容。在保证国家课程、地方课程、校本课程之外，我校加大了乡村少年宫工作。2019 年，学校有 16 个社团，包括泥塑、陶艺、卵石画、舞龙舞狮、钉线画、木艺、航模、机器人、软笔书法、硬笔书法、撕纸画、足球、器乐、红歌团、蜡笔画、快板等，2020 年增加了烙画和盆景制作。

社团活动

为什么要不断开发艺术和各种兴趣课呢？我们认为，提供宽泛的教育服务，可以弥补农村孩子家庭教育中个性发展的不足。我们提倡先让孩子在每个社团上几节课，在尝试中了解自己的天赋和兴趣点，然后再选 1~2 项长期坚持发展下去。个人的兴趣爱好可以培养自己的良好情绪，在将来生活和工作中遇到挫折时能进行自我安慰。它是孩子将来幸福生活的“兜底工程”。

（三）“高”的积累

“高”决定了学校三维教育场的空间大小。学校有外显文化、精神文化和课程文化等。集多元文化为一体，解决了学生对所学知识“量”的供应，而“质”的关键要看学校教师的教育教学艺术。我们学校推行“经历教育”，注重实践体验，建立师生和学校成长《经历档案》，不断在各种经历中积累经验、总结教训，持续发展。为了使全校师生能清楚地看到自己的成长印记，学校成立了编辑部，以《星晓校报》为依托，及时准确地记录学校里发生的事件、师生的成长节点和学校的发展，有助于自我激励。

二、我们是怎样打造三维立体教育场的

理想很丰满，现实很骨感。在打造三维教育场的经历中，我们且走且摸索，不断总结、思考、学习、实践……在不断的经历中走向理想中的三维大教育场。

（一）农村小学打造正能量教育场的优势分析

1. 自然环境

我校是典型的农村学校，学生来自周边 20 多个村屯。仙人桥镇属于革命老区，

发生在这里的抗日故事、剿匪故事有许多。抗联纪念馆、抗日战斗遗址、烈士墓等场所，都是进行红色教育的好地方；各村的村史馆、新农村建设、学校儿童博物馆，都是社会实践活动的教育基地。

2. 文化环境

我校自主开发的本地区的校本课程真实可信，深受学生欢迎。本地区的民风质朴，传统文化底蕴深厚。长白山的人参文化、木把文化，为学校进行社会主义核心价值观教育提供了良好的资源。农村人勤劳、简朴、吃苦耐劳的品质，已经根植于每位师生的内心，形成了天然的道德认识。这些对培养学生的中国性格和抗挫折能力、弘扬传统文化、建立文化自信、坚定社会主义道路、树立共产主义理想具有绝对优势。

（二）多渠道开发多元化课程，形成教育影响体系

1. 礼仪教育

我校的礼仪教育渗透学校工作的各个层面，有专用的礼仪教材，专人上课。教材涉及学校礼仪、家庭礼仪和社会礼仪等内容。学生在教师精心设计的礼仪活动情境中学习礼仪、规范动作，培养良好礼仪习惯。与家长合作，把礼仪行为培养应用到社会和家庭中，也取得了良好的效果。现在，每个孩子都能做到：见面打招呼，面带笑容，不扭捏，不围观，懂礼让，知道如何恰当应答，等等。少先队和教导处在教师工作评价中也加大了对师生礼仪评价的分值，师生的行为礼仪得到了每个人的关注，校园里形成了懂礼仪、讲礼仪的文化氛围。为了让礼仪活动常态化，学校每学期开展一次“我身边的礼仪小故事”演讲比赛，并开展《文明礼仪手抄报》和“文明礼仪形象大使”评选，礼仪细节评价每月都要张贴在展示板上。此外，在教师中开展学生礼仪随时“提醒”的活动，使民主、文明、和谐、自由、平等、友善的价值观在礼仪行为中逐步深化，师生的价值目标越来越明朗，学校的文明校园建设水平不断提升。

2. 敬老孝亲教育

我校的敬老孝亲文化起步早，坚持十多年带领学生背诵《弟子规》《论语》《千字文》等，学生在背诵这些经典过程中知道敬老孝亲是一个中国人最起码的道德准则。敬老孝亲不仅要心中有，还要说出来、做出来。我们在双休日和寒暑假都给学生布置孝亲作业：低年级学生要写观察小日记《发现父母对自己的爱》并读给同学听，在家长会或特殊日子会对父母说“爸爸（妈妈），我爱您！”并和父母拥抱。通过这种形式，让孩子和父母体验亲情，二年级的许多家长在这样的活动中都感动

得流下了幸福的眼泪。中年级的同学要学会做饭、打扫卫生，带着好情绪和父母交流。高年级同学要学会照顾父母，要记住家庭中所有长辈的生日和电话号码，每年要参加两次义务照顾孤寡老人的公益活动，能写出质量较高的赞美父母的文章。

3. 养成教育

养成教育是人一辈子都要进修的课程，我校的这项工作也应用于师德建设。要求师生知道自己什么应当做、什么不应当做，明辨善恶是非，形成道德判断。通过各种参观、体验活动体会社会主义优越性，增强道路自信。自律自强，养成爱国、敬业、守信、诚实的品质。要勇于担当，勤于反省，见贤思齐。有错误时，能吃一堑长一智；有成绩时，能总结经验、有所改进、争取卓越。

4. 仪式教育

仪式教育是我校德育的重要手段，是学生品德培养和人格塑造的有效途径。每次举行仪式，都会给学生留下深刻的印象，给师生带来心灵的震撼。我们学校的每次仪式都认真谋划，做好细节工作，有目的地培养学生的综合素养。我校的仪式教育主要有：①升旗仪式。升旗班的学生身着制服，动作规范。在升旗仪式中，增加师生在音乐老师的指挥下唱国歌、在国旗下庄严宣誓的内容。优秀学生代表向心中的好老师献上红色飘带，强化榜样的荣誉感。让师生每星期都能经历一次爱国主义教育。②开学典礼。一个好的开头影响着学校一学期的常规工作，开学第一天强调常规是德育工作常态化的重要保证。③毕业典礼。主要内容包括一次实践活动（我为母校做点啥）和毕业留言、毕业生典礼、师生篮球赛、全校师生欢送仪式。④各种颁奖典礼。突出了学校对学生的尊重。⑤每月一个良好习惯养成教育的启动仪式。在整个仪式教育中，我们不仅注重内容的设计，还给学生营造了经历教育的氛围，使学生在参加整个活动中受到教育，激发情感体验。仪式教育内容设计遵循贴近学生生活、学生全员参与和注重良好细节培养三个原则。

5. 在各科教学中进行德育渗透

教学评价过程中涉及德育渗透的内容，传授知识的同时进行良好品德的培养，让德育在潜移默化中进行。

6. 舆论阵地建设

学校里经常传出朗朗的读书声、欢快的歌声、无拘无束的笑声、活动的呐喊声，“四种声音”都彰显了对生命的尊重。为了保证学校的正能量氛围占主流，我们不仅坚持抓好校报、学校墙壁文化、办公室文化，以及教师的文明家庭文化、就寝文化、就餐文化，还建立起红领巾广播站，使德育影响无处不在，力求把学校打造成全方位的社会主义核心价值观教育的教育场。

（三）校长引领，打造敢想、能干、团结的教育团队

我深深相信“一个好校长就是一所好学校”。我虽然离“好校长”的要求甚远，但我努力向“好校长”的目标前进。

2017 年 3 月 6 日，由于工作需要，我被调到仙人桥小学，离开了我倾注汗水、辛劳、激情的西岗小学。来到仙人桥小学的第一天起，我就暗下决心，一定不辜负领导对我的信任，一定用我的智慧、辛劳、热情带领全体教师把仙人桥小学打造成乡村名校。但通过一系列观察、走访、谈话、测评等之后，我感到了几方面的压力：一是学校教师年龄普遍偏大，50 岁以上的占将近 70%，对工作缺乏激情，随遇而安，得过且过；二是领导班子战斗力和执行力不强，工作效率低，不敢担当，唯领导指令是从，没有自己的想法，缺乏创新；三是学校制度不健全，没有抓手，考评方案形同虚设，不能从根本上调动教师的积极性；四是教师教育教学基础薄弱，多数是代课教师或民师转正，对中小学所学的知识体系建构不清楚，对教材的梳理和挖掘有一定的障碍，加上教师培训机会少、学习氛围不浓，导致教师眼界狭窄。

针对以上情况，我决心用自己的教育情怀、工作执行力和激昂的情绪形成有吸引力和影响力的“场”来引领教师。作为校长，我用激情、活力、勇气，感染教师，让他们焕发出勃勃的生机和旺盛的生命力。在仙人桥小学工作的这两年里，无论刮风下雨，还是数九寒天，我总是早上七点之前出现在校园里，迎接师生们的到来。可能是因为榜样的作用，教师们都信心满怀地工作、学习。有一次我问一名总是七点上班的老同志：“为什么上班这么早呢？”他很诚恳地告诉我：“现在家住抚松的老师都七点到校了，我不好意思来晚了。”

作为校长，我想尽一切办法调动教师的工作积极性，一句鼓励的话语、一个微笑的眼神、一个亲切的动作，就能让他们精神愉悦、信心百倍地进行教育教学工作。一次，我与一位叫曾向东的后勤教师研究工作时，下意识地帮他拍掉了后背上的灰尘，这个小举动感动了他。在以后的日子里，他总是和总务主任一起任劳任怨、无怨无悔、尽心尽力地打理学校的后勤工作。有的教师问他：“为什么变化这么大？”他说：“校长拿我当兄弟，我必须得做好！”

作为校长，我努力发现和挖掘教师的优点和长处。当我发现赵志勇老师爱好写作后，成立了学校编辑部，让他当主任，负责学校的校报、校史、少儿博物馆的筹建和礼仪教育。没想到，他做得如鱼得水，他的作品多次在《989 阅读之声》电台节目中播出，获得了优秀作者的称号，县委书记亲自为他颁发了证书。不仅如此，

学校儿童博物馆老物件的收集整理也搞得有模有样。当我发现美术教师宋广龙对艺术有追求、有创意后，就成立了泥塑工作坊，他的泥塑技艺获得上级领导的好评。2018 年寒假，我又把宋广龙老师和特岗老师孟小琪派到秦皇岛学习陶艺、线画等技艺。当我发现出纳张培玉老师写给女儿的信文笔细腻、充满正能量后，就鼓励已经到了知天命年龄的她进行写作……我经常对教师说："一个人要想做事，什么时候都不算晚。"

校长有什么眼界就带出什么样的团队，学校不是孤立的个体，它是为社会培养人才服务的。所以，我提倡社会办学和经历教育，让孩子接触到更多校外的事物，让他们从经历中受到更有效的教育。在这两年的时间里，我们在不耽误正常教学的基础上，先后邀请到了书法协会、文联、音乐家协会、博物馆、科协等单位的同志到校进行指导和培训。通过一系列的活动，农村孩子拓展了知识、开阔了眼界，行动有了变化。

来我校指导、参观的各级领导一踏进校园，都会被外显环境和弥漫在校园里无形的教育氛围所感染，教师的工作热情、学生的文明礼貌、领导班子的进取精神都给他们留下不一般的印象。

通过三年的努力，我们学校三维立体教育场的格局初具规模。2020 年 3 月国务院出台了《中共中央　国务院关于全面加强新时代大中小学劳动教育的意见》。我再次感到我校的教育春天来临了，感到浑身上下有使不完的劲儿。

三、三维立体教育场发展愿景

在抗击新冠肺炎疫情这场没有硝烟的人民战疫中，我校教师团结一致取得了骄人的成绩。《有温度的空中网课教学研究》被《吉林教育》刊登，学校老师创作的抗联故事中有五篇被《中国火炬》刊出，学生参加网上活动频频获奖。自力更生建设校园也硕果累累，教师自己动手装饰的幼儿园竣工，会议室改造基本完成，一个体育库和一个小花园也建设完成。我们学校的发展实力得到了上级领导的特别关注，学校申报"普通高中综合素质评价社会实践基地"成功通过审批。现在，多家企业单位到我校参观，有意利用我校的社会实践资源开展校企合作，促进学校教育，带动当地经济发展。

我校的三维立体教育场已自成体系，"德勤爱"校园文化，以及"美育文化""抗联文化""民俗文化""礼仪文化"都基本成形，《小组合作》《经历教育》《高效课堂》在智育和德育领域步入深入研究的发展阶段。广纳社会教育资源的办学思路使我校有了一定数量的合作伙伴，资源共享拓宽了教育途径，实现了农村儿童在成长阶段接受多元教育服务的教育格局。

我校能够满足孩子个性发展的需要，“七彩阳光经历教育 100 项内容与目标”在“家校合作”中发挥了巨大的作用。仙人桥镇中心校的教育不再是教师单打独斗的教育形式，而是要向强强联合的教育模式发展。2020 年，我们又聘请了两名民间艺人到学校传授烙画和二胡技艺。学校将向打造三维立体教育场纵深发展，开创农村小学基础教育的新纪元不再遥远。

我校将立足乡村教育，倾力打造农村学校三维立体教育场。提倡“经历教育”，“广纳社会教育资源”，发展美育，建设综合素质劳动实践基地，为实现“为每个农村孩子将来幸福生活做准备”的教育理想而不断学习和工作。

快板展演

张扬生命活力，屯耕厚德人生

孟令起　河北省泊头市富镇学区张屯小学校长

张屯小学地处偏僻农村，虽然占地面积只有 12000 平方米、师生不足 600 人，但是我们用坚韧不拔的脚步走出了一条以课题为起点、以课程为支点、以课堂为落点的发展之路。这条路既适合自己，又与众不同。

一、聚焦古诗文，多元融合涵养人生

依托省级课题“古诗文与艺体活动有效结合的研究”，我们把音乐、美术、体育、舞蹈等多学科融入古诗词教学中，课程“活”了起来，师生也“活”了起来。

（一）古诗文与音乐美术整合

音乐课上，孩子们或给经典的古诗配上节奏，即兴来上一段精彩的说唱，或在优美的音乐声中深情吟唱；美术课上，孩子们常常以诗为内容，描绘诗中的意境。

音乐课上，孩子们认真排练古诗节目

（二）古诗文与班队活动整合

我们以古诗文为载体开展了“在诗词王国里遨游”“古诗伴我行”“诵古诗学美德”“古诗吟诵擂台赛”“编古诗小报”“古诗吟诵展示会”等中队活动，学生通过背、唱、演、说、画等形式领略了中华诗词的精美，也感悟到了做人的真谛。

（三）古诗文与信息技术整合

我们组织三至六年级的学生利用假期自由选择课题，自由组合进行古诗专题研究性学习活动。学生相继成立了“苏轼研究小组”“李白研究小组”“李清照研究小组”“王维研究小组”等多个研究小组，广泛地收集资料、处理信息、提炼观点，学生的视野开阔了，底蕴也丰厚了。

（四）古诗文与体育相结合

我校自编了四套古诗韵律操，精选了 80 首古诗首尾接龙，配上不同的动作，由学生组成“张”“屯”两个字，融入手语操、歌唱、诵读、舞蹈、健美操、队形变化、武术、学生互动和游戏等多元文化。古诗韵律操是多学科融合的一个典范，先后被新华社、《燕赵都市报》、《中国新闻播报》、河北新闻网、燕赵都市网、《河北教育》、《沧州晚报》、泊头电视台多家媒体报道，在沧州市教育微创新优秀成果评选中荣获一等奖。

（五）古诗文与学校特色活动相结合

1. 扩诗演诗

学生选择自己喜爱的诗篇，扩充意境，补充感受，续编情节，将浓浓的诗情变成生动可感的诗篇和课本剧表演。

2. 以诗铭志

“给孩子人文的底蕴，还孩子多彩的童年。”孩子们选择古诗文表明了志向，陶冶了情操，提高了品位，丰盈了人生。

3. 古诗擂台赛

每学期中高年级的“背诗大王”擂台赛，分周擂主、月擂主、季度擂主、学期总擂主四个阶段，比赛异常激烈，学生们有备而来，背诵的诗句接连不断。

4. 吟咏诗会

我们结合传统节日、庆祝活动、纪念活动，开展各种形式的诗歌吟诵活动。

5. 假期综合实践活动

假期开展“寻找最喜爱的诗人”活动，学生寻找诗人的足迹，了解诗人的生平趣闻、成才故事或悲凉人生，增长了见识，提高了写作能力。

（六）古诗文与学校文化环境相结合

走进学校大门，首尾接龙的 40 首古诗词展示一直延伸到操场最西端。往北走，可见诗词分类文化墙。在小广场，抬头可见“诗海泛舟”“诗空飘雪”“诗园看柳”等诗配画。教学楼大厅里，有“古韵飘香，浸润心灵”八个大字，还有老师们自编的对联：上联是“春夏秋冬诵中华经典”，下联是“诗词曲文润书香校园”，横批是“与圣贤为友”。

教学楼一二楼北面的墙文化由“春、夏、秋、冬”四季古诗组成。一楼往西以“春”为主题，由“知春”“踏春”“惜春”“咏春”四个板块组成；往东以“夏”为主题，由“初夏”“盛夏”“消夏”“咏夏”四个板块组成；二楼往西以“秋”为主题，由“乐秋”“哀秋”“咏秋”组成；往东以“冬”为主题，由“初冬”“隆冬”“贺冬”组成。二楼楼道中间为有着“诗仙”“诗圣”“诗鬼”等称号的名家的大作。所有楼道古诗文化均由老师和学生共同参与完成。

我们精心编写的校本教材《古韵飘香——中华好诗词》共分 6 册，每册精选古诗词 30 首，选文共 180 篇（段）。每课分为“古诗词原文”“注释”“诗词大意”“走进古诗”“能说会道”“拓展积累”六大板块。《弟子规》《三字经》《百家姓》《千字文》《笠翁对韵》《道德经》和《论语》等经典诵读内容被分配到不同年级的教学中，每本书后面还配有“张屯小学古诗韵律操”。

二、挖掘乡土特色资源，有效开发校本课程

依托我校承担的中国教育学会课题“挖掘乡土特色资源，有效开发校本课程”，我们注重对乡土文化的研究，并开发了独具特色的校本课程。

（一）结合地域特色分层次开发校本课程

1. 结合风土人情、民俗文化进行校本课程开发

例如，对本地域内的神话传说、历史典故、地名沿革、风景名胜、手工制作、传统游戏等进行收集整理，带进课堂，让学生了解“过去的家乡”。

农具展示厅

2. 结合传统农业种植进行校本课程开发

让师生走进田园，开展传统农业活动，使学生在活动中认识传统和现代农具，掌握简单的农作物种植和生产方法，建成“张屯小学乡土博物馆”，更深刻地了解“传统的家乡”。

3. 结合新农村建设进行校本课程开发

让师生走进农户、走进乡镇，了解新农村建设的具体情况，开展探索“秸秆气化”“太阳能路灯”“光伏发电”等系列活动，编进校本教材，让学生了解“现在的家乡”。

4. 走进地方特色企业进行校本课程开发

富镇是全国著名的汽车装具集散地，是有名的“淘宝镇”。我们组织师生走进

孩子们认真地制作手工艺品

"淘宝镇"、走进工厂，感受企业的生机，对汽车座套、脚垫、后备厢垫、汽车把套等生产流程进行初步了解，对废弃下脚料进行收集，并用于手工制作；让学生更强烈地感受"飞跃的家乡"。

带领学生走进"瓶车间"，认识瓶模具，了解瓶子的生产过程，对废弃瓶子进行二次加工，真正"变废为宝"，以瓶子为载体进行废物利用、文化研究和艺术创作，创编了校本教材——瓶文化系列：《彩绳装饰瓶》《彩泥装饰瓶》《彩绘装饰瓶》《彩纸装饰瓶》《剪贴装饰瓶》《巧用装饰瓶》《瓶盖造型艺术》《瓶子科技小制作》和《瓶子发展史》共9本书，荣获沧州市教育微创新优秀成果一等奖。

5. 走访地方名人进行校本课程的开发

让学生走访人大代表、村镇负责人、优秀教师、孝心少年等地方名人，将其事迹整理纳入校本资源，使学生更加真实直观地了解"人文家乡"。

（二）进行"乡土文化"系列校本教材的开发工作

我们已经完成的乡土文化系列校本教材有《土豆手工制作》《泊头传统游戏》《泊头童谣》《泊头诗词》《传统节日》等，计划编写的校本教材有《泊头传说》《泊头历史》《泊头人物》《泊头古迹》等。

（三）创建"张屯小学校史馆"和"张屯小学乡土博物馆"

一是收集以前老教师任教时期的各种文本资料、照片、教育故事等，把它们和现在的学校档案整合，成立校史馆。

二是将师生走访收集到的有关本土资源的各种资料、图片、实物等有选择性地放入乡土博物馆，收集本地各类农作物标本、传统农具、传统自制玩具等充实乡土博物馆。我们现在收集到的资料有《泊头市民间文学集成88版》《泊头记忆》《泊头文史丛稿》《泊头乡贤文化》《泊头文物古迹》《泊头市文化志》《泊头乡音童趣》《泊头历史遗迹》等。

三、双师N课模式，让乡村娃娃共享优质课程

（一）北美外教进课堂

和外教进行一对一交流，这在许多农村小学是想都不敢想的事情，张屯小学的孩子们却在亲身经历着。孩子们能说一口纯正的英语，得益于马云公益基金会组织的北美外教进课堂活动！

自2017年9月报名并顺利通过审核以来，孩子们由一开始的不敢说到现在的抢着说，个个都成了“英语小达人”！不同的外教老师、不同的教学风格、相同的学习热情，让我校的英语教学独具特色！

（二）美丽乡村网络公益课堂

2018年1月，我校加入了“美丽乡村网络公益课堂”。夏加儿美术、韵律舞蹈、快乐手工、快乐音乐等课堂成了孩子们的乐园，也为我校社团活动的开展奠定了基础。彩虹花晨读、绘本阅读、酷思熊阅读、整本书阅读、快乐书法、有趣的数学、生命教育等成为热门课程，我校的阅读氛围愈加浓厚，班级特色也更加突出！

老师们正在调试“网络课堂”

（三）自建“婆婆丁网络公益课堂”

我们是优质教育资源的享用者，同时也在积极筹划成为优质教育资源的输出者！为此，我们成立了“婆婆丁网络公益课堂”，此课堂具有双向摄像头，任何参与课程的班级都可以使用麦克风和老师进行互动，完全满足双师N课的教育模式，目前，我校正在尝试在“瓶文化”校本课程中采取此类上课模式。

依托课题研究，扎根优秀传统文化和乡土特色资源，我们不甘平庸，积极进取，勇于创新，品味艺术，采撷民俗，记录历史，张扬着生命活力，屯耕着厚德人生。

秉承传统美德，打造精品校园

——山东省临清市艾寨丕介学校中华传统美德教育掠影

范呈碧　山东省临清市八岔路镇艾寨丕介学校校长

中华传统美德，是优秀民族品质、优良民族精神、崇高民族气节、高尚民族情感、良好民族礼仪的总和。我们学校在传统美德教育上积极探索制订并落实了中华传统美德教育“16353”发展计划。

一、确立总体目标

学校确立了“师生合力秉承传统美德，多措并举打造精品校园，让孩子在传统美德熏陶、滋养中成长，让学校因传统美德之花姹紫嫣红而彰显精彩”的总体目标。

二、贯彻六字方针

学校有着近百年办学历史。在学校特色建设方面确定了继承和发展的思路，经过校内集思广益，提出了“忠、孝、义、礼、信、勤”的六字方针，并基于此形成了学校传统美德教育体系，得到了师生的广泛认同。

三、全力打造三种文化

我们在校园文化、班级文化、特色文化的建设上体现了传播中华传统文化的功能，全心创办和谐文化校园，建设丕介先生新亚精神与传统文化融合的特色校园。

张丕介先生纪念碑亭

（一）校园文化

精心绘制文化墙，采用大唐（唐装）图案，主要有仁义礼智信、谦和恒容敬相关内容，以及京剧脸谱、教育名人等；

在教学楼、办公楼等处悬挂各种标牌，前楼以“传统美德”为设计主题，后楼以“读书修身”为设计主题，内容主要分为经典国学选粹（如《三字经》《弟子规》《论语》）、励志名言等。在蓝天下的校园内，整齐的韵律操、和谐的校园舞、绚丽的文化墙、素净的教学楼、蓬勃的校园植物，动静结合，色彩鲜明，置身其中，音乐悠扬，风景旖旎，书香浸润，美德畅享。

（二）班级文化

以板报、读书栏和班训为主要内容的班级文化进一步加强。各个班级师生共同讨论，集思广益，制定班训，跑操时集体大声喊出，整个运动场上哨声、步伐声、口号声此起彼伏，蔚为壮观。各班还以板报和读书栏为阵地，展示学生的美文，对学生有很强的吸引力。

（三）特色文化

一是精心设计校徽、校歌、校刊。我们设计了“一代又一代丕介学子在武训义学和丕介文化感召下，秉承中华传统美德，汲取科学知识一步一步走向成功”的校徽；谱写了优美的校歌《和谐校园，快乐成长》；集全校师生力量创办了校报，每期都设有传统美德专栏，还出版了传统美德专刊；选取学校骨干教师编著了校本教材《中华传统美德读本》。

二是学习家乡历史活动。从武训先生的义学文化到丕介先生的新亚精神，从智勇兼备的抗日精英夏碧波到充满神话色彩的五花槐，都可以看作学校宝贵的精神财富。让学生从身边典范学起，立鸿鹄之志，成栋梁之材。

四、做好五个结合

（一）与校本培训相结合

全体教职员工首先要学习“16353 发展规划”。学习、宣传、贯彻和落实中华传统美德教育，定期上交学习体会。学校对教师进行传统美德学习笔记和讲座考查并记录成绩，与年度考核挂钩。

（二）与语文学习相结合

集体朗诵

在语文课内外阅读中融入经典诗文，一二年级以《三字经》为主，三四年级侧重于《弟子规》，五六年级初步吟诵《论语》，学生吟诵经典并把体会写在读书日记中；学校统一印制读书日记本，学生在

艺术活动——舞蹈

民俗活动——剪纸

认真完成“读书日记”的基础上，可以绘制各种插图。读书日记成了学生自由呼吸和创造的快乐小天地。

（三）与艺术活动相结合

我们在全校学生中开展传统美德歌谣吟唱活动，挖掘师生潜力，将经典诗文加以配曲、演唱。通过美术课的写、画、贴、剪等形式，让学生把自己对传统美德的理解通过配画、小手工、手抄报等形式表达出来。

（四）与民俗活动相结合

开展以中华优秀文化为特色的各类活动，对学生进行中华传统美德教育。我校注重从富有民族特色、时代特色的活动中汲取营养，在春节、元宵节、母亲节、清明节、教师节、国庆节等活动中让学生接受中华传统美德的熏陶。

（五）与行为规范教育相结合

学校把诵读活动深入到学生行为规范的教育过程中。把《三字经》和《弟子规》中有益的文明礼仪、尊老爱幼等典故作为中小学生行为规范教育的补充和延伸。学生对照经典章句，在学习和生活中进行实践，逐步将经典中的思想精华内化为行为习惯。

五、利用好三个载体

（一）以新亚新语读书社为依托，为师生营造一个成长的灵动空间

教师演讲

“最是书香能致远”，学校成立了由校长担任社长的新亚新语读书社，通过大力开展读书活动锻炼了老师们的交流和沟通能力，营造了一个良好的读书氛围，读书已经成为教师生活中的一种习惯，并且潜移默化地影响着大家，真正做到了“腹有诗书气自华”。目前，新亚新语读书社已经被打造成我校的一大亮点，把我校的师生阅读工程推向了更大的成功。

（二）以少先队活动为美德教育的主抓手，让学生尽情享受七彩艺体生活

利用少先队阵地，加强日常生活中的传统美德教育。通过国旗下讲话对学生进行文明礼仪教育、诚信教育、爱国教育等；通过开辩论会对学生进行行为习惯方式的指导，重视抓少先队员良好行为习惯的养成；通过演讲比赛对学生渗透立志、交友、做人等传统美德教育，使学生学会宽容、合作。此外，在少先队主题活动中，围绕弘扬传统美德这个主题，从学生的实际出发，由队员主动讨论、设计和开展活动，如“听妈妈讲我小时候的故事”“讲讲自己的短处、说说别人的优点”“时间老人这么说”等。这些丰富多彩的活动，既弘扬了中华传统美德，又培养了学生丰富的想象力，激发了学生的创造精神。

读书辩论会获奖者合影

（三）以家委会为家校连接的平台，全面提高学生与家长的人文素养

学校成立了家长学校，定期为家长开设家校课堂，召开家长会，指导家长的家庭教育，为家长的家庭教育提供良好的科学依据和行之有效的方法，并结合学校的办学特色，逐步向家长宣传和渗透传统美德教育内容。

学生们作为一个个文明的小使者把传统美德带到了家中、传到了社会，实现了通过一个学生影响一个家庭、通过一个家庭影响一个区域、通过一个区域影响整个社会的教育目的，从而推动整个社会精神文明发展的进程。

几年来，我校在弘扬优秀文化、传承中华美德、培养学生优秀品德、加强学校文化建设等方面做出了初步探索。中华传统美德教育业已成为我校发展中的一个亮点，它在促进学生的全面发展方面起到了不可估量的作用。

你育我长大，我助你成长

——我与母校的成长故事

任建龙　甘肃省定西市陇西县彭家山小学校长

一、饱经风雨，在母校的怀抱中长大

1980年我出生在甘肃省陇西县文峰镇彭家山村。据母亲说，我来到这个世上很不容易，是继一个哥哥和三个姐姐之后有的我。作为全家的小宠儿，我在一个物质相对匮乏的家庭中开始了我的成长之路。

家中经济拮据，记得当时全家凑五块钱的学费都很困难。哥哥姐姐们为了全家的生计，都没有读书。放牛、割草和喂猪几乎是他们生活的全部。我八岁那年，家境有所好转，或许是宠着我的缘故，父母决定让我去上学，可是我就是不想去学校，只想跟着哥哥姐姐们一起去放牛，母亲拿着放牛的鞭子把我从这一山赶到那一山。最后，在我二叔（当时是我们村小学的代课教师）的“哄骗”之下，走上了求学之路。

记得我刚踏进彭家山小学之时，学校只有四位教师，其中一位为公办教师，其余三位全是代课教师。学校只有两间教室和两间教师宿舍，全是土木结构。为了让两个班的学生分开上课，中间用墙隔开，隔墙不是很牢固，这边学生推一推，墙体就开始动了，当时不知危险的我们还把它作为两班交流的信号。冬天，教室里用土块堆成一个炉子，用煤球取暖，由于没有烟囱，满教室弥漫着烟雾；实在冻得不行，下课后便站成一排，靠在教室外墙角“挤暖暖”。

五年之后，我小学毕业，虽然很淘气，但学习成绩还是可以。父亲说：“你现在也认识了好多字，学手艺也可以了，跟着我学做木工活吧！”但母亲不同意，说我还小，再多学点知识，学起手艺会更容易。与父亲相比，母亲算是知识分子，她上过夜校，还会写毛笔字。就这样，父亲听从了母亲的意见，我又开始到离家很远的初中继续学习。

我初中毕业时，由于成绩优异，进入了县一中。这时，父母也特别高兴，他们以我为荣，再也不说停学学手艺的事了。不过父亲时常笑着对我说：“要是你能考

上个学校，当个老师，该有多好啊！”没想到，父亲的这个愿望最终变成了现实。完成了高中所有学业之后，我进入了天水师范学院学习。

2004 年 6 月，我从天水师范学院毕业，同年 8 月，我便到陇西县张家湾九年制学校参加工作，开始了我的教育生涯。2011 年 7 月，我接受组织委派，开始担任彭家山小学校长。

二、砥砺前行，与母校一起成长

当再次投入母校的怀抱、走进校园的那一刻，我百感交集。当初教我的那两位代课教师已是白发苍苍，他们呼唤我的乳名，是那样亲切；校园布局还是记忆中的样子，校园中多了几棵榆树，它们在风雨中坚守。面对两位我最敬重的恩师，听着村民的议论“那谁谁的儿子要来当校长了！”，我内心无法平静：我该用什么来报答你，我的母校？

（一）硬件设施的完善

当时学校和周围村民共用操场，没有封闭的校墙，校园里不时有牛羊鸡犬出入。所以，我组织大家重修校门，将校门上锁，将教学区和操场暂时分开，以营造相对安静的教学环境。2013 年，学校的发展迎来了春天，通过争取维修项目，修建围墙 113 米，把操场圈进了校园；修建学生食堂 150 平方米，改扩建了学生厕所，更换了年久失修的屋面，学校面貌焕然一新。学校终于可以实行封闭式管理，有了安全的内部环境，学生也可以在食堂就餐了。

学校操场

（二）办学理念的确立

通过两年时间对教师和学生的观察分析，我发现师生普遍和外界沟通较少。就拿两位老教师来说，他们虽然已经从代课教师转为公办教师多年，但职称一直没有晋升。相比之下，乡镇其他条件好的一些学校的代课转正教师的职称已全部晋升完毕，工资也高得多。年轻教师缺乏教研意识，不能积极主动地通过学习提升自己的业务能力，所以也很少到乡镇和城区讲授公开示范课。学生家境都比较贫困，获取知识的途径相对单一。以上种种，造成学校教学质量难以提升，师生发展受限。

鉴于此，我提出了“成长”的办学理念，即“让教师在学校都有发展，收获职业幸福；让学生在学校感受成长的快乐，收获健康自信”。首先，培养教师，让教师通过专业学习，提升自己的教学业务水平和能力，通过向上的激发与引领体会职业魅力、收获职业幸福。其次，构建校园文化，让学生在学习、活动中树立自信，不断成就自我。学校在校徽的设计上，也是以“引领、成长”为核心：在大山的深处，两位教师手牵着一个学生，沿着蜿蜒的山路前进。

（三）成长系列课程的实施

成长，一般指长大，长成成人，也泛指事物走向成熟、摆脱幼稚的过程。成长的意蕴也非常深刻，从事物发展变化的角度看，成长包括以下几个方面：其一，成长即生长；其二，成长即发展；其三，成长即创造。因此，学校依据成长的内涵开展了成长系列校本课程。

1. 成长系列课程之经典诵读

朱永新老师曾说过：“一个人的精神发育史就是他的阅读史；一个民族的精神境界取决于这个民族的阅读水平；一个没有阅读的学校永远不可能有真正的教育。”我校师生长期在农村生活，到外面去观察学习取得进步的机会十分有限；但书籍可以打破局限，可以带我们去广阔的世界遨游、学习伟人的智慧，可以让我们变得聪慧、明理。

我们在教师办公室配置了各种适于教师阅读的书籍，如《陶行知教育文集》《第 56 号教室的奇迹》等，让教师在业余时间能阅读到自己喜欢的书籍，不断丰富自己的专业知识，提升自己的文化素养。我们还在教室后面建立了图书角，图书配置参考“中国小学生基础阅读书目”（100 种，2011 年版），做到每种书目人手一册，每班至少配置 10 种以上，每学期各班交换，这样有利于制订阅读计划，全班整体推进。

“晨诵、午读、暮省”是新教育实践倡导的一种回归朴素的儿童生活方式。晨诵，为每天注入生命源泉；午读，唤醒生命的美好与神奇；暮省，让反思成为学生的日常生活方式。我校根据实际安排了师生们阅读的时间：早晨 7:50—8:20 为学生晨诵时间，晨诵书目以国学经典为主，如《三字经》《道德经》等。13:40—14:05 为午读时间，学生在教师的引领下，按照阅读计划有序开展读书活动。每天放学回家后为暮省时间，学生以日记的形式记录每天的学习和生活；教师则以业务笔记、随笔和读后感的写作来提升自己。

学期末，教导处对教师业务笔记、随笔和读后感进行检查考评。对学生按照阅读计划书目内容进行检测，对阅读效果良好、酷爱阅读的师生进行奖励。经过几年的培养，师生已从被动阅读转变为主动阅读，读书兴趣越来越浓。

2. 成长系列课程之劳动实践

在2018年的全国教育大会上，习近平总书记提出“培养德智体美劳全面发展的社会主义建设者和接班人”，把“劳”列入全面发展的素质要求，丰富了新时代党的教育方针，对学生的全面发展具有重大意义。习近平总书记指出，要在学生中弘扬劳动精神，教育引导学生崇尚劳动、尊重劳动，懂得“劳动最光荣、劳动最崇高、劳动最伟大”的道理，长大后能够辛勤劳动、诚实劳动、创造性劳动。

农村小学占地面积大，水泥硬化面积较少，开展劳动教育有着丰厚的天然场地。彭家山小学占地面积2666平方米，建筑面积663平方米，其余全为土地平面，因此，学校根据实际开辟了“两园一基地”，即百草园、牡丹园和蔬菜种植实践基地。

百草园里面放置了四个大石块，分别雕刻着“春生”“夏长”“秋收”“冬藏”的大字，种植着当地的各种中药材和各种绿色植物，并且每种植物都标有名称和药用价值。学生大部分时间在校园中生活，可以近距离观察和了解植物的“一生”，植物的多样性也在无形中感染着学生，就如林清玄的文章《心田上的百合花》中所写：“我们要全心全意默默地开花，以花来证明自己的存在。”对于不同的学生个体，又何尝不是如此？通过植物多样性观察，潜移默化的教育便在其中了。

校园一角

牡丹园种植着各色牡丹，到了春天，争奇斗艳，和学校墙体文化形成一幅美丽的画卷。没有“美”，人生是不完整的；没有“美”，生命境界难以提升。美国著名诗人惠特曼曾经说过：“一个人在乡间走去，他所看到的东西，他就变成了那个东西，那个东西就成了他的一个组成部分。”通过牡丹园，美的种子便在学生心中生根发芽。

蔬菜种植基地。学校将办公室门前的大花园分为六块，给每个班级划分出固定区域并制作了班牌。每周的劳动实践课上，学生在班主任的引领下，在自己班所在的实践基地进行种植、除草和观察，让学生从劳动中体会父母的艰辛，从而内化于心，外化于行，不断促其成长和进步。同时，大量纯天然的蔬菜经过学生采摘后便在食堂加工利用，变成学生可口的午餐，学生从真正的意义上体会到诗句“谁知盘中餐，粒粒皆辛苦”含义。

学生在劳动中体会食物来之不易

3. 成长系列课程之社团活动

顾明远教授曾经说过：“没有爱就没有教育，没有兴趣就没有学习，教书育人在细微处，学生成长在活动中。”学校根据实际，开展了丰富多彩的社团活动，每学期初，学校根据各教师的特长，先设计社团活动项目，然后组织学生报名，确定辅导教师和社团成员后，每周三下午在全校统一开展活动。到目前为止，学校已经成立了体育社团、音乐社团、绘画社团、书法社团和幼儿滚铁环社团。通过开展社团活动，有效地培养了学生的兴趣和创造力，形成了积极向上、生动活泼的校园文化氛围，促进了学生的全面发展。

三、躬耕践行，和母校一起收获

经过几年的坚持与发展，彭家山小学已在成长的路上收获了很多。学校教学成绩稳步提升，在同级同类学校中名列前茅；有一名教师在全县学科优秀教师选拔中成绩优异，被城区一所九年制学校录取；有两位教师先后获得全县优秀班主任称号；多位教师的课程获得县优质课一等奖；学校也连续两年被评为镇级先进单位。

我也在母校的怀抱中不断发展，连续三年被评为镇级优秀校长，有五篇论文在省级刊物上相继发表；所讲授的公开课多次被评为县级优质课；2020 年获得“陇西县青年教学能手”荣誉称号。

“路漫漫其修远兮，吾将上下而求索。”在成长的路上，我将和母校一道、和师生们一道努力前行。我相信，“一个人会走得很快，一群人会走得更远”。

“以文促学”打造特色品牌学校经验谈

马双军　河南省尉氏三中副校长兼洧川校区校长

学校积累形成的独特的文化特征是学校文化的精神核心，影响着学校的办学理念、管理制度、师生行为、环境氛围等各个方面，集中展现了学校的办学品位。

“以文促学”是指以校园文化所要追求的价值为核心，通过对学生素质、个性的培养，促进学校内涵发展和质量提升。“以文促学”的“文”定位于对学生身心成长起着举足轻重作用的“校园文化”，“学”定位于学校的学风建设。“以文促学”打造特色品牌学校指的是在学风建设层面将“文”与“学”衔接起来，进行提炼与转化，最终打造出独具特色的校园文化活动品牌。

一、时代召唤，发展使然

打造品牌学校是教育发展的必然要求。《国家中长期教育改革和发展规划纲要（2010—2020年）》指出，要“推动普通高中多样化发展”。该纲要首次明确针对普通高中的发展提出了“多样化、特色发展”的政策目标。2015年教育部体卫艺司提出“一校一品”构想和教育未来发展方向。2013年、2014年、2016年“全国百所最具特色中学”举办了针对国内具有特色中学的全国大型评选活动。2019年6月19日，国务院办公厅发布《国务院办公厅关于新时代推进普通高中育人方式改革的指导意见》，提出到2020年，普通高中多样化有特色发展的格局基本形成。

创建校园特色文化是学校发展使然。学校特色发展是一个动态发展的过程，是指学校特色形成、改进和完善的整个过程。有专家认为，特色学校是对在办学中能出色地完成学校教育任务，又在整体上具有独特、稳定、优质的个性风貌的学校的统称。也有专家认为，特色学校是在独特的办学思想指导下，从本校的实际出发，经过长期的办学实践，形成独特稳定的办学风格与优秀的办学成果，并形成被社会所公认的传统的学校。

二、勇于探索，成绩斐然

我所在的河南省尉氏三中洧川校区成立于1903年，是河南省唯一地处农村的省级示范性高中。1958年1月20日，《人民日报》报道了尉氏三中“勤工俭学”

的事迹，并在头版配发社论《两个好榜样》，向全国推介经验。尉氏三中1978年被教育部确定为全国重点中学，1981年被河南省人民政府确定为首批办好的省级重点中学之一，2005年11月被河南省教育厅确定为“省级示范性高中”。学校先后荣获“国家级绿色学校”“省级文明单位”“省级卫生先进单位”“省级文明学校”等多项称号。

洧川校区根据尉氏三中自身的历史传统、现实基础等形成一种区别于其他学校的文化模式，以“以文促学”为核心支撑，以学校百年历史积淀为基石，发展成为具有独特的、稳定的、优质的办学风格和优秀办学成果的学校。以“以文促学”为核心，搭建教师共同成长体，组织各类校园社团，把校报校刊作为学校窗口，作为打造学校特色品牌的抓手，取得了显著的成绩。

自2014年以来，校报《洧风》出版发行105期，共计220余万字。目前,《洧风》编辑部有16人，其中高级职称8人，有硕士研究生学历的6人。另外，从《洧风》衍生出的《洧风时政》《洧风文摘》《洧风精华》等报纸、刊物如雨后春笋般蓬勃发展；组织创办刊物的洧风文学社、洧风摄影协会等学生社团队伍日渐壮大，组织越发健全。

2015年8月，在北京大学举办的第11届全国创新作文大赛中，学生孙雅芳夺得一等奖，师文获得二等奖，张欣、孙艺桐、王婧妤、刘宁获得三等奖。2017年4月，在浙江传媒学院举行的第三届全国优秀校报校刊评选活动中，文学社编办的《洧风》获得编辑项金奖。2018年1月，在天津南开大学举办的第二届“全国中小学生经典阅读行动”现场决赛中，学生张欣欣和刘诗雨荣获国家级二等奖。2018年7月，学生路大龙在由我国大陆、香港、澳门、台湾联办的第五届龙少年文学奖活动中获得二等奖。2019年5月，由开封市教育体育局、开封广播电视台组织开展的以“三尺讲台念师恩”为主题的全市首届“未来小作家”中小学生征文活动中，学生马冰冰获得特等奖，6人获得二等奖，7人获得三等奖。2020年5月，开封市与武汉大学联合征文，宫丹彤、巨然等13名学生获得一等奖，17名学生获得二等奖，127名学生获得三等奖。

近年来，尉氏三中洧川校区优秀教师不断涌现。2019年，马广治、袁文生、胡买云、赵素婷被评为省级骨干教师。2020年，范建伟、秦涛莹、李红猛、徐玉秀被评为优秀共产党员。学校高考“一本”上线人数连年攀升，2019年获得全县教育表彰大会最高荣誉。

三、以点带面，全面铺开

编办校报校刊有利于整体提高学生的文学素养、语文水平，也是校园文化的集中展现。一是发动学生的力量来办报，策划、采编、校对等工作既锻炼了他们协调、沟通、表达、写作等方面的能力，又使校报更贴近校园生活、更贴近学生需要；二是校报作为校内的强势媒体，能激发学生的阅读兴趣，使学生在潜移默化中提高阅读能力；三是校报开辟的写作指导专栏，能在一定程度上提高学生的写作水平和能力；四是广泛采用学生的习作、采访文章，能激发学生的写作兴致，促进学生多写多练。

创办校报校刊、组织学生社团活动等有助于提高学校教育教学水平，教育教学质量的提升也推动了校园文化的繁荣，两者相互促进。近年来，学校软硬件设施逐步完善，校园环境越发美丽，生源质量持续提升，教育教学水平逐年提高，“一本”上线人数连续两年以 20% 的速度增长，社会美誉度不断提升。

“以文促学”是教育发展的客观需要。抓好学校特色品牌建设必须落实好校园文化建设，发挥好校园文化的育人功能，以多样态的方式促进学生全面发展。“以文促学”以校园新媒介为依托，是贴近学生、更富有青春气息的校园文化形态，是教育发展的客观需要。

“以文促学”是提高教育教学质量的重要途径。针对学生的个性特点和地域特色，用文化助推教学，开展教育教学活动。在推进“以文促学”行动中，全面挖掘深层内涵，增强“特色教育”“品牌教育”的核心竞争力，进而深入推进“一校一品”建设，促进学生全面、个性化地发展。

“以文促学”促进师资水平的提高。尉氏三中“教师成长共同体”“师徒结对”“分享读书心得”等一系列校园文化活动的开展，使学校基本上形成一支具有与学校特色建设相吻合的教学理念、与特色课程实施相适应的教学能力，且与特色课程开发相匹配的特色师资队伍。

“以文促学”引导用长远的眼光塑造特长学生。“以文促学”特色办学是指学校按照人才成长规律和特色基础进行设计，组建足球社团、校园广播站、校园记者团、文学社、书法和绘画爱好者协会、英语社团等团体。

四、百年名校，再次腾飞

“以文促学”具有实践意义。办学愿景助力校园文化建设，推进教学顺利实施。“以文促学”的发展理念是基于尉氏三中百年的历史文化积淀，结合校园文学社团对教育所产生的启示和感悟，确定了打造“河南特色文化品牌学校”的办学愿景。

2020 年 3 月 8 日，洧风文学社发起全国 100 个优质文学社招募活动，很快引起 20 个省市 150 所学校文学社的关注。由洧风文学社牵头，全国文学社指导教师共同起草了《优质文学社评价标准》，成为全国第一个量化动态评价体系。

另外，洧风文学社与南校区竹林文学社、北校区方旭文学社、三初中初语文学社等前期加入的文学社共同决定，把联盟打造为资源共享、沟通交流的公益平台，并确定了发展目标；联盟内的 100 家优质文学社加强合作，共同发展，辐射全国中小学文学社团，计划孵化 1000 所文学社，为 100 万名拥有文学梦的中小学生提供帮助，为实现中华民族伟大复兴的强国梦贡献一份力量。

总之，学校办学特色是一所学校体现并推动学校整体发展的精神内核，学校文化与教学之间相辅相成的关系使得“以文促学”——以文化促进教学、以教学渗透文化的教育理念有了更为深刻的价值。凭借“以文促学”，尉氏三中洧川校区实现了再次腾飞的梦想。

追求完美与卓越

——“精致教育”的探索与实践

冯喜明　山西省长治市平顺中学校长

《大学》开篇有言：“大学之道，在明明德，在亲民，在止于至善。”“大学之道”的“道”包含两层含义：一是目标，二是宗旨。可以看出，它们共同追求的最高境界乃是“至善”，用我们今天的话说就是“追求完美”。

有人说缺憾才是自然的本色，但也有人说追求完美才是人生该有的一种基本态度。我认为，教育者面对的都是一个个自然人，他们本身是有“缺陷”的，或者说在其成长过程中受到周围环境的一些不利影响而有了某种缺憾，我们的职责就是帮助受教育者变得更加完美，或者和他们一起追求完美。

平顺中学位于山西省平顺县，是县域内唯一一所完全中学。平顺县原是国家级贫困县，是地处太行山南麓河南、河北、山西三省交会处的一个山区小县，信息闭塞，交通不畅，民风淳厚。平顺中学生源参差不齐，基础设施薄弱，总面积仅56304平方米。在办学条件有限的情况下，学校秉承劳模精神，形成“艰苦奋斗，自强不息”的校训，不断探索精致教育。

多年来，我校持续探索“精心管理、精研实干、精当课程、精致课堂、精彩德育、多元评价”的办学策略，开发多元校本课程，满足学生的个性发展。在学校管理上，坚持“全员参与，全员育人”的理念，实施以精准目标为导向、精细过程为推动、精良结果为归宿、精彩人生为理想的全面育人原则。

一、营造“优美环境”，铸就学校文化底蕴

把办学思想融于学校的视觉形象之中，让全体教师和学生读出学校的文化和内涵，是大家对校园环境文化精雕细刻的追求。

校园环境一览

图书馆一角

教学楼走廊

（一）精心布局，打造“生态味”校园

学校精心布局校园环境，做到布局合理。校园内、走廊上、教室里都放置了绿色植物，在校园有限的空间内打造无限的绿色。

（二）书香飘逸，建设“书香味”校园

主题鲜明、富有特色的走廊文化、教室文化、宿舍文化等是平顺中学校园文化建设的重要内容。我校创办文学、英语等多个社团和校园文化刊物，充分利用教学楼大厅和各条走廊的墙壁，悬挂伟人故事和校训格言，利用校内的橱窗专栏展示校园建设成果和师生们的优异成绩。每个班级还制定了班训、班级格言，建立了图书角等，教室布置体现班级特色。我校图书馆藏书近 10 万册，供师生自由阅读，积淀师生文化底蕴，打造书香校园。

（三）人文关怀，孕育“人文味”校园

我校努力发挥每面墙壁的育人功能，在校园视觉层面上做整体再规划设计。校园的背景画、校旗、各种教育园地、橱窗以及楼道走廊、班牌、班级布置等都体现了学校的文化内涵，我们十分注意它们之间的内在联系。校园音乐的播放，更充满了人文情怀。

二、打造“精致课堂”，提升教育教学品质

根据我校的教学实际，推进以问题导学和分层分类教学为特色的课程体系，关注每位学生的全面成长。

我校开展“基于问题导学框架下的个性化教学模式”，该模式主要通过“自主学习、生生交流、课堂展示、教师点拨”等环节让学生持续性地进行有效学习，完成教学目标。该模式旨在培养学生自主学习、合作学习、探究学习的各种能力。

学校针对学生之间存在的差异性，面向全体学生实施分层教学、因材施教，使每个学生实现最优发展，使全体学生共同进步。围绕分层分类教学，学校采取了三大步骤：一是学生分层。学校根据学生学习情况的差异，结合学生的身心发展特征，按课程标准要达到的三层目标（基本目标、中层目标、发展目标）的教学要

求，将学生分为A组、B组、C组。二是课堂教学分层，学校根据不同层次学生的水平，设置不同的教学目标，调整课本内容，以适应各层次学生的发展需求。三是测试评价分层，学校根据不同层次的教学目标设置测试题，一份试题分为一卷、二卷和附加题三部分。

学生开展自主学习、合作学习、探究学习

三、建设“精良团队”，夯实学校软实力基础

多年前，我校教师队伍存在严重的年龄结构偏大、学历偏低、学科结构不合理等问题，而且很多年都没有补充过新教师。虽然教师们也很敬业，但在新课程改革的大环境下，很多老教师已经很难适应新教育的要求。学校在县委、县政府的大力支持下，从2007年开始，连续招聘优秀大学毕业生近100名，近两年引进研究生11名，有效化解了师资老化匮乏的问题。新教师的接续更新，为学校发展注入了活力。

（一）以扁平化管理为主体，打造科学高效运转机制

打破原有的以学科组为主体的兼具学术性与行政性的模糊式管理体制，实行“学术、行政”合而治之的“两制并行”管理体制，突出并加强年级组的功能与职能，形成自成一体而又相互联系、逐次运作的扁平化管理模式。以年级组为主体的扁平化模式，在项目化、精细化、信息化、效率化管理层面显现出强大的动力和蓬勃的生机。

（二）以专业成长为引领，打造优质教师队伍

为提高师资质量，我校实行半天大教研活动，坚持问题导向，找准基本点，抓住重点，突破难点，扫除盲点，力求教研实效。做到“四个重视”：一是重视培养骨干教师，特别是中青年教师，抓好学科带头人；二是重视培养常规教学

积极分子，以点带面；三是重视发挥有丰富教学经验的老教师的潜能，进行师徒结对，搞好传、帮、带；四是重视提高教师的业务能力，做到因人制宜、合理任用。

四、构建“精当课程”，促进学生多元发展

我校实行“让每一个学生都得到相对于自己的最优化发展”的教育理念。在“精致教育”思想的指导下，学校课程以发展学生个性、开发潜能、培养创新精神和实践能力为目标，形成了充分体现学校自身特点的个性化整合型课程，建立起颇具特色的课程体系，为促进师生发展服务。

平顺中学的课程框架如下图所示。

<table>
<tr><td></td><td></td><td>项目研究课程</td><td rowspan="3">研究型学习</td><td></td><td></td></tr>
<tr><td></td><td></td><td>创新思维课程</td><td></td><td></td></tr>
<tr><td></td><td></td><td>综合实践课程</td><td></td><td></td></tr>
<tr><td rowspan="5">知识成长</td><td>名人讲堂</td><td rowspan="4">语言与文学，人文与社会，数学，科学，艺术，技术，体育与健康，综合实践活动，德育课程</td><td rowspan="4">十大素养</td><td>项目活动</td><td rowspan="5">人格成长</td></tr>
<tr><td>地方文化</td><td>家校合作</td></tr>
<tr><td>校本选修</td><td>校际交流</td></tr>
<tr><td>学科延伸</td><td>生活课程</td></tr>
<tr><td>拓展课程</td><td>核心（基础）课程</td><td>素养课程</td><td>拓展课程</td></tr>
</table>

平顺中学的课程框架

我校树立大课程观，把德育活动、艺术体育活动和社团活动等纳入课程管理。在构建课程文化方面，主要侧重从课程的主体性、多元性、开放性、生成性、合作性出发，以动态发展的、立体多元的、个性选择的方式，为学生提供学习、成长的舞台。充分利用平顺县的政治资源，编写了《国宝——申纪兰》《靓丽太行》《烽火青羊》《英雄的故事》《我是平顺人》等一系列展现传统精神的校本课程，极大地激发了学生的自豪感，增强了学生的家乡意识。在全面贯彻落实国家课程的基础上，在追求“真、善、美”精神文化的内涵上，重新规划与构建学校活动课程体系，为学生搭建成长的舞台，丰富校园文化生活，充实学校课程内容。丰富多彩的课程、开放多元的内容，再加上走班上课等组织形式，为学生个性化学习提供自主选择空间，使其实现个性化发展。

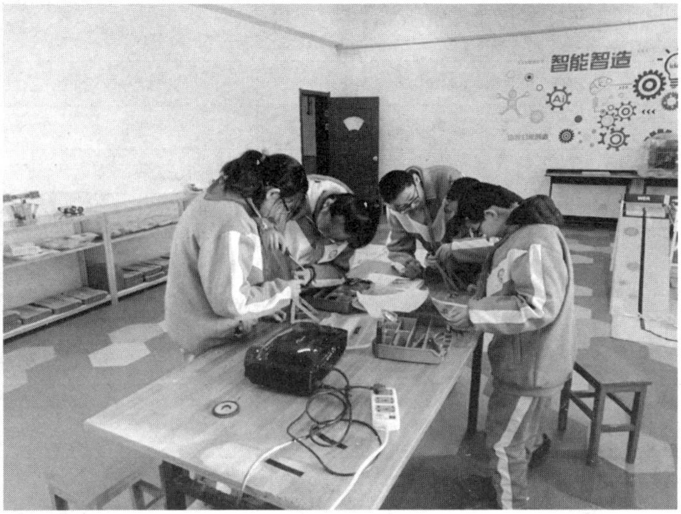

个性化的课外活动

五、完善“精严制度”，促使教学有序高效

为保证常规教学顺利有效地进行，我校制定了严格的管理制度。主要包括：①班前会制度，布置一周的重点工作；②班主任办公桌进教室坐班制度；③学习制度，如青年教师进修校、青年教师十项技能过关制度；④教职工寒暑假两期培训制度；⑤学生评教制度；⑥家长民主评教制度；⑦师生同题考试制度；⑧平顺中学课前宣誓制度；⑨每年一届教代会制度；⑩领导推门听课制度；等等。

全校每月召开教学常规例会。各年级按周召开班前会，对教学教育工作进行总结和安排。教师按时坐班，课前三分钟必须候课。教案实行“一案三签”制度，即教师上课用的教案必须经过备课组、年级组、教务处的三级签字才能进入课堂。每月对学生作业情况进行检查通报。期中期末考试后，教师要进行试卷分析，上交分析材料。学期末，教师要对自己本学年的教学工作进行总结反思，并且以书面形式上交。

六、设计“精彩德育”，滋养学生心灵

我校实行“落小、落地、落实”“入心、入形、入神”的“三落三入”德育模式。围绕这一模式，学校利用德育这一主要阵地，体现精致教育对每位学生的精心呵护。

（一）育人为本，爱心育德

爱心是人性的基础，是一个人最基本的素质，是素质教育中不可缺少的部分。学校通过主题活动，教育孩子从爱身边的人开始，各年级根据孩子的年龄特征开展不同的主题教育。

各年级开展的主题教育如下图所示。

年级	德育目标	课程安排
初一年级	守纪、关爱，养成良好行为习惯	规范教育，礼仪教育
初二年级	自尊、责任，培养健康人格	养成教育，青春期教育
初三年级	自强、合作，学会人生规划	职业选择教育，国情教育
高一年级	自律、诚信，为远大理想奠基	诚信教育，礼仪教育，理想教育，心理健康教育
高二年级	自信、责任，为理想主动学习	勤俭教育，自信心教育，责任教育，文化传统教育
高三年级	感恩、执着，在奉献中锤炼青春	感恩教育，爱国教育，挫折教育，职业选择教育

各年级开展的主题教育

（二）参与活动，体验悟德

我校现有社团30余个，实现了人人参与社团、周周都有社团活动。学校设计一年中的12个月有不同的活动主题，读书节、安全节、志愿节等多姿多彩的主题活动，使正直、善良、自信、包容等价值观无声无息地渗入学生心田。让学生充分发掘自己的兴趣爱好、发挥个性特长，促进了学生全面发展、个性发展。

读书节活动剪影

（三）自我管理，自主养德

通过采取值周班制度、民主管理班级、建立激励性评价体系等措施，培养学生管理自治、活动自主、行为自律、精神自强。

在“精致教育”思想的引领下，精益求精的平中人践行深层次的精致文化，将永远在通往“精致”的道路上潜心修行。

春风化雨，润物无声

——学校自主管理浅谈

杜冠鹏　河南省安阳市滑县大寨乡小田小学校长

“校以团结为家，教以育人为本，师以敬业为乐，生以成人为志”，这是我们学校追求的目标，也是我校全体师生的共同理想。在追求目标、实现理想的过程中，我们以“体现自我价值”为载体，一步步地尝试着我们的自主管理，稳步向前迈进。

一、体现自我价值，追求教育梦想（教师）

我们学校师资力量薄弱、经费少，对教师给予物质奖励是不现实的，没有奖励或奖励很少又起不到调动教师积极性的作用，有时甚至还会起反作用。慢慢地，我发现教师需要的不是金钱，而是领导的肯定和自我价值的实现。为教师提供一个展示自我的机会、搭建一个实现自身价值的平台，帮助他们实现自己的教育理想，比奖励他们几百元钱更有效。调动教师的内驱力是最重要的。但是如何调动？通过经典诵读，通过多次参加励志讲座，使教师改变价值观、清空思想惰性、树立新的教育理想。例如，教师王超霞来我们学校才两年多，就具备了晋级必备的四个条件（特别是社会实践活动——空竹社团获得一等奖）。她能成长这么快，既有自己的努力，也与学校搭建的平台分不开。她非常清楚地认识到了这一点，所以她怀着感恩的心努力工作。

排练舞蹈的孩子们

在王超霞的影响和带动下，现在的教师都以她为榜样，都以体现自我价值为工作动力，形成了乐于奉献的价值观。代课教师童芳芳，经常在把孩子哄睡着后还要加班到深夜一两点，更换走廊文化墙上张贴的学生绘画作品，目的就是能让学生尽快看到自己的作品，给孩子以成就感，让孩子第二天更加努力上好美术课、完成美术作业。代课教师宋瑞香每天晚上加班为学生排练舞蹈，从未要求领取补助，如果不是我偶然发现，她根本不会告诉我。教师姚媛媛、代课教师卢爱丽每天到校后就守在教室里，带领孩子诵读《论语》。大道至简，只讲奉献，不求索取，我们的教师正在用实际行动践行古圣先贤的教诲。

二、留空白给学生，还学生以自主（学生）

在学校文化建设中，绕不过的一个群体，就是儿童。作为一名教育工作者，我经常自问：我真的认识儿童、理解儿童吗？学校不仅要有理性的光辉，还应是充满儿童情趣的世界。正是基于这样的想法，学校“以学生为本，为学生留白”的教育理念日趋清晰与完善。我们充分利用墙体、墙壁、楼道等可用空间，将师生绘画作品、手工作品、励志名言、教育格言、感恩词、朱子治家格言等布置其间。

师生共同布置“新长廊”

在这种校园环境中，时时有一种无形的力量在感染、吸引着师生，同时也在激励着师生。用师生的绘画作品布置校园环境文化“新长廊”、建设楼道空间文化、布置教室文化、塑造墙壁文化，互相鼓励、互为榜样，具有可比性和可相互影响的作用。塑造特色、提升内涵，让特色文化内化成学校的隐性环境，内化成师生的内心修养，形成内在的气质。“我的地盘我做主”让学生有了主人翁意识——学校的事情就是自己的事情，班级的事情就是自己的事情，他人的事情就是自己的事情。如果学生有了这种思想，抱着服务他人、快乐自己的心态，试问这样的学生还用管理吗？这些都得益于经典诵读和践行，诵读和践行《弟子规》《论语》，走近先贤，以德促智，内化于心，外化于行。

离校时，师生相互鞠躬道别

一是对学生进行仪式感教育。例如，每天进学校时，不管大门口有没有教师，学生都会自觉地站在门口，毕恭毕敬地向国旗行鞠躬礼；二是让学生牢记感恩祖国，时刻提醒自己要为国家的发展而读书；三是培养学生的敬畏心，敬畏学校、敬畏教师、敬畏知识。学生自我约束，自我管理，现在偶尔有学生犯错时，其他同学就会背诵一句《弟子规》来提醒他。现在我认为，给学生留白就是最好的教育，它可以让学生自我发展、自我创新、自主管理。

三、捆绑评价，自我约束（课堂）

（一）以小组捆绑式评价实现小组合作学习积极性和参与性的提高

本组的积分代表每个成员的分数，例如一次考试中，如果某个组的平均分最高，那么这个组每个组员都是第一名，这就在无形中增强了组员间的凝聚力，慢慢就形成了互相帮助、互相监督、共同提高的组文化。不让一个人掉队成了小组追求的目标。

合作学习、互帮互促

（二）以小组捆绑式评价实现无人监堂考试

对各小组的考试成绩进行捆绑评价，使其互相监督，再加以诚信积分，促使学生自我约束，逐渐形成了诚信考试的氛围。最后淡化成绩，让学生明白，考试的目的，一是考查教师，让教师明白这一阶段教学哪些知识点没有讲到；二是考查学生，看看学生近一阶段哪些知识点没有掌握；然后师生共同查漏补缺，一起努力提高成绩。学生自然也就看淡了分数，明白学会就行，所以学生也就实现了诚信考试，最终实现无人监考。

四、家校一体化（家长）

现在最缺乏教育的不是学生，而是家长。5+2=0！在学校五天的教育，周末在家两天就全部抵消。学校的教育离不开家长的配合，家长是孩子的第一任老师，也是孩子的终身导师。正是由于了解这一点，所以学校想尽办法多次召开家长会，请国学讲师、家庭教育专家对家长进行培训，让家长了解家庭教育的重要性，知道培养和管教孩子的方法。我也时常利用周末的时间带领家长参加濮阳的“家庭教育沙龙”“家庭美德”讲座，让家长懂得家庭和谐对孩子成长的重要性，让家长懂得怎样科学地教育孩子。渐渐地，家长们体会到了学校的良苦用心，明白了家庭越和谐孩子越优秀的道理，孩子在家长的教育下自然就懂事多了，也爱学习了。一个爱学习的孩子你说还用管吗？这是否也是一种间接的自我管理呢？

家长明白了学校是真心实意为自己的家庭和孩子着想，自然也就怀着一颗感恩的心对待学校，将学校和家长视为一体，所以我们顺理成章地组建了“家长志愿者服务队”，每逢重大活动都有家长自愿参与，布置会场、充当礼仪人员、安排车辆、接待客人等，更有甚者还进入课堂，客串一下教师。这是否又是另外一种方式的“自主管理”？

家长志愿者

自主管理，我坦言我们没有深入细致地实施，我今天只是介绍一些零碎的做法，也许有些牵强附会。细思之，说是自主管理，倒不如说是一种文化：学生、教师、家长都以“体现自我价值”为目标，只讲奉献，不求回报。这也许就是我校寻觅已久的文化之魂，文化就是润物无声的！

安全第一，健康成长

——关于寄宿制学校的思考与实践

程世林　四川省德阳市什邡市红白小学校长

为科学整合农村教育资源，有效且逐步优化农村小学师资队伍建设，进而为小学生良好自理能力的尽早形成提供引导作用，必然需要积极探索农村小学寄宿制管理工作。基于农村小学德育教育及心理健康发展等的充分考虑，农村寄宿制小学管理工作开展时，应以学生实际情况和主体位置为出发点，确保为学生素养提升、健全发展等提供有利条件。在逐渐增加农村寄宿制小学学生人数的情况下，往往会进一步增加学生学习内容，此时必然需要对学校教育管理工作进行优化和改革，而为了保障教育管理成果及实效达到理想目标，学校和教师应对科学、新颖、有效的教育管理方式进行积极探索，进而逐步提升教育管理水平，为农村寄宿制小学学生良好行为习惯养成、道德素质水平提升、健康全面发展等提供良好平台。

一、农村小学寄宿制管理工作弊端所在

现阶段社会中，农村的大量年轻人外出务工以保障生活所需，导致农村出现较多的留守儿童、单亲家庭孩子等。在此背景下，实施农村寄宿制教育的优势十分显著，在农村寄宿制学校开展教育工作十分必要。农村寄宿制学校能够解决孩子学习问题及孩子无人管理、陪伴等社会问题，而面对此种情况，农村寄宿制学校管理工作显得十分必要。但现阶段一些农村寄宿制小学开展管理工作时，往往存在一些不合理因素和问题。比如，宿舍管理方面存在的不合理现象主要体现在：规划布局、装修要素设计等不合理，有些农村学校宿舍不具备良好的封闭性，为不法分子进行一些非法活动提供了机会，有些农村寄宿制学校缺乏足够的夜间照明设施，不利于学生夜间上厕所或学习等。再如，在食堂管理中，从业人员的业务素质亟待提升，食堂收费不规范，缺乏完善且精细的食材管理制度和措施等。这些都在一定程度上影响了农村寄宿制学校管理水平的提升。除此之外，在农村寄宿制小学管理过程中，学生课外生活也存在问题，如缺乏多样化的课外活动内容、活动形式单一等，加之学校考虑到学生安全问题，往往会从多方面管理学生，限制了学生的天性和自

由，难以保障学生积极主动参与学校开展的活动。

二、农村小学寄宿制管理工作优化措施

（一）加强寝室管理

在农村寄宿制小学管理过程中，寝室管理是重要构成内容，是产生问题较多且极易发生问题的关键所在，因此需要学校、教师、管理人员等高度重视寝室管理，基于相应措施的优化，确保精细化管理得以积极开展。首先，从寝室分配角度进行分析，要保障男女分离以及大小分开等，同时积极开展登记造册工作，确保农村寄宿学生具有准确且详细的个人信息，为管理提供便利。可在寝室门或铺位上制作详细的学生信息表，表中可包含学生姓名及所在班级和家庭住址、家长电话等信息。其次，学校应加大寝室内务管理及指导力度，指导学生统一且整齐摆放洗漱用具以及床上用品等，应以轮流打扫的方式打扫寝室卫生，之后通过教育和指导帮助学生切实掌握基本生活技能。最后，农村寄宿制小学应严格遵循教育部下发的相关安全工作指南，在此基础上将男女生分区住宿工作做好，同时积极开展寝室执勤工作，并专门设置男女值班用房。在农村寄宿制小学，学校可针对每个班级安排相应的生活指导教师或人员，借此对学生就寝生活进行统一管理。在发现学生的行为缺乏安全性或者不文明时，需要教师积极进行思想教育；在突发应急事件发生时，需要及时上报学校，同时积极解决，为学生人身安全及健康提供保障，学校还应该在技能防护设施建设方面加大力度，争取全面覆盖监控，借此开展精准管理工作。

学生宿舍

（二）加强食堂管理

在农村寄宿制小学，学生用餐的主要场所就是食堂，因此学校食堂应该严格遵守相应的法律法规，在此基础上加大管理力度，为学生寄宿生活中的食堂用餐安全及卫生提供保障。学校还应密切关注学生食堂用餐情况，确保有问题发生时，相应的应急处理措施能够及时开展，如一旦学校食堂中出现食物中毒及过敏等现象，应急方案的快速执行十分重要，其能够保障抢救和治疗更加及时有效。此外，农村寄宿制小学食堂收费标准，需要考虑市场实际情况，严格遵循市场规律，基于合理调控工作的开展，合理收取伙食费，保障食堂管理水平逐步提升。食堂管理中的重要内容之一还有食材管理，做好防潮以及防鼠等工作，以保障食材的安全性，避免对学生用餐安全造成不良影响，为学生安全和健康成长提供充足保障。

学生就餐

（三）注重学生课外生活管理

一般来说，寄宿制学校的学生，课外活动往往在学校内部进行。对此，学校开展管理工作时，应加强寄宿学生的课外生活管理，吸引学生注意力，有效避免学生外出。学校可积极组织丰富的课外活动，如体育比赛以及跳绳比赛等活动都是很好的选择，学校和教师可以寝室为单位开展比赛活动，借此丰富学生课外生活，促使学生积极参与校园内的课外活动，有效避免学生外出玩电脑等现象的发生。此外，学校和教师可对信息网络资源等加以充分利用和积极开发，选择一些学生喜欢的影视作品等在学生课外时间进行播放；学校应适当延长校内阅览室开放的时间，积极更新和增添图书报刊资源，为学生看书和自主学习等提供空间，为学生形成良好的自主学习习惯创造条件。

科技社团活动

舞蹈社团活动

我们要继续优化和加强农村寄宿制小学学校管理工作，深入研究学校管理中的弊端和不足，消除不利于学生身心健康发展的因素，在促进农村寄宿制小学管理水平逐步提升的同时，为小学生人身安全提供充足保障，为学生健康成长奠定良好基础。

大课间足球操

学校亲子活动

劳动实践锻炼

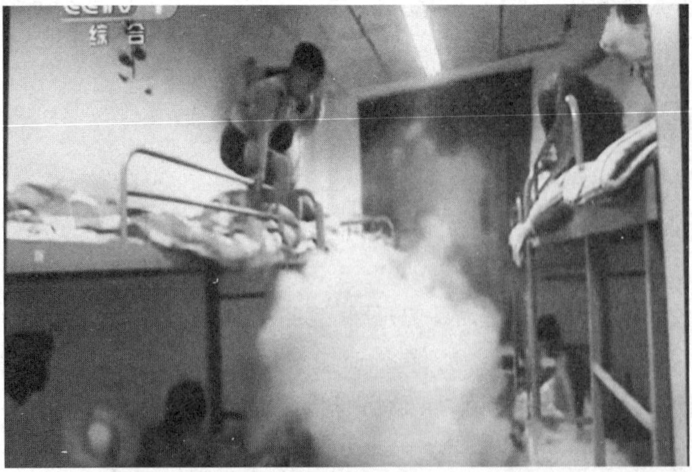

2011 年 5 月 16 日，央视焦点访谈以《在灾难中成长》为题播出红白小学应急疏散演练

新理念引领大教育

——乡村教育大家谈

变革，校长不能独自前行

杜冠鹏　河南省安阳市滑县大寨乡小田小学校长
朱亚玲　河南省安阳市滑县大寨乡小田小学副校长

作为一名校长，要想建设好学校，心中也应该有一座自己的殿堂，那就是学校师生的共同愿景。校长要非常清楚自己的办学目标，要凝聚起全校教职工的力量，让大家不懈地为之努力。为了学校的发展，为了孩子们的未来，要破除陈旧的观念，不断进行变革、创新。在学校不断的变革创新中，由于没有经验，也走了不少弯路。某日独自一人在学校值班，我终于有机会静下心来思考和反思——变革，校长不能独自前行。欲变革，校长事前要做到以下几个方面的工作。

一、了解影响变革的潜在困难

变革和创新其实很简单，就是做出改变。我们首先应当做出的改变就是停下来，审视我们自己以及需要做出改变的个人的行为。有些人声称自己支持某项变革，但是他的行为却正好相反，而他却不自知，这就叫作“完成承诺”。更可怕的是，校长及其他学校领导如果也有这种心理，自称是致力于通过变革和行为来提高教学水平，却不为教师提供必要的支持，那么这将会成为一种变相或潜在的“完成承诺”，也就是只说不行动或不知道如何行动。好多人都愿意拥抱变化，但是也有许多人不愿意从舒适的过去中走出来。所以校长有必要了解不同教师的特点，以便有效地帮助他们成功地做出改变，和校长一起进行变革。

我的做法也很类似，我也是想通过变革来发展学校。一开始，我要求教师读经典、培养孩子的兴趣、做课堂改革等，但我看不见教师行动，感觉教师执行力不强。慢慢地，我发现不是教师不行动，而是教师不知道如何行动，其实我也不知道如何行动，只是做了一个口头许诺。了解到这一情况后，我找到了具体的变革点——制订切实可行的方案，亲自带头行动，引领教师慢慢地统一行动、完成变革。

例如，我先从绘画、手工制作开始，培养孩子的兴趣。没有专业美术教师，我就学回来教给教师，教师学会了、有兴趣了，再教学生。一年时间，绘画、手工制作就成了我校的特色项目，引起了领导的关注，也得到了家长们的认可与好评，师生的积极性一下子调动了起来。后来的空竹操、国学经典进校园、课堂改革都是在我的带领下做成了学校的特色项目。

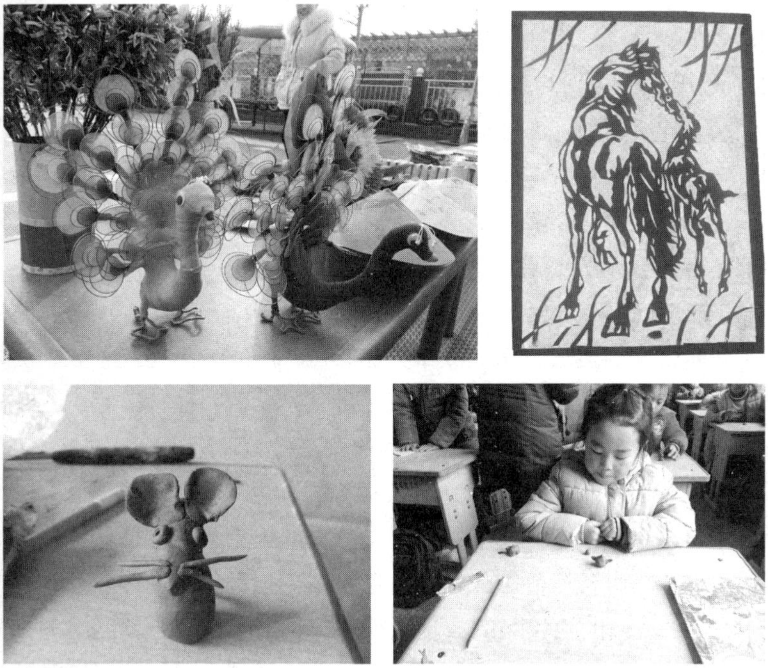

孩子们的手工作品

二、共创学习团队

一定要让教师了解变革的必要性和紧迫性。有的教师注重努力提高学生成绩，对新课程变革嗤之以鼻，因为过去他们遭遇了太多的失败；还有一些学生成绩不错的教师认为没有必要尝试新的课改，如果改变那些过去的“优秀的教学方法”，可能会导致学生成绩下降，所以维持现状似乎是一个不错的选择。

任何变革，校长都不能孤军奋战、独自前行。校长必须让教师明白：为什么要变革？怎样变革？变革能带来什么？同时也要与教师达成共识。在变革实施之前，一定要为教师提供所需要的专业发展培训，一定要能预判到教师的担忧，并据此提供专业的培训支持，以便更加准确地判断出教师们担忧的问题到底是什么。

与教师达成了共识、打消了教师的顾虑、克服了教师的困难，那自然就形成了一个变革的团队。有助于新课程改革的教师和校长整合为一个强有力的团队，不仅加快了学校变革的步伐，也增强了持续的、准确的、及时的沟通。校长及其他校领导必须得到教师的尊重，他们能代表不同的观点并致力于实施新课程改革。有了这样有效的工作团队，校长对于团队的变化过程和持续改进的作用怎么夸赞都不过分。

校长在变革的过程当中一定要多鼓励少批评，教师能行动起来已是不易。一定要让教师有成就感和满足感，形成一股团结奋进的力量。变革的过程就是不断在行动中发现问题、解决问题、逐步完善，最终走向成功。

例如，我们探索课程改革，一开始大多数教师都持反对意见，认为课程改革是出力不落好的事情，成功的可能性不大，不仅很容易失败，而且家长也会有意见。这些理由其实都是次要的，主要原因是教师不想改变。年轻的教师不知道如何改变，有经验的老教师不想改变，所以就找出各种理由。于是，我跟教师多次沟通，分析利弊：一是要与时俱进，课程改革势在必行，不改就会落后于人；二是我们现在的课堂低效，甚至无效，老师讲得口干舌燥，学生听得昏昏欲睡；三是出力还不出成绩，自己也很委屈。如果我们进行课程改革，教师轻松了、孩子愿意学习了、成绩上去了，我们何乐而不为?

随后我把自己探索了十几年的课改经验分享给大家，帮教师们树立信心。作为校长，平时学校的各种事务性工作很多，给孩子们上课的时间很少，几乎不到正常课时的 1/3，可是我教的六年级的数学成绩每年都大幅提升。我用的时间最少，成绩却最好，这就充分说明课改可以达到事半功倍的效果。教师们了解了课改的重要性，又看到了我的成果，很快达成共识，决心一起做课改。课改很快取得了效果，在县内引起关注，我校当年就被评为“滑县课改核心校”。教师多次参加县优质课大赛，参加一次比赛的 5 名教师取得了 3 个一等奖、两个二等奖的好成绩，两年内学校 9 名教师全部获得县优质课一等奖和二等奖。

三、塑造共同的愿景

确立学校愿景，既要充分考虑学校的历史，科学总结学校优良的传统优势和不足；又要立足当下，针对当前学校的现状和基础；更要面向未来，清楚教育发展的方向、学校发展的目标、培养人才的需要。要经过合理设计和科学规划论证，这样确定出的愿景才符合实际、切实可行，才能起到凝聚人心、鼓舞士气、引领发展的作用。有了共同的愿景，教师才能明白新课程改革的是什么，才能知道学校的育人目标是什么，才能明晰自己奋斗的方向在哪里。

教师不能等着“改变”自己到来，只有主动改变自己、不断创新，才能适应未来的发展。就像这次疫情延期开学一样，突如其来的“停课不停学”一下子使“改变”来到身边，很多教师不适应，不会上网课，不懂得如何直播上课。但是也有一些教师以前上过网课，自己摸索过直播，这些教师面对这次“改变”就显得非常从容。

创新不难，创新就是不断做出一点点改变！改变需要教师们共同努力，需要教师们一起前行！在变革的过程中，校长一开始是引路人，后来是陪伴者，最后是跟随者、仰望者！

校长愿与大家一起改变，一起成长！

乡村教育从“心”开始

印代凤　湖南省沅陵县陈家滩乡九年一贯制学校校长

陈家滩乡九年一贯制学校（以下简称陈家滩九校）地处沅陵县陈家滩乡境内，占地 129 亩，在校学生 738 人，教职工 59 人，是一所典型的农村学校。近年来，学校从“心”出发，致力于办有温度的乡村教育，取得了良好的成果：初中毕业会考水平测试教学效果综合评价连续 18 年获县一等奖。随着影响力的扩大，2019 年学校还被评为“全国教育系统先进集体”。

一、教育环境静心

走进陈家滩九校，香气满园：花香与文化墙相融，书香味与电子屏互映，这里既有大山深处的静谧，又有新时代电子设备的科技感。我校的环境，真正应了那句：“年年岁岁花相似，岁岁年年人不同。”从校门口宣传栏与耀眼的红色电子屏下走过，你会感受到我校的“教学生九年，为学生想六十年，为民族想一百年”的教育理念。从校园内的文化墙与芳菲园走过，你会感受到我校的文化熏陶；从教室里的智慧黑板和塑胶运动场走过，你会感受到乡村学校力争上游、硬件绝不落后的决心；从两栋新建成的学生宿舍楼与明厨亮灶的食堂走过，你会感受到我校是学子静心舒适的港湾。校园里，学生晨读、学习之余小憩的桌椅、树林等随处可见。无论学子何时求学此处，都“正是少年读书时”。这里的教育环境让师生静心！

校园一角

二、亲情教育暖心

亲情最直接的表现是对学习生活的关心和关爱。对学生学习和行为的严格要求，如果不辅以生活的温暖和关心，就是一种虚情。

在日常生活中，教师和学生们同吃同住，和学生们交朋友、谈心，时间长了就成了学生最亲密的人。低年级的学生尿床、尿裤子了，教师毫无怨言地及时帮他们处理；有的学生半夜起床后走错了房间，往往会被值夜班的生活教师及时发现，并抱回原宿舍；学生病了，教师在和家长联系的同时，第一时间将生病的学生送往医院治疗，直到交给家长才离开；保育教师教会高年级的学生洗澡、泡脚，每天给年龄小的学生洗澡、洗衣、泡脚；班主任成了学生生日的见证者，代表远在他乡的父母给学生过集体生日，全班30多名留守儿童一块儿唱歌，一块儿分享蛋糕……教师成为寄宿生的“家长”，学生们在学校倍感亲情的存在、家庭的温暖。亲情教育的开展让每个留守儿童不再孤单，让他们在学校也能感受家的温暖。毕业生赵腾说，虽然自己的母校陈旧，既没有城市学校华丽的建筑，也没有高大上的教学器材；但是这里有替学生着想的校长，有认真负责、为学生未来做打算的教师，也有辛勤工作、早起晚休的后勤人员和警卫员，还有严明、律己、公正的学生干部，更有积极进取、努力上进的同学。

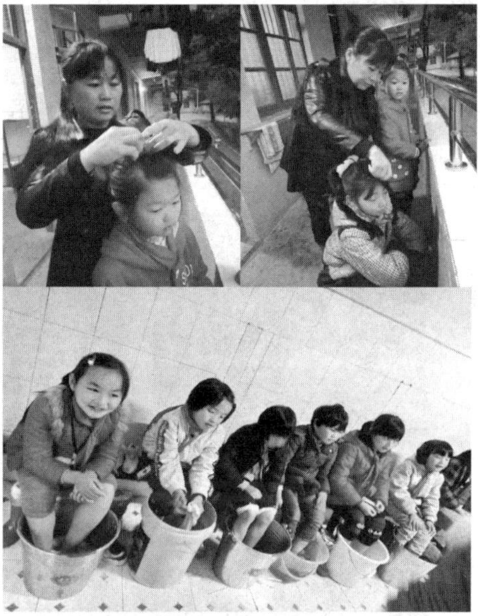

学生得到了教师无微不至的关心和照顾

三、良心食堂放心

我校将学校食堂置于与课堂同等重要的地位，建好、办好学校食堂也是一项主要任务。我校既注重服务，又致力育人，每餐“五菜一汤”，营养均衡，学生自助用餐，文明自律。学校聘请学生家长当大师傅，邀请家长委员会代表与教师一起“陪餐”，做学生餐饮的把关者和监督者。师生每年饲养生猪60余头，每月宰杀4头，给学生改善伙食。元旦必办师生千人

学生每天都能吃上放心饭

宴，初三学生必须吃一餐毕业宴，以致每届初三毕业生在离开学校前都会为食堂师傅自编自演一台节目以示感激。湖南文明网曾以《摸着良心办食堂》为题，介绍了我校的经验。

四、校船护航安心

陈家滩乡既是山窝，又是水乡，学生上学放学，最远的要走四十里水路与山路。为确保学生乘船安全，我校一方面联系乡党委政府，另一方面组织全校师生，狠抓校船安全，摸索出了“定船、定人、定位、定站、定线、定时、定费、定责”的校船安全“八定模式”，确保学生开开心心上学来、安安全全回家去。湖南教育电视台在经过长达一周的暗访和跟踪拍摄后，以《山里娃的护航路》为主题，介绍了我校的做法和经验。

全力以赴保证学生乘船安全

五、田园教育贴心

面对新一代学生厌农、嫌农，与身为农民的亲长感情越来越淡漠的情况，我校多方争取乡党委政府的大力支持，获得了60亩山地作为学农基地，开展贴合乡村的田园教育，回归“生活即教育，社会即学校，教学做合一”的教育本真。果园和蔬菜园由学生开垦、种植与管理，分年级、分班级划分区域，播种、育苗、浇水、施肥、收获，学生全程参与。劳动成果按市场价出售给食堂，收入作为班费使用。学生懂得了“土能生金”的道理，对家乡和亲长更有感情了。学生舒柔说，学生自己播种、自己培护、自己收获，既体会了父母长辈劳作的辛苦，也懂得了一分耕耘一分收获的道理。

在学农基地开展田园教育

六、廉政教育净心

借助廉政文化进校园这股东风，学校组织全校教师开发了《撒播廉洁的种子》校本教材，同时充分利用现有校园文化建设平台，举行廉政文化进校园启动仪式，发放“小手牵大手，廉洁进我家”倡议书，举办书法竞赛以及讲故事比赛、征文活动、漫画比赛等活动，通过这些活动浸润人心，进一步扩大了校园文化内涵，提升了校园文化品位。此外，在教室走廊上粘贴关于廉洁内容的警句、格言和宣传画，专门开辟了师德承诺门、廉洁教育园、廉政故事墙、诗词大道、廉洁故事部、养成教育屏、文明礼仪路、励志教育坎、师德表率坪、校园名人榜等专题文化，营造了浓厚的校园廉洁文化氛围，发挥了舆论宣传阵地作用，达到润物细无声的教育效果。

校园内的“社会主义核心价值观”文化墙

七、养成教育顺心

学校 90% 以上的学生为留守儿童，针对留守儿童“隔代抚养”的现状，瞄准“留守儿童综合征”，学校创立了“五自三全”教育模式，即引导学生进行集自主管理、自主学习、自理生活、自创活动、自我评价于一体的养成教育。走进寝室，被子叠得整整齐齐，学生的鞋子、水桶、收纳箱、口杯，甚至牙膏牙刷都摆放得整整齐齐，寝室里收拾得干净整洁。走进食堂，学生均会先排队在食堂前的水龙头洗净双手，再排队领取饭菜，然后安静地用餐，所有学生用完餐后，食堂的餐桌、地面干干净净。走进校园的任何一处，都看不到纸屑垃圾，干净整洁的校园环境让人赏心悦目。这些，都得益于我校注重学生良好的习惯养成教育。学校为此制定了一整套的养成教育细则，每天由学生会自主评价，留守儿童内心不再孤独了，学困生心灵不再自卑了，山里娃见人不再胆怯了，所有学生的内心都变得强大了。

整齐的宿舍

八、校本教育动心

虽然身处乡村，但学校却克服一切困难，确保按规定开齐、开足、开好每门课程，并结合学校的实际及学生成长的需要，开发了集“跑、唱、跳、读、写、演”于一体的“六个一”活动校本课程。

早上起床后，以“活力清晨”为主题，开展阳光晨跑晨读活动，晨跑之后在操场进行集体英语诵读；上午第一节课前，以“唱响校园”为主题，开展大合唱活动，铃声一响，班班有歌声，校园满歌声；大课间，以“阳光课间”为主题，舞曲飞扬，学生踏着节拍跑步进场，步伐整齐，口号响亮；下午第一节课前，以“诵读经典”为主题，开展经典诵读活动，诵经典、知经典、悟经典；晚上第一节课前，以“临帖养性”为主题，开展临帖写字活动，促使学生规范、工整、美观地书写汉字，养成认真细心的学习态度和良好的意志品格；夕会以“一吐为快”为主题，开展主题演讲活动，把书本上的思想政治教育延伸到课外，孩子们在夕会20分钟里自由评价、自主演说。完整的“六个一”活动校本课程，让每个在校的孩子都期盼新的一天到来，真正让孩子们爱上学习、爱上学校。学生邓凤波也激动地表示，课堂的改革让他们的能力得到了锻炼和体现，让他们乐于思考、敢于发表自己的见解，学会了交流，学会了合作。

意义非凡的夏令营活动

更令人欣慰的是，上海交通大学“湘遇夏令营”、上海真爱梦想基金会“梦想课堂”、深圳途梦基金“让乡村孩子走进博物馆”“蓝信封活动”“创客教育电脑编程课”“情系远山外教直播课堂”等教育公益活动纷纷走进我校，让大山里的孩子不再受眼界局限，为孩子们创造了更好的教育条件。中央电视台新闻频道《新闻直播间》和中央电视台综合频道《朝闻天下》栏目还专门报道了我校的直播课堂。

升旗仪式

只有办学者心意满满，教师才能与学生心心相印，祖国的花朵才能心想事成！

办一所师生自由呼吸的学校

——四川省通江县第三小学教育思想的基本思考与实践探索

周　涛　四川省巴中棠湖外语实验学校校长助理

四川省通江县地处四川东北，大巴山南麓，与陕西接壤，素有“一府三乡”（“川陕苏区首府”“银耳之乡”“红军之乡”“溶洞之乡”）之美誉。通江县第三小学（以下简称通江三小）位于县城东边农村进城务工人口集聚区域，创办35年来，经过多年的积淀、思考与总结，逐渐形成了自己的办学思想，并在实践中不断完善。

一、教育思想的基本思考

（一）学校基本情况分析

1. 校情

通江县第三小学的前身是县城城郊的一所村级小学（城东村小）。20世纪末，随着城市加快发展、框架逐步拉大，1985年县职中合并城东村小，挂牌“通江县诺江镇第三完全小学”，不久又从县职中分离出来，演变成现在的完全小学，成为一所典型的城乡接合部学校。通江三小经历岁月沧桑，学生数量快速增长，从2000年的500人发展到现在的2300多人，是2012年被四川省晏阳初研究会命名的首批实验学校之一。

随着城市框架的急速扩张，道路不畅、违法建设突出、周边摊点缺少监管等环境配置短板急现；硬件条件不足、学校校舍紧张、超额大班多、活动场地狭窄、基本无绿化、公路穿越学校、地面坡度很大等问题突出。

2. 学情

通江三小作为城乡接合部学校，学生以农村居民和进城务工人员子女为主，呈现每年从乡村学校转入学生多、留守学生多、学生缺少良好的家庭教育和监护难的“三多一难”现象，比较自由散漫。但学校不能用时间和过重的负担，来填充学生本来就缺少监管的“自由”空间。要想培养学生独立自主的意识与能力、养成自觉的行为习惯、把学生的“自由”转变成真正的自由，需要学校引导学生自主学习，把学习的空间留给学生；需要学校唤醒学生的行为自觉，把行为的空间留给学生；需要尊重学生的精神自由，把自由的思想播种在学生心中。自主的学习才是最有效的学习，自我的管理才是最有效的管理，自由呼吸的教育才是最好的教育。我们要通过学校的教育，努力实现由“自由散漫”变为“自主发展”的自由之路。

3. 教情

充分审视学校的教师发展现状，由于长期受社会环境和局部氛围影响，教师“思想惰性、观念落后”现象突出，在提高工作的责任心、创新性和执行力方面还有一定差距；教书与照顾家庭的双重角色“角逐”，让不少教师在前行的路上犹豫、徘徊、精力不济；习惯于“满堂灌”式传统教育定向思维模式，普遍存在“不讲学生就听不懂”的担心，没有给学生留足思维发散的空间……通江三小的教师在成长的历程中，还有很大的提升空间。学校需把生命发展的空间留给教师们，让教师们的教育教学个性充分自由地发展。

（二）教育思想的基础体系

基于对学校“三情”的基本分析与思考，把“自主、自觉、自由”作为学校教育思想的核心词语，把“学习自主”“行为自觉”“精神自由”作为教学思想、管理思想、目标取向的核心内容，把“引导自主”“唤醒自觉”“尊重自由”作为主导行为。

1. 使命

给孩子一个快乐而有意义的童年：学校的一切行为均着眼于孩子快乐的现在和幸福的未来，是“为了生命的发展”而存在；学校的一切行为都要为“生命发展留足空间”，实现生命的可持续发展，实现生命的蓬勃发展。为学生的终身发展负责，把实现学生的“学习自主、行为自觉、精神自由”作为永恒的追求，让学生“自主学习，自我管理，自由呼吸”，让学生在学校里得到充分的舒展与张扬。做生活的主人、学习的主人，实现发展的自主；自觉形成习惯，通过自我管理实现“唤醒自觉”的目的；个性自由舒展，思想自由发挥，精神自由驰骋。学校努力为师生争取受教育的空间、活动空间、学科空间、知识空间、个性空间、行为空间、想象空间，为实现“人最终的自由王国”（随心所欲，不逾矩）奠基。

2. 愿景

办一所师生喜欢的学校。一是在不采用题海战术的前提下，使学生的综合素质及文化成绩达到自己满意、家长满意、社会满意的程度；二是德、智、体、美、劳全面发展，成为综合素养区域示范引领；三是师生公民素养与众不同，留下通江三小特有的“烙印”；四是成为晏阳初教育思想示范实验学校。

3. 价值观

突出以生为本，彰显教育情怀。每个孩子都是家庭的希望，每个孩子都可以走向卓越；让每个学生都满怀对成功的期待，让学生们相信“我能行”，充分了解每个学生的学习、生活和心理困难并悉心跟进，决不放弃任何一个学生。突出自主学习，彰显主人翁精神。学生是课堂的主人，让学生主导学习，把“教师尽可能少讲”作为课堂的行为准则。突出综合素养，彰显全人教育的本质。不用题海战术获取高分数，通过提升学生综合素质来提高考试分数。突出责任担当，彰显家校合力。学校是教育责任的主体，不将教育责任推诿于家庭，引导家长提高家庭教育品质。突出教育根本，彰显教师作用。只有教师才能让课堂改变，只有教师才能让教育精彩。

根据使命、愿景和价值观，我们提出了如下教育思想架构。

教育理想：自主的学习才是最有效的学习，自我的管理才是最好的管理，自由呼吸的教育才是最好的教育。

办学思想：拓展师生的发展空间，扩展学校的教育功能，即扩大师生成长的物理空间和心智空间；构建学校师生、社区居民、学生家庭相互作用、相互教育、共同成长的大教育体系。

办学追求：通江三小以学生的健康成长为最高利益，即以人为本、育人为本，以学生的健康成长为学校一切工作的出发点和落脚点。

校训：做最好的自己。

育人理念：信任比帮助重要，问题比答案重要，方法比知识重要。

培养目标：能力自主、态度自觉、品质自信、精神自由。

二、教育思想的实践探索

（一）教育思想的行为对接

1. 课程管理

持续推进国家课程、地方课程、校本课程“三级课程”建设，构建适合通江三小实际的特色课程体系，不折不扣地落实好国家课程和地方课程，加大校本课程的开发力度。把国学教育、经典诵读、硬笔书法作为拓展课程和学生必修的校本课程，把家务劳动、社区服务、阳光体育、远足活动作为活动课程和学生必修的校本课程，把学校的社团活动和年级选修课作为学生的校本选修课程。必修校本课程已经全面实施，选修课程正在逐步开发。

2. 队伍管理

一是加强教育思想的引导，逐步完善学校的核心理念体系。“引导自主、唤醒自觉、尊重自由”是教师坚守的信条，它确立了学校发展愿景和教师们认可的教育教学价值观，并与平时的教育教学行为和学校管理对接，树立共同的目标。二是加强校本培训的引领，引导教师对教育理想的追求。坚持每月召开一次主题校本培训会，会上有“教师交流、名家指引、学校引导”等板块。重视走出去培训，每年外出培训支出超过 15 万元。三是加大集体研究的力度，促进教师队伍均衡发展。对教学常规管理进行改革，减少对教师个体行为的检查，加大对集体活动和活动效果的检查。年级组内的学科组每章节进行一次集体备课，同时也是一次同伴之间的相互培训，共同进步。四是注重教育随笔的撰写，鼓励教师及时总结、深入思考。每月要求每位中青年教师写四篇随笔，并建好自己的教研博客。五是抓好观课议课的管理，坚持常规教研常抓不懈。各个学科坚持每周一堂公开课，学校领导坚持听随堂课。

3. 常规管理

一是改革教学常规检查。做实备课工作，坚持单元过关分析，制定了适应通江三小学生的综合评价办法，建立成长档案；对教师改变了以分数评价教学工作成绩的方法，加大了过程评价的比重。二是加强常规活动管理。学校形成了毕业教育活动、“最美三小学生”的评选活动、书写大赛、征文活动等常规活动，建立了管理流程等。

4. 课堂管理

在课堂教学上，引导学生自主学习。积极构建“自主、高效”课堂，真正做到把时间还给学生，为学生留足空间，努力实现“教师不讲学生能会的坚决不讲，教师讲了学生也不会的一定不讲，能让学生讲的教师不讲，能少讲的一定不多讲”。语文、数学学科每周一课，围绕“教师如何少讲”展开议课。

5. 教学改革

学校确立了两个语文教学实验班，充分下放教学自主权，要求教材上的内容只用一半的时间完成，其他时间完全由老师自由支配；老师根据课标的要求选择教学内容，自主确定对学生的考试与考核办法，不参加学校和上级组织的任何考试。改革的作用：一是可以迫使老师改变教和学的方法，用较少的时间完成国家规定课程的教学任务，提高效率。二是促使老师参与校本课程建设，自觉进行课程建设。三是有利于教师按自己的思想开展教学活动，拥有足够发展空间，展现教学个性（没有教师的教学个性就没有个性的学生）。四是有利于促进教师专业发展，为一线的未来“教育家”搭建成长平台（教育家的教学和思想都是自由的）。

（二）教育思想的符号载体

学校在显性管理文化建设方面也开始起步。

在教学楼的走廊上，将名人画像更换成通江三小教师们自己的格言；在优雅、工整、美观、朴素的教师办公室里，摆放崭新的办公桌椅，统一规范的办公室布置使教师舒心、安逸。将“每个孩子都是一个家庭的希望”“课堂因我而改变，教育因我而精彩”两句话刻在了墙壁上，这是教师们的信念；教室是学生在校园里感情最深、影响最大、最主要的生活学习场所，为了给学生提供一个直接、有效、良好的人文环境，也为了为学生提供展示才华、挖掘潜能、充分发挥聪明才智的舞台，学校在校园整体规划的同时，还创造性地让每位学生共同参与班级文化建设，在教师的指导下，各班自拟、自定了富创意的班规班约，各班自办了班级学习园地，真正做到学生们个个参与、人人争优，初步营造了不甘示弱、你追我赶的良好氛围。在每个教室门口，都张贴有同学们的照片、教师寄语、课程表等；在每个教室的黑板上方，都悬挂着一面五星红旗，国旗下方刻着“我是中国人，我爱我的祖国”这句话，学生坐在教室里，一抬头就看得到，让这句话根植于每个孩子内心深处；在楼梯的转台处，布置了学生的风采展示栏，充分展示了学生的书法、绘画、作文等作品，他们在这种求知、求美、求乐中受到潜移默化的启迪和教育。每层楼梯都有一幅围绕一个主题字的格言图，楼梯的一边体现做人的“真、善、美、爱”，另一边体现做事的“静、净、实、恒”，这是在告诉同学们做人的根本准则和做事的根本态度。

通过在通江三小六年的学习与生活，让学生建立起做人做事的“根本”，为人生发展奠定坚实的基础。每个楼梯间都有五幅组图，每组一个主题，一是体现通江的特色，二是展示通江的魅力。一边的主题是“红色生态旅游、连片扶贫开发、绿色经济、山水红军城”，另一边的主题是“秀美山水、珍稀动植物、民间剪纸、特色产业”。其目的是让孩子们了解通江、认识通江，培养学生热爱通江的情感，增强学生为家乡发展做贡献的坚强决心。

为了让学校的办学主张留下印记，为了给师生提供展示与交流的平台，学校创办了校刊《自由呼吸》，创办了校报《小脚丫》，创办了通江三小的信息窗口《三小之音》。通过全体教师的努力，学校的校歌《飞翔》诞生了。

作为晏阳初教育思想的研究学校——四川省晏阳初研究会实验学校，晏先生所提出的实行“四大教育”，根治“愚、穷、弱、私”四大病根，提升“四种力量”的公民教育思想，对通江三小的发展具有很强的指导性。学校教育思想完备体系的形成是一项长期工程，需要时间的检验与修正，更有待在发展中完善与提升。我们将秉承“公民教育”精魂，践行“以人为本”的办学理念，通过在教育教学管理中不断探索，努力提升学生的公民意识、自主意识、自律意识、自尊意识，把学生培养成“整个的人”。

把通江三小办成有“魂”的学校、育有“根”的学生，是全体师生不懈的追求！在教育思想的引领下，教育教学工作和教师队伍建设有了方向和内核。通过短短的几年时间的发展，队伍质量和教育质量均上了一个新台阶，社会满意、家长放心和学生向往的一所特色学校已经成形，是县域内一所具有极高美誉度和极大影响力的学校。

用信念的刻刀，雕刻最美的教育

——一个乡村教师的成长与分享

杨传富　山东省临沂市郯城县马港口小学校长

我是来自山东省临沂市沂蒙山区的一名农村小学教师，也是这所小学的校长，我叫杨传富。我们学校地理位置比较偏僻，交通不便，留守儿童占比多达70%。学校的25位教师中只有9名正式教师，其他16名为聘任教师。五年前的学校是这样的：校舍破旧，门窗不整，操场是坑坑洼洼的泥地，晴天还好，学生们可以在上面踢踢球、做做游戏，一到雨天，操场就成了沼泽地，好几次低年级的学生脚陷进去后拔不出来。师生状态就更不用说了，教师认为学生不出事就行（指生命安全）；学生自由散漫，有组织无纪律。当然，成绩更不用说，连续三年全县倒数第一。

操场和教学楼

中国好校长获奖照片

就是在这样的背景下，领导跟我谈话，让我到这所小学任校长。开始我是不情愿的，因为到这里距离远不说，单是师生状态我就接受不了。后来，领导又做我的工作，我就勉为其难地来到这所学校。最近几年，特别是乘着均衡发展的东风，学校教学楼、功能楼、餐厅、水冲厕所全部建成并投入使用。学校先后获得“全市安全工作先进单位”“全市德育工作先进单位”“全市教育督导先进单位”“教育教学金牌学校”“学校管理先进单位”等荣誉称号，获得“综合督导全县第一名”成绩。我本人也先后获得2017年“美丽乡村优秀校长”、2018年“中国好校长”、山东省读书工作先进个人、临沂市教育均衡发展先进个人、郯城县教育工作先进个人、郯城县十大优秀青年、郯城县师德工作先进个人等荣誉称号，并获得临沂市教学质量奖。

回顾几年来的工作，我觉得一个学生喜欢、教师幸福、家长放心、社会满意的学校，需要做好以下三方面的工作。

一、以生为本，与学生平等对话，让学生在充满爱的氛围中成长

作为一名教师，对教育事业的爱不必多说。工作中，我以身作则，始终以一颗仁爱之心平等地对待每名学生，对他们以诚相待，和他们做朋友，关心他们的内心世界。同时，倡导师生平等对话，尊重学生个性发展。

（一）热爱每位学生，做学生的知心人

教师面对不同的学生，应努力寻找他们身上的闪光点，不偏爱、不歧视任何学生，让每个学生都能健康快乐地成长，让每个学生都能在课堂上展示自我、找到自信。学校要求大家在日常工作中坚持“多一点耐心，多一点爱心，多一点理解，多一些鼓励”。初到学校时，有一个五年级的学生引起了我的注意——高高的个子，聪慧的眼睛，非常惹人喜爱。然而，跟教师交流后我大吃一惊——全班师生都不喜欢他，甚至非常排斥他。原来这个学生生活在单亲家庭，从小没有妈妈，父亲嗜酒如命，家里没有正常收入。开始这个学生表现很好，成绩也非常优秀；后来成绩慢慢下滑，现在几乎班里的恶作剧都是他干的。了解这一情况后，我非常心疼这个学生，于是我让他每天中午都到我办公室和我聊天，后来变为每天到我办公室补习。一学期下来，这个学生不再自卑，不再搞恶作剧，成绩也逐步提高，连任课教师都惊讶于这样一个问题学生的变化。六年级毕业时，这个学生的奶奶挎着一篮子鸡蛋带着学生找到我家，一定让我收下，现在这名学生已经在上高二，每年节假日期间都会找我沟通交流。孩子奶奶说：“没有您就没有孩子的今天。”通过这件事，教师们在感慨这名学生变化之大的同时也都在慢慢改变，改变和学生沟通的方法，改变关心学生的方式。

（二）让优秀学生变得更加优秀，为发展生点燃学习的希望

在我眼里，每个学生都是可塑之才，所以无论是优等生还是发展生，我都尽自己最大的努力去关心他们，用爱心去感化他们。尤其是对发展生，我通过多渠道、多形式、多激励的办法做好他们的转化工作，同时，敢于跳出应试做教育。于是，学校有了足球社团、戏剧社团、舞蹈社团、石头画社团等，学生们可以根据自己的爱好选课走班，每到下午最后一节课便成了学生们最快乐的时光。

舞蹈社团

石头画社团

（三）注重学生管理，让学生做自己的主人

学校制定了一系列制度，听取学生的意见和建议，让学生自己管理班级。学校要求教师多表扬、少批评，于是各级管理者以阳光的心态，从正面去细心观察、敏锐发现教师和学生的典型事例，利用反馈表、升旗仪式、教师例会等充分肯定教师和学生的努力，赞赏他们取得的点滴进步，并给予加分奖励，做得越好的班级，加的分越多。于是，每天的晨会课就变成了表扬课，师生沉浸在温暖的、振奋的状态中，心底自然升腾起阳光。只有拥有阳光的心态，才能创造积极向上、高品质的校园生活。

二、身正为范，做教师的知心朋友，让每一位教师都成为学校的主人

校长，就是用浪漫的情怀和教师一道完成共同的愿景。作为一位基层校长，首先对自己的定位要清晰，不仅要做好学校发展的策划者、经营者，更要当好服务者。为更好地服务学校师生、积极推进精致化管理，我主要从三方面入手：一是学校的服务者——自身；二是学校的引领者——教师；三是学校的无形熏陶——校园文化。定好位后，入校之初我就尽快适应了自己“服务者”的角色，从多方面为学校和师生服务。

首先要尊重教师。一个人受尊重，他的尊严才能得以捍卫，他的热情才能得以迸发。从踏入校门的第一天起，我就注重营造尊师重教的良好氛围。学校的老教师马树玉虽然已经59岁了，但仍担任学校重要的教学任务，家中盖房、农忙、孩子定亲，从未请过一天假，未

马树玉获评最美教师

落下一节课。教学之外，他还主动承担学校的各种杂务工作，几十年忙碌，他从不计较得失，不讲究报酬。由于事迹突出，2015 年马老师被评为首届郯城最美教师之一，2016 年入选山东省最美教师。在他的带动下，学校教师积极向马老师看齐，工作中踏实奋进，把学校当成自己的家，把学生当自己的亲人，全校教师上下一心，各项工作均名列前茅。

其次要关心教师。教师也是普通人，也有七情六欲，也有儿女情长。在平时工作生活中，我努力做一个细心人，关注教师们的焦虑，经常和他们谈心交流，设身处地地带给他们一份温暖，让他们不再孤单。特别是教师家中有事时，一定第一时间关心教师，这时你的关心可能会让教师铭记一生。每逢节假日，尽可能多组织集体活动，每位教师的生日都要记住，虽然农村小学财力有限，我们不能一一送上蛋糕，但我会用心编辑短信送上祝福。另外，青年节、妇女节等节日我们都会组织一些活动来庆祝，提升团队凝聚力。同时，有事多征求大家意见，让他们在学校中有存在感、价值感、自豪感。

春节期间，教师给留守儿童包饺子

再次要引领教师。教师的成长是需要被引领的，一是精神引领，二是专业引领。在精神引领上，学校积极营造一种健康的舆论氛围，推崇真善美，鄙视假大空。在专业引领上，学校积极打造成长平台，校长、主任主动走进课堂，为教师们的教学出谋划策。同时，主动承办各类教研活动，组织教师走出去交流和学习。

最后要激发教师的热情。赏识教育不仅适用于学生，而且适用于教师。在赏识教育的鼓励下，每位教师的潜力得到激发，教学兴趣也得到增强。目前，我们学校五十多岁的老教师都能熟练应用一体机给学生上网络课程，在 2019 年全县教学视导中，我们学校获得了全县第一名的好成绩。

三、亲近自然、连接社会，营造健康、向上、美丽、和谐的校园

工作中，积极营造“尊重人、理解人、关心人、帮助人”的和谐大家庭氛围，注重引导教师尊重学生、理解学生，启发学生感受学习之乐、成长之美。一方面强化行为习惯养成教育，培养学生成为“守纪、明礼的人”；另一方面努力扩大教育空间，与村委、社区加强联系，形成教育合力，为学生全面发展和终身发展奠定牢固的基础。很多校长不喜欢甚至讨厌学校检查，而我比较喜欢迎接各类检查，这不

仅是宣传我们学校、宣传学校教师和学生的机会，更是补足短板的机会。因为每次检查肯定会有各级领导陪同，检查到学校的不足而我们无力改进时，领导就会帮我们想办法了，所以我们敞开门迎接各级各类检查。同时，借助公益事业，努力实现农村教育公平。

2017 年 7 月，我有幸参加了首届马云乡村校长论坛，在那里开阔了视野、打开了思路，也看到了更广阔的天空——大批公益事业正在寻找农村小学进行支持。学习回来后，在马云公益基金的支持下，学校开设了北美外教课，解决了农村孩子的口语问题；开设了心理咨询课，解决了农村留守儿童及青春期孩子的心理问题。同时，在上海互加计划的支持下，我们开设了音乐、美术、舞蹈、生命教育等农村小学难以开设的课程；针对家长学习力不足的问题，我们联合上海家庭教育专家到学校给家长上课，同时我也在群里不定期进行家庭教育议题分享。2017 年 12 月，“北京一校一梦想”基金会为学校全体师生赠送了棉衣，总价值 16 万元。本学期，马云公益基金会又为学校配赠了 200 箱乐高积木，供学生们开设创客工作室……

当前，国家对教育的支持力度越来越大，特别是农村教育。2018 年全国教育大会中，习近平总书记要求高度重视农村教育，让人民享有更好更公平的教育。陈宝生部长也多次强调农村教育的重要性，所以，目前我们遇到了发展农村教育最好的时机。当然，这也需要我们一线校长高瞻远瞩，做一位有理想、有担当、有魄力的校长，还要积极谋划，有长远打算。要善于学习，增长我们的见识，开阔我们的视野，提高我们的能力，同时，致力于打造一支善于学习、精于育人的教师团队；培养一批具有良好生活习惯、自我学习潜能勃发的学生，使学校真正成为培养具有创新能力的公民的“摇篮”。

“大鹏一日同风起，扶摇直上九万里。”在平凡的岗位上，我坚持用一种信念、一个理想、一份执着，推开乡村教育的另一扇窗，让孩子们看见不一样的风景。我们虽然只是沧海一粟，但是只要我们热爱学习，将敬业奉献之心转化为无私的行动，加之用心、专心，必将成就我们的事业，丰盈心中的那份美好。

创新实施“三全”管理，办好人民满意教育

曹彦如　河北省涉县第二中学校长

一个普通的离校休息日，在距离县城25公里的涉县鹿头中学并不算太大的校园里，由南向北整齐地排列着12辆纯电动大巴车，学校的东院和校外的小广场上，还停靠着数十辆从县城等方向开来的私家车，这些车辆都是来接孩子们回家的。平日宁静的小山村，变得分外热闹，如同城市般繁华，这是人民群众对山区农村教育最好的褒奖！

学校是校长精心雕琢的艺术品。从2012年8月到2019年11月，我在涉县鹿头中学担任校长七年多，和学生、教师、学校一起成长。虽然从2019年11月7日到涉县第二中学工作履新已经半年有余，但我依然对在鹿头中学的那两千多个日日夜夜记忆犹新。

鹿头中学位于涉县西北部深山区，是全县最偏远的初中学校。学校现有学生1030名，其中300多名在城区常住，还有12名来自外县。家长为什么把孩子送到偏远的鹿头中学来读书？因为这所学校近年来持续推进、创新实施教育“三全”管理，把学校管理划分为五大板块、上百个管理项目，引导全体教师参与“三全”管理实践，教育教学质量、全面育人水平显著提升，2016年、2017年、2018年综合质量考核分别居全县第三、第二、第一位，一改人们心目中“城市强、农村弱”的老看法，成为全县城乡教育优质均衡发展的一面旗帜。

一、“三全”管理德育篇

经过师生充分讨论，学校以“让青春榜样的光芒照亮孩子们的成长之路”为办学理念，提出“校长要做教师的榜样，教师要做学生的榜样，鹿中学生要做社会同龄人的榜样”。以“青春逐鹿，勇立潮头”为校训，统领学校精神文化建设，引导师生一起“创造幸福的教育，享受教育的幸福”。

（一）红色传承项目

鹿头中学的前身是创办于1940年的偏城县抗日学校。1943年，因遭敌机轰炸，

迁至学校现址。从抗日战争时期到解放战争时期到再到社会主义建设时期，学校培养出一批批优秀学子，包括河北省原省委书记邢崇智同志在内的许多优秀校友从这里走上革命道路，这是学校一笔宝贵的精神财富。学校利用这一优势资源，经常组织学生开展唱红歌、讲红色故事等活动，让红色基因代代相传。

（二）全员导师项目

教育是雕塑心灵的艺术。学校倡导每位教师分包 10~12 名学生，分包教师不仅要关心学生的学习，还要关心学生的思想、生活、家庭等各个方面，既当教师，又做父母，全方位帮助学生，弥补学生情感缺失，呵护学生健康成长。学校把分包学生的品行修养、学习成绩、身体素质等纳入教职工年度目标考核，让每位教师都成为学生的精神领跑者，让每名学生都能在“三全”管理这片沃土上开出鲜艳的花、结出丰硕的果。

（三）励志三诵项目

农村学生最缺乏的不是金钱，而是理想、志气、自信等优秀品质。学校要求上午、下午、晚自习前的预备时间，以班级为单位开展励志诵读。班长在讲台上组织，全体学生起立，诵读学校或班级指定的文字材料，点亮心灯，开启愉快、高效的学习之旅。

（四）文化三餐项目

生活即教育，好的日常行为习惯往往影响学生的一生。为此，学校在“三全”管理体系中，专门设立了生活教育板块。问题即课题，鹿头中学的餐厅面积小、售饭口少。为了分流学生，学校除了实行错峰下课，还因地制宜让学生餐前三次排队，加入短时记忆、踏步口号等内容，让一日三餐变成文化就餐。就餐不再仅仅是为了填饱肚子，而成了学校的一门精品课程。

二、“三全”管理智育篇

近年来，鹿头中学通过坚持“一个中心，两个基本点”，即以师生发展为中心，以课程建设、课堂改革为主要抓手，教学成绩由几年前的中下游稳步提升至全县第一方阵。

（一）智慧课堂项目

学校积极开展教育“三引”，获得新东方教育集团提供的平板电脑一年免费使用权，七年级 300 多名学生人手一台平板电脑，城里学生都羡慕不已。课上，教师依托现代化信息技术手段提高了教学效率；课下，学生可以自由浏览丰富的教学资源，作业自动批改评分，教师工作量减轻了，学生学习兴趣浓厚了，教学成绩大幅提升。

（二）选课走班项目

学校在七年级开展选课走班实验，在课程建设方面进行“供给侧改革”，每天下午第三节课给学生提供人文社会、科学探究、多彩体艺、综合实践四大类 16 门校本课程。教师、学生双向选择，打破传统班级概念，实行走班上课，孩子们脸上洋溢着笑容，眼里闪烁着光芒，学习兴趣十分浓厚。

（三）精品微课项目

为了提高学生学习兴趣，给师生搭建展示平台，学校在上午、下午大课间结束后，分别安排一名学生、一位教师与大家分享一个知识点。学校还计划条件成熟时，将教师和学生的微课分享稿结集出版。精品微课项目不仅锻炼了师生的语言表达能力，提供了成长舞台，还有益于教学成绩的提高。

（四）日品一诗项目

习近平总书记说：“学诗可以情飞扬、志高昂、人灵秀。”日品一诗项目引导学生每天利用课余时间，学习一首教师推荐的优秀古典诗词，弘扬传统文化，建设诗意校园，培养少年君子。有诗的滋养，教师和学生的身上会放射出不一样的光芒！

三、“三全”管理体育篇

体育在整个素质教育体系中具有独特的地位和作用。加强体育运动，不仅能增强学生体质，而且能培养学生坚忍、勇敢、吃苦、团结等优良品质，帮助学生愉悦身心、开启智慧、缓解学习疲劳。

（一）多彩课间项目

大课间是学校对学生开展综合教育的重要平台。上午的大课间分为快速集合、激情宣誓、感恩手语操、蛇形跑、才艺展示五个部分，下午的大课间分为励志诵读、方块队形跑、微课分享、励志小结等几个部分，整个大课间活动充满了激情和活力。

（二）趣味体育项目

火海逃生、医疗急救、运送救援物资……这是鹿头中学利用课外活动时间组织的趣味游戏。为了缓解同学们的疲劳、增强团队意识、培养良好的运动习惯，学校每天安排三个班开展趣味游戏大比拼。游戏五花八门，异彩纷呈。同学们参与的热情非常高，一张张笑脸仿佛满园盛开的鲜花，把校园装扮得更加漂亮。

（三）竞技引领项目

鹿头中学田径社团蝉联县田径运动会男子团体总分第一名，乒乓球社团在近五年共取得四个全县团体第一名，足球社团在近两年的区片联赛中男女均获第一名，武术社团代表全县参加了四届邯郸市全运会。一个个奖杯、一张张奖状，更加激发了同学们的锻炼热情，实现了体育运动的常态化、全员化、科学化。

四、“三全”管理美育篇

（一）心灵纯美项目

校园里最美的风景，是孩子们的纯美心灵、童真笑脸。引导和帮助学生发现美、感受美、表现美、创造美，是素质教育的重要内容。

（二）美育物化项目

鹿头中学提出以“五美”标准推进学校美育工作，即环境优美、诗词诵美、巧手绘美、童声唱美、青春舞美。青春舞蹈社团、逐鹿合唱社团、勇立朗诵社团、潮头书画社团让同学们的校园生活变得更加缤纷多彩。

五、“三全”管理劳动教育篇

（一）校园环保项目

校园即课堂，一切皆课程。鹿头中学成立学校环保站，号召师生积极投身环保实践。学生将日常生活、学习积攒下来的废纸、塑料瓶收集起来，每周二、周四以各班团支部为单位将废品交到学校环保站，分类整理，卖给废品收购站。所得收入用于救助贫困学生、看望鳏寡老人。学校还组织学生用食堂废弃的菜叶、果皮制作环保酵素，供大家免费使用。

（二）研学旅行项目

学校每学期至少要组织学生开展两次研学旅行，比如徒步 60 里路全程往返圣福天路等。一路上同学们不仅欣赏了美景，强健了体魄，磨炼了意志，还运用物理、化学、地理、生物等知识进行科学探究，捡起路边的垃圾放在提前准备好的袋子里，带回学校分类处理，既净化了环境，又美化了心灵。

通过创新落实“三全”管理，鹿头中学教育教学质量稳步提高，特别是大量符合城区就读条件的学生，纷纷选择到鹿头中学来上学，为城乡义务教育优质均衡发展做出了贡献。

2017 年在北京参加的“中国山区优秀校长培训”是我校长生涯的一个加油站和转折点。从农村到县城，从初中学校到高中学校，从 1000 多名学生的鹿头中学到 4000 多名学生的涉县二中，我给自己制定了更高的目标。我把“红色底蕴　国际视野”作为涉县二中的育人目标，把“树正气　燃激情　勇担当　求卓越”作为全体二中人的精神品格，把“四轮驱动　百花齐放”作为学校发展的具体路径，把“想说做展　知行思著”作为学校和老师的八字工作法，我将把从“中国山区优秀校长培训”中学到的办学理念应用于学校管理实践，为祖国的教育事业做出力所能及的贡献。

让每个人美梦成真，教育是必由之径

何光府　四川省巴中市通江县第七小学校长

习近平总书记关于中国梦的论述，感动着中华儿女，激起了人们心灵深处的强烈共鸣。让美梦成真，教育是必由之径。我们处在贫困落后地区，从长远看，要建设美丽、繁荣、和谐的家乡，最务实的做法就是倾力发展教育。理想和现实是有差距的，也许还很大，但我们每个教育人必须得有自己心中的教育梦想，并一步一个脚印地躬身实践。

通江县第七小学是一所年轻的学校（以下简称七小），从2014年建校伊始，七小就一直努力践行爱的教育，坚持办一所有温度和品位的学校，力争让所有进校学习的学生通过教育美梦成真。

一、我们梦想有教无类的教育

促进教育公平和均衡发展是义务教育的使命，所有适龄儿童都有平等的受教育的权利，都应该得到关心、尊重和理解，让他们同在一片蓝天下，共同进步成长。主管部门三令五申不分快慢班、农村中心校和村小学协调发展、不歧视潜能生等要求都是在推行有教无类的教育，我们理应无条件遵照执行。

小花是我校六年级二班一个“特殊”的孩子，现在我都清楚地记得她父亲到我办公室的情景——满头大汗，一脸无助，不断地说好话，想让学校收下他的孩子。我听班主任说过小花，因为智力缺陷，经常上着课人就不知道溜哪儿去了，偶尔还会在班上不自主地怪叫。为了照顾好更多的孩子，班主任希望小花转到特殊学校去。小花的父亲因家庭条件所限，执意要她留在七小就近就读。一切都不是孩子的错，我实在不忍心拒绝这个家长，跟班主任沟通后留下了这个孩子。我经常在校园里碰到小花，她会冲着我傻笑，然后快速地离开。我和班主任多次私下和班上的其他同学沟通，希望他们不要歧视小花，给予小花更多的耐心和关爱。功夫不负有心人，现在小花可以正常地和教师们打招呼啦！在学校里，我们应该奉献更多的爱心去关心这类学生，让他们在同一片蓝天下有尊严地成长。

七小是县城唯一的寄宿制小学，学生父母外出务工的多，单亲家庭的孩子也不少，加强对学生特别是单亲家庭孩子的关爱显得尤为重要。学校投入 40 余万元建立了“留守儿童之家”，分班安排活动时间，有专门的教师安排活动，孩子们可以在里面与家人进行视频通话、看电影、唱歌、健身、下棋、练字、绘画、看书、听讲座……

丰富的活动让孩子们不再觉得孤单。每层教学楼僻静处还设置了亲情电话，电信部门给所有留守和单亲家庭的孩子提供了优惠的亲情卡，方便孩子们利用空闲时间与家长联系沟通，时时感受到父母就在身边。学校对所有留守和单亲家庭的孩子登记造册，班主任全面摸清孩子们的家庭情况，并和监护人保持密切联系，每年组织一次留守和单亲家庭孩子监护人参加的家长培训，落实爱心教师结对帮扶责任制，每学期为这些孩子举办集体生日活动，每年端午节组织他们包粽子、吃粽子、品诗画端阳，每年组织孩子们举行中秋晚会。学校还创建了“校长信箱”“知心姐姐信箱”“情绪疏导室”，定期为学生进行心理测试，对性格特殊的学生进行档案跟踪管理……我们深信，所有努力都不会白费，各项措施的落地落实必将保障孩子们健康成长。

为留守学生过生日

护送留守儿童上公交车

二、我们梦想全面发展的教育

应试教育存在不少弊端，比如，让孩子们失去了对学校、对学习的兴趣，培养出来的“人才”创新意识、创新精神和创新能力不足，不能适应国家和社会的需要。教育应该让每个孩子彰显个性，全面发展，健康成长。

七小面向全体学生，努力做到让孩子全面发展、主动发展和个性发展。第一，围绕“让综合实践活动课程奠基幸福美好生活”的德育工作思路，构建了儿童与自我、儿童与社会、儿童与自然三条轴线，让孩子们健康安全地生活、愉快积极地生活、负责任和有爱心地生活、动脑筋和有创意地生活。我们首先加强对学生“立德树人”的教育，想方设法把传统美德内化为学生的自觉行动，不断强化学生良好行为习惯养成教育。

第二，大力推行德育课程活动化，每月进行德育工作检查，对班级少先队员标志佩戴、学生仪容仪表、班级卫生、书柜书包整理、上下课礼、行队礼、学生宣誓、唱国歌等情况进行考核，结果及时通报全校，并与班主任绩效考核挂钩，取得了良好的管理效果。

第三，聚焦课堂，把课堂教学作为培养学生全面发展的主渠道，千方百计将国家课程校本化实施，充分利用课后服务时间开设了21门校本课程。积极加强学生的阳光体育锻炼，尽最大努力让孩子们把身体锻炼好。我校对照《国家学生体质健康测评标准》，加强学生体育锻炼，确保正常学生体质达标率100%。每天组织住校学生晨跑，严格执行每天阳光体育锻炼一小时计划。创编了体现少年儿童精神状态和理想追求的阳光体育活动——欢欣鼓舞，传承国学经典，传诵社会主义核心价值观，昂扬斗志，让学生树立为天下鼓与呼的远大志向，深受各界好评。同时，开齐开足音乐、美术等艺术类课程，千方百计解决专业教师不足的问题，让孩子们从小受到艺术熏陶，增强感受美、鉴赏美、表现美和创造美的意识，学习和掌握各种技能。

通江七小参加县第六届中小学生运动会喜获第六名

第四，学校创建了“诚信超市”“垃圾回收站”“生活服务站”“家务劳动体验站”“变废为宝创作工作室”“志愿者阅览室”。“诚信超市”无人经营，由高段学生轮流完成进货、上架、盘点等工作，学生自觉诚信购物；“垃圾回收站”由中段学生轮流负责环保宣传、垃圾分类、清理变卖、理财规划等；“家务劳动体验站”由4~6年级学生轮流清洗餐盘、打扫餐厅、整理内务等；“变废为宝创作工作室”全天开放，自主创作；“志愿者阅览室”由中高段学生参与图书管理、秩序维护、卫生清洁等。

丰富多彩的校园生活

第五，学校还充分利用节假日开展“综合实践主题活动”，让学生与家长共参与、同成长。学校建立了“劳动实践园”，经常组织孩子们去体验劳动，让孩子们感受劳动的艰辛，培养吃苦耐劳的精神，观察农作物的生长过程，学习按节气栽植农作物的方法，体验收获的喜悦。我们欣喜地看到孩子们参与其中，乐在其中，成长在其中。学生的综合发展，很多是书本上学不来的。

学生到劳动实践园参加劳动，品尝收获的喜悦

三、我们梦想因材施教的教育

依据学生的身心发展规律和个性特点，努力提供适合学生的教育，是我们追求

的教育理想。让天资聪颖的学生不被埋没，让学习困难的学生得到帮扶，让残疾学生受到呵护，让智力缺陷的学生不被嘲笑，让留守儿童得到关爱。

有一对夫妇，听说七小在培养学生独立生活方面做得比较好，慕名而来，希望学校能收下他们的孩子。初见大男孩，一副心事重重的样子，说话时眼睛不看人，脸转到一边。家长比较诚实，说他数学成绩差、喜欢恶作剧，认为他心理不健康，希望七小能收下他好好管一管。收还是不收？他不是七小辖区内的孩子，完全可以不收。但我转念一想，家长相信我们，跑这么远也不易，还是收下吧，说不定他在七小就真的转变好了呢！

我与班主任杜老师商量，她说她也没底，可以先试试。杜老师马上找到这个学生，这个孩子把脸转向一边，只回答叫什么名字。我估计杜老师会找我，不想收这个孩子了。结果却出人意料，杜老师什么也没说，就径直拉上孩子去给他安排桌凳、座位、床铺和教科书去了。后来我发现，杜老师一点也不着急，从来不提这个孩子的毛病，很少批评他，还经常主动关心他，孩子做得好时就在班上表扬他。慢慢地，杜老师走进了这个孩子的内心，孩子开始愿意跟杜老师说话了。杜老师说，只要这个孩子愿意开口说话，她就成功了一大半。孩子说，是家里人总是要求太高，不听他的想法，老是拿他和别人做比较，还总是冤枉他，他也不知道怎么就成了现在这个样子，不想多说话，觉得把自己封闭起来挺好。杜老师让这个孩子担任小组长，主动承担一些班内事务；发现他个子高、身体壮，就让他加入了班级足球队；发现他数学成绩差，就安排了一个数学成绩好的同学帮忙辅导，虽然杜老师自己教语文，但有时也主动给他讲一讲数学；不管有多忙，每周找他谈一次心……现在，这个孩子虽然数学成绩还是不太好，但我们明显感受到了他的巨大变化，喜欢交流，阳光和自信开始重新挂在脸上。

这个真实的故事让我感慨颇多，家长、校长和教师在孩子的教育问题上，真的是“一念天堂，一念地狱”啊。教有法，无定法，关键是得法。尊重每个生命，研究每个独特的个体，在正确教育理念的指引下，总会找到适合孩子的教育方法。孩子是无辜的，教育的悲剧往往是家长望子成龙的迫切心态和学校的急功近利造成的。

四、我们梦想文化味浓的教育

学校是一个育人的地方，理应是一个有文化的地方。学校的理念系统、环境布置、课程开设，师生的言谈举止，应处处诠释文化的内涵。七小以“仁爱”为文化核心，以“生命和谐、自主发展、健康成长、幸福生活”为办学思想，以“实践体验、知行合一”为办学特色，让综合实践活动课程奠基幸福美好生活，创建集校园、家园、乐园于一体的教育生态大观园。以“竹”作为德育建设的主线，贯穿始终，确定了“竹叶沙沙·童心飞扬”艺术节、“翠竹青青·温暖我心”冬季运动会、“翠竹拔节·扬帆远航”毕业典礼、“竹影婆娑·书香满园”经典诵读等传统活动项目。将班训融入上下课礼，在不同年级开设相应的国学经典诵读课。每个学生都是校园文化建设的设计师，学生用剪纸、绘画、手工制品、手抄报、书法等作品装点校园。

七小在学校布局、建筑物和设施取名上，充分借鉴国学经典，形成了独具特色的七小环境文化。校园有“一坛七园一基地”：杏坛、竹园、梅园、桃园、李园、紫薇园、樱花园、桂花园、劳动实践基地；“一苑一场”：润泽苑（孔殿及论语文化）、励志场（运动场）；“一廊一阁一馆一市一站一墙两亭三屏”：“思”廊（《三字经》《弟子规》）、“竹米阁”（户外书吧）、劳动工具存储馆、“诚信超市”、“淘绿环保站”（垃圾分类回收站）、国魂墙、“和”亭（象棋）、“明”亭（放置铜锣）、国画屏、国学屏、国粹屏；“一厅两堂四室四楼”：教学楼文化大厅、明德堂（学术报告厅）、怀玉堂（剪纸工作室）、校史陈列室、书画室、音乐室、图书室、怀德楼（教学及办公楼）、怀仁楼（教师宿舍）、怀恩楼（食堂）、怀真楼（幼儿园）。七小把阅读课程的开设和书法教育作为书香育人的重要途径，以阅读课堂和书画教育为主线，营造传统文化氛围，让学生感受和传承五千年中华优秀文化。

学校建立了书法教室，各个班级开辟了书法园地，每天让学生在古筝曲中练字十五分钟。校园显著位置布置校训，教学楼大厅两侧请县内名人题写了具有立德树人内涵的楹联，精心设计文化大厅“仁爱”文化墙，校园室内室外设置了创意诚信书吧，班班建设有图书角……浓郁的文化氛围浸润着整个校园，润物无声地影响着一颗颗稚嫩的心灵。

五、我们梦想群众满意的教育

孩子的教育涉及千家万户，事关人民群众的根本利益。可以肯定地说，群众不满意的学校一定不是好学校。群众满意不满意，归根结底取决于教育质量的高低。我们充分利用家长委员会、家长会、家长培训学校三个平台，主动导向宣传，倾听意见和建议，合谋学校发展。具体说来，就是每学期落实好家校配合“二二二工程”：学校召开两次家长委员会，讨论学校重大事项，倾听合理意见和建议；召开两次班级家长会，主动汇报交流，争取广泛支持；开办两期“家长培训学校”，家长缺少哪方面教育孩子的知识和经验，学校就重点就在哪些方面加强培训。

有一次，我在“家长培训学校”上了一堂关于“如何理性反映学校存在的问题”讲座之后，一位家长专门找到我说：“家长并不是‘刁民’，孩子在学校，我们理应享有知情权、参与权和监督权。只要学校和教师的初心是放在学生的成长上，家长是不可能与学校和教师‘作对’的。部分家长在认知上受限，有时行为有失偏颇，这些家长需要学习，学校也要多多宽容。希望七小多多组织这样的培训。”

要办让群众满意的教育，关起门来“自娱自乐”肯定实现不了，主动出击加强沟通交流，一定会减少误会和矛盾。良好的外部环境支持，必定会极大地助推学校的发展。

一切教育美梦的真正实现，归根结底取决于敬业的教师。没有教师的成长，永远不会有学生的发展；没有教师的幸福，永远不会有学生的快乐。站在讲台上的那个人，决定着教育的品质。加强教师队伍建设永远是学校最重要的工作。理想的中国教育梦是“有教无类、因材施教、终身学习和人人成才”，这为我们指明了前行的方向。只要我们每个人都朝着这个梦想努力，每天前进一小步，“人人成才”的梦想终将会变成现实。总之，教育应切实担负起培育合格接班人的主要责任，竭尽全力让每个人美梦成真。

乡村学校特色建设与耕读文化传承

——乡村希望小学特色创建启示

徐观兵　安徽省安庆市岳西县响肠中心学校副校长
钟泽学　安徽省安庆市岳西县响肠镇石化希望小学副校长

岳西县响肠镇石化希望小学是一所山区乡村小学，创建于 1918 年，成长于省级历史文化名镇，深厚的“崇文尚读，耕读传家”乡村文化孕育着学校的成长。

2005 年，学校提出建设书香校园，将“书香校园”作为特色学校建设的主题内容，确立“建设书香校园，传承古镇文化”的理念。2019 年，获得县级特色学校称号，开始筹划创建市级特色学校。将“书香校园”与响肠古镇耕读文化有机融合，继承曾任校长的吴介唐烈士的“耕读传家”遗志，开展“耕读传家，书香致远”文化教育，通过诵读经典和劳动实践，促进学生德智体美劳全面发展和提升，从而推进历史文化名镇建设，助力脱贫攻坚和乡村振兴。2019 年，学校被中国青基会评为全国希望工程优秀小学。现结合学校近些年的发展经历，就乡村学校特色建设与耕读文化传承谈谈看法。

一所学校的特色建设离不开它生长的土地。乡村学校为乡村振兴培养建设者。未来的建设者，应该热爱乡村、热爱劳动。乡村学校对于耕读文化传承责无旁贷，乡村独有的农耕文化是乡村学校特色创建的重要资源。2019 年 11 月，中央深改委审议通过的《关于全面加强新时代大中小学劳动教育的意见》强调：劳动教育是中国特色社会主义教育制度的重要内容。要全面贯彻党的教育方针，坚持立德树人，把劳动教育纳入人才培养全过程，贯通大中小各学段，贯穿家庭、学校、社会各方面，把握育人导向，遵循教育规律，创新体制机制，注重教育实效，实现知行合一，促进学生形成正确的世界观、人生观、价值观。

一、明确建设理念，树立发展目标

特色创建的理念是学校办学理念的一部分，是学校贯彻国家教育方针的思想和目标，理念应来源、吻合于国家大政方针。2020 年 3 月 20 日中共中央、国务院《关于全面加强新时代大中小学劳动教育的意见》指出，要充分认识新时代培养社会主义建设者和接班人对加强劳动教育的新要求，全面构建体现时代特征的劳动教育体系；广泛开展劳动教育实践活动，着力提升劳动教育支撑保障能力，切实加强劳动教育的组织实施。

在加强劳动教育方面，相较于城区学校，乡村学校有着得天独厚的条件和资源。中国农村几千年的耕读传家的思想，放在当今教育视野中，更有传承的意义和必要。

耕读文化作为特色创建的主题，要确立一个切合属地实际的发展目标，要符合乡村学校办学条件和师资水平。首先，应根据学校实际和地方文化特色，提升学校文化品位，促进教师终身学习，号召学生、倡导学生家庭诗书传家，确立传承中华传统文化的书香校园建设目标。其次，围绕此目标，制定切实可行、操作性强的特色建设若干年发展规划，每年都有具体的阶段目标和实施方案。最后，将建设书香校园与农耕文化有机结合，通过阅读经典和劳动实践，达到五育并举，提升学生综合素质，让学生熟读熟知农耕科学和文化，学会简单的田间劳动技能和管理方法。通过劳动教育，培养学生吃苦耐劳、勤俭节约、实践创新、合作探究的品质，培育和践行社会主义核心价值观，实现学生、教师、学校可持续发展。

二、夯实文化基础，提升办学内涵

学校特色建设应当依托当地的乡村文化，凝练出本土文化主题。校园文化是特色建设的基础，校园文化主题要符合特色创建的主题，校园文化建设应围绕特色主题打造，突出显现耕读文化。校训、校风、教风、学风和办学目标、办学理念都应突出特色创建的主题，校刊、校徽、校旗、校歌是校园文化的重要载体，也应体现耕读文化元素。

校园文化的打造，还要通过特色活动来实现，而这些活动呈现的最佳时间就是阳光大课间，如国旗下演讲、大课间文化快餐、各类竞赛、诵读展演、校园读书节等。精彩纷呈的阳光大课间活动，让师生在其中活跃气氛、舒展筋骨、锻炼意志、开阔视野、启发智慧。

十多年来，响肠镇石化希望小学最经典的两个活动就是周一的国旗下读书演讲活动与周三的经典诵读展演。周一的国旗下读书演讲活动，每周一个主题，孩子们把阅读的感悟写进自己的演讲稿中，分享给全校师生，使爱国主义教育、文明安全养成教育、传统文化教育得到有力渗透和加强。周三的经典诵读展演，每次由一个班负责，全班一起上台，有的诵读古诗词，有的说唱古词曲，有的演绎读书小故事。师生同台，把中华传统文化的精彩片段搬上舞台，将诵读与说唱相结合，有个人表演与集体朗读相结合，极大地丰富了校园的读书文化生活。

文化的主体是人。学校办学内涵来自校园文化，来自师生精神风貌。持续开展校园文化建设，长期坚持校园文化活动，目的就是让师生参与到校园文化建设中，成为校园文化的主体。校园有耕读文化氛围，师生有耕读文化气息，从而夯实特色创建的文化基础，提升学校的办学内涵。

三、构建特色模式，细化操作办法

（一）构建保障措施

1. 组织保障

开展特色创建工作是一个校长发展学校的重要职责，校长是特色学校建设第一责任人，负责组织策划，分管教育教学的副校长负责具体组织实施。特色创建的组织应成立以校长为组长的特色学校建设实施领导小组，各部门、处室协作，分工明确，责任到人。

2. 经费保障

学校要确保经费投入满足特色创建的需要。争取社会力量的支持，多方面筹措资金，加强学校的硬件建设，保障创建活动费用。

3. 制度保障

制度为实现创建目标服务。围绕特色创建的主题，建立师生考核奖励制度、各类活动制度、培训研讨制度等管理制度。学校其他常规管理制度也应作相应的调整和完善，让创建工作有章可循。

4. 阵地保障

要建设好图书馆、阅览室、图书角、校园农场等阵地。学校要营造良好的室内读书环境，使图书馆平台最大限度地发挥作用，成立专门的图书管理组织，选派责任心强的教师担任管理员。少先队设立图书管理中队，学生干部负责图书借阅工作。每个年级每周固定时间进入图书馆，轮流开展图书借阅工作。

建立开放式图书室，许多乡村学校在校园内建立开放的书架，做到处处有书读、时时能读书。让学生自我管理，每周更新一次图书，让图书真正流动起来。班级是学校的基本单位，班级图书角在班级读书活动中发挥着不可替代的作用。倡议孩子们把自己购买阅读过的图书放置在图书角，供全班同学交流阅读，使图书角成为好书交换站、知识共享地。

校园农场是师生劳动实践的基地，建设校园农场，乡村学校有优势。确定校园农场建设地点和范围，以土地流转或租借的形式取得土地使用权。建设一个集劳动实践、生产学习、自我管理、适量产出于一体的，以种植为主、养殖为辅的初具规模的校园农场。农场统一规划四季耕种作物，分片划分给各班，责任到班。师生同劳动，开展校园农场活动，如田间劳动、耕读日记、模拟市场、农场银行等。

（二）构建校本课程

校本课程是特色创建的根本，没有课程的特色创建只能算是兴趣小组活动。校本课程是一个集课程纲要、目标、教材、课堂、教学、教研、评价等内容于一体的系统的工程。学校组织师生共同编辑校本教材，把耕读文化写进课本中。开设耕读活动课，每周安排两节，把耕读文化教育落实到常规课堂教学之中。利用校本教材，师生共同读书。耕读课不仅仅局限于课堂教室，师生共同参加农场劳动、共同制作耕读简报，学生撰写耕读日记、合作开展种植试验，都是课程的教学内容。以耕读为主题的校本课程有灵活生动的教学形式，有很大的拓展空间。

校本课程的实施不能流于形式，要通过评价考核督促激励师生，把教师落实校本课程和教学情况纳入对班级的评价和对教师工作考核之中。对学生学习的评价采用多元的评价模式，重学习和劳动的过程性评价，重学生自评和互评，期末考试采用开卷考试的方式，综合评价等级写入学生成绩单，并设立奖励。

（三）构建特色活动模式

学校特色创建不仅仅是为了获得一块奖牌、一个称号，创建的过程就是教育，比创建的目标和成果更重要，师生在创建的过程中受到教益，这正是学校特色创建的根本目的所在。而创建的过程以活动为载体，因此构建特色活动模式显得尤为重要。丰富多彩的特色创建活动，不仅能体现学校文化，更能有力地推进特色创建的实施。

1. 设立校园耕读文化艺术节

将校园耕读文化艺术节作为一种集中展示创建活动成果的模式。通过经典古诗文诵读、劳动心得讲演、古诗文书写、主持人大赛、读书心得撰写大赛、综合文艺演出等活动展现特色学校建设成就。

2. 设立丰收节

以图片和实物展览的方式展示师生劳动成果。邀请家长代表到学校观摩，品尝孩子们的劳动果实，欣赏孩子们的劳动成果。

3. 开展农场活动

中国节日节气文化非常丰富，利用自然季候和节气开展农场活动，在中国传统节日举行与之相应的主题诗会活动，既能传承中国传统文化，又能给学校特色创建活动增添色彩和文化内涵。比如，母亲节、中秋节、重阳节、清明节、端午节、国庆节等重要节日，都可开展主题诵读和劳动活动。

4. 把读书活动和春游等户外活动结合起来

不同的游览场景有不同的读书意境。把劳动教育与社区活动结合起来，带领学生到敬老院开展敬老活动、到贫困户家清扫庭院，深入乡村感受新时代新农村的新成就、新变化，这些活动的开展让劳动、读书、游历、实践紧密结合、相得益彰。

（四）构建评价体系

为实现特色创建的目标，学校应建立完善的评价机制，用评价制度引领家长、教师和学生积极参与到创建活动之中。

1. 在全校评选“耕读班级”

读书计划、组织机构、文学社、周一国旗下读书演讲、周三经典诵读展演、周五书香活动、图书借阅、图书角管理、读书笔记、各类读书征文竞赛活动、校园农场的劳动过程和成果等，都是耕读班级评选的主要得分点。

2. 在学生中评选“耕读少年”

激励孩子们广泛阅读，勤于劳动。为提高学生读书质量、增强学生劳动技能和意识，学校建立了“耕读少年”评价体系。评价指标包括图书馆借书量、读书笔记与耕读日记完成量、各类期刊投稿量、各级征文比赛参赛量以及各类读书和劳动中的表现和活动获奖情况。

3. 在学生家庭中评选“耕读家庭”

学校积极倡导家长读书，倡导家长带领孩子同劳动，家长陪着孩子一起劳动、一起阅读的示范作用比学校教育更有力。学校建立耕读家庭的评选体系，评价指标包括家庭藏书量、亲子劳动表现、亲子读书量、家长征文情况等。每年评选一次，颁发“耕读家庭”奖牌，获奖家庭有机会参与学校组织的研学旅行活动和相关媒体组织的读书竞赛活动。

（五）力争社会支持

学校是社会的单元，开放办学是学校发展的必由之路。学校的特色创建活动只有得到社区和群众的支持，形成合力，才能实现创建目标。创建活动影响和教育群众，既是学校教育对社区的影响，也是学校教育的重要目标。

特色创建不但要集中一所学校全体师生的智慧，更要寻求家长和社会共识。学校利用现有人力、财力、物力资源，与农户和社区合作共建。学校要通过社区活动、家长会、新闻媒介等载体，充分展示创建理念、创建历程和创建成果。利用党员活动日、少先队志愿活动，到社区开展读书宣教服务，影响家长和群众，推动社区文化建设；利用家长委员会和班级家长会，传递学校办学理念和方向，传达特色学校创建信息，激发家长参与阅读、喜爱阅读、热爱劳动、勤于劳动，和孩子一起投身到学校特色创建活动当中；经常发布和报道学校开展的耕读活动，通过各级各类媒体进行宣传，为师生和家长鼓劲，扩大学校的社会影响力。

四、开展课题研究，拓宽发展思路

教育科研是振兴学校的重要途径，是师资建设的抓手，也是教育教学质量的基础。学校特色创建工作的开展，同样离不开相关的课题研究。

围绕特色创建主题，学校应确立相应的教研课题。课题不仅立足于“耕读文化”的传承，也要和校本课程教学、养成教育、学科核心素养的提升有机融合。课题不仅局限于在学校开展研究，还应争取申报为教育行政主管部门确立的课题项目，从而提升课题研究的高度。

（一）推广精品课

精品课是课题研究的基本方式，其过程就是课题研究的基本流程。大致分为四个部分：一是集体备课，通过教研组集体备课，确定研究主题，研讨教学设计与课件，设想教学效果；二是课堂观摩，参与研究人员重点观摩研究不同板块，有针对性地听课与分析；三是研讨总结与反思，全面诊断课堂问题，反思教学过程，提出改进方法；四是精彩重构，安排骨干教师重新上课，打造精品课，在更高的平台上展示和共享。

（二）主题教学竞赛

学校可以依托名师工作室，面向广大青年教师与骨干教师，围绕耕读文化主题开展主题教学竞赛。如诵读指导课大赛、劳动指导课大赛、耕读作文指导课大赛等。

（三）课题研究与常规教研融合

要重视课题的实用性，重视研究的过程，把课题研究与常规的教研活动结合起来、与特色创建的主题结合起来、与校本课程的开发和应用结合起来、与教师校本研修结合起来、与师生劳动实践和创建活动结合起来。由此，课题研究才有丰富的内容，课题的成果才有生命力和推广的价值。

苏联当代著名教育家瓦·阿·苏霍姆林斯基通过一生的苦心探索和实践，确立了自己完整的劳动教育体系。在这个体系中，有三点最为突出：一是通过劳动教育促进德、智、美、体全面发展；二是在劳动中展示、发展个人的天赋才能；三是通过劳动教育促进学生的职业定向。乡村教育离不开广袤的农村土地，绵延千年的耕读文化深深扎根于肥沃的农野，在新时代、新教育、新农村中，耕读文化传承问题亟待解决，把乡村学校的特色创建与耕读文化传承有机结合，乡村学校任重道远。

引进人才，优化环境，教学创新

陈　勇　湖南省邵阳市隆回县岩口镇藕塘完全小学校长

中华民族是个伟大的民族，有着悠久的文明和历史，有着璀璨的传统文化和工艺，中华诗文经典和书法更是中华民族文化的精髓，是人类文明宝贵的精神财富，四书五经、《千字文》等集聚了中国古代人民的集体智慧，引领中华民族屹立于世界民族之林。因此，传承和创新中华文明、培养农村中小学生的审美情趣、陶冶其情操、提高其文化修养、促进学生全面发展已刻不容缓。本文通过介绍师资队伍建设、教育教学质量提高、传承传统文化、发扬科技创新等若干教学实践精神，阐述如何引进人才、优化环境、进行教学创新，在课堂中引入中华传统文明教学。

一、引进人才，优化环境

传承和创新中华文明离不开人才的引进和留用，而当前城乡教育极不均衡。以隆回县为例，隆回是人口大县、教育大县。一方面，虽然教师人数在全县机关企事业单位中所占比例大，但教育财政支出所占百分比严重失衡。要使隆回教育得到可持续发展，就必须加大财政投入和教师招聘力度，以充实农村学校教师队伍。另一方面，现在乡村教师严重缺编，农村学校特别是边远山区学校的代课教师占比仍然很大，部分学校因招不到教师或留不住人才，只能靠代课教师支撑，男教师更是寥寥无几，严重影响了教育教学质量，值得深思！

对此，提出以下建议：第一，建议教育部门广开支教、送教下乡之路，把城镇优秀青年教师送到农村小学任教，以优化农村小学教师队伍的年龄和知识结构，把各级各类人才引进来。第二，建议教育主管部门和农村中小学校提高乡村教师的工资待遇，改善乡村教师的居住和生活条件（部分乡村学校教师住房年久失修，房顶漏雨，墙面脱落起灰，地面坑洼不平，居住条件十分艰苦），为乡村学校配建教师公租房；解决乡村教师的出行问题（部分边远山区学校山高路远，甚至没通公路或没通班车，教师出行极不方便），建议以公务员标准配发车补费或采取其他更利于教师出行的方法，解决乡村教师的实际困难。第三，切实提高乡村教师地位，出台乡村教师公共服务优惠政策，让乡村教师在晋升、购房、医疗、旅行等方面得到实实在在的利益，增加乡村教师的职业吸引力和职业幸福感。第四，为乡村教师搭建更利于其发挥专业特长的平台，帮助他们实现自己的人生抱负和价值，让金子在哪里都闪光……

此外，教师交流轮岗也是一着破解教育失衡发展难题的“好棋”。实行县城、农村学校之间以及教师与校长之间的大轮岗机制，改变亲属教师调进城、骨干教师考进城、有关系的教师向县城周边大迁徙的教育人事管理怪象，让教师到各个地方去锻炼、去体验，同时把他们好的教育方法、教育方式、教育经验带下去传上来，真正把教育搞活、搞好！

如此，教师队伍稳定而优秀，何愁教育不复兴？何愁文明不能传承和创新？

二、以“教研”促“课改”，推进传统文化入课堂

每个懂教育的人都知道开展好中华优秀传统文化进课堂“教研促课改”活动的作用，传统文化的教学和新课程改革都不容忽视。学校要积极为教师们搭建此类“教学研究”的大舞台，督促好、落实好、坚持好相关方针和措施。

（一）开展优秀传统文化教学研讨公开示范课

乡村教师因各种原因缺乏传统文化教学的工作热情和积极性，部分老教师教学经验丰富、教学水平一流，但不愿与人分享，老中青教师教学交流不足。因此，乡村学校应积极搭建传统文化教学交流平台，不论年龄，老中青教师互相交流、互相听课、互相点评、相互借鉴、取长补短、共同提高；充分发挥高级教师、省市县级骨干教师的先锋引领作用，鼓励他们多为年轻教师上传统文化进课堂示范课，为年青一代“传经送宝”，促进年轻教师专业技能成长；开展青年教师传统文化教学比赛活动，让青年教师及时寻找自己的缺点和亮点，力争让每位教师的“亮点多起来、缺点少起来”。

比如，隆回县岩口镇中心小学和岩口镇藕塘完全小学充分利用本校“书法教学”优质人才王建志、王灏、于丽萍、陈丹等同志的书法特长，定期开展书法教学比赛和示范课活动：王建志同志的书法讲堂深入人心，为该校全体师生书法教学起到了很好的引领示范作用；王灏、于丽萍老师的现场书法教学让大家眼前一亮、回味无穷；陈丹老师更是把书法教学“搬”进了班级课堂，手把手地教学生写钢笔字、毛笔字，吟诗作赋！“书中岁月好　字里人生妙”十个大字曾现场书写并悬挂于她的课堂之上，至今让我记忆犹新！

（二）积极开展传统文化创新活动，促进中华文明传承和发展

中华民族历史悠久、文化璀璨，传统文化、传统习俗和传统工艺等让人赏心悦

目。隆回县本地的岩口豆腐制作工艺、红薯粉丝、小糍粑等远近闻名；滩头年画被誉为中国美术一绝，享誉中外；年画以其红火、鲜艳的色彩，粗犷、夸张的造型反映着当地农民单纯和朴实的生活；端午祭屈原、赛龙舟、耍龙灯以及各家各户包粽子等活动都烙印着中国人的记忆；每年春节贴春联更是渲染着各地春天的色彩……此类文明和文化应当传承和发展，绝不能断于当代。作为中华民族的教育工作者，我们责无旁贷，任重而道远！因此，农村中小学校应积极开展传统文化创新活动，将传统文化、传统习俗、传统工艺等传授给孩子，让孩子再一代一代地传承下去！

王建志老师把红薯粉丝制作工艺引进课堂，正在进行课前试验操作

隆回县岩口镇藕塘完全小学每年都会举办经典诵读暨科技展览活动，把传统文化教学与科技创新结合起来；通过诵读经典诗文愉悦孩子们心情，开阔孩子们眼界，让乡村学子通过一篇篇经典美文、一句句至理名言享受阅读的快乐，体会拨云见日、柳暗花明！通过科技创新展览活动发散孩子的思维、开阔孩子的视野、培养孩子的动手操作和观察分析能力，引领孩子们以科技促发展，培养孩子品格，促其立志长大后为祖国贡献力量！

科技创新小组活动

机器人编程教育

经典诵读暨科技展览

课堂融入经典诵读和科技教育

学生的科技作品

“诗教中国”诗词讲解大赛、“笔墨中国”汉字书写大赛、“篆刻”比赛和一年一度的校园文化艺术节等传统文化大餐，不仅培养了孩子们的能力，更加陶冶了孩子们优雅的情操！“最是书香能致远，腹有诗书气自华！”

书法教学进课堂

名师示作

小学生正在进行书法练习

校园艺术展览

校园文化艺术节

2020 年端午节前夕，隆回县岩口镇藕塘完全小学将端午节包粽子的习俗“搬”进了课堂，通过包粽子比赛的形式，寓教于乐，激发学生对传统文化的热爱，感受传统节日的魅力。

烧草灰

过滤碱水（草灰）示范

“包粽子”流程

课堂引入“包粽子”比赛 1

“包粽子”比赛

团队协作我最棒

“包粽子”成果展示

课堂引入“包粽子”比赛 2

以上课内课外活动，不仅将传统文化和工艺引进了课堂，更彰显了学校办学特色，传承和发展了中华文明。

（三）以课题促提升

所谓课题，指要研究、解决的问题。课题研究是校本教研中的一项重要内容，是促进教师专业成长的重要途径，也是营造良好校园文化氛围的重要方式。乡村学校也可以根据本校实际情况，从反映现有理论和实践的广度与深度出发，选取具有中华传统文化特色的课题，组织全体师生开展课题研究，提升学校办学水平。比如，隆回县岩口镇中心小学就组织开展了以传承中华优秀传统——“读”为主题的“多读、多写、多积累之以学为中心”课题研究和“小学生课外阅读兴趣的培养”课题研究，其中“多读、多写、多积累之以学为中心”的课题研究在全体师生的共同努力下荣获湖南省一等奖。学校视“课改”为学校发展的“救命稻草”，大刀阔斧、敢作敢为、雷厉风行地进行改革，通过多种渠道提升自己、开阔视野，以持之以恒的决心和意志传承和发展了中华优秀传统美德，为更好地推行新课程改革打下了坚实的基础。

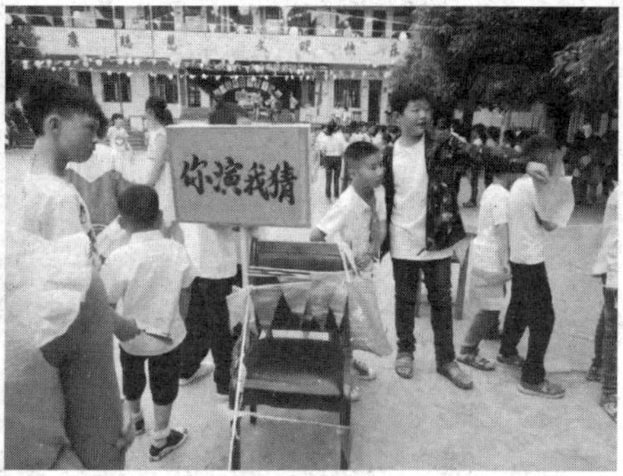

“多读、多写、多积累之以学为中心”课题研究实践活动 1

“多读、多写、多积累之以学为中心”课题研究实践活动 2

三、文化引领，力促科技创新

科学技术是引发社会变革、推动社会进步的主要力量。回顾人类社会进步的历史，从刀耕火种到工业革命，再到信息革命的蓬勃兴起，无不与科技发展息息相关。马克思曾说过：“劳动生产力是随着科学技术的不断进步而发展的！”国家和民族的兴盛离不开科技，中华民族的伟大复兴更离不开科技。因此，乡村学校应牢记“科教兴国”的使命，带领师生开展科技创新活动，从小为乡村学子埋下一粒科技创新的种子，促其长大后更好地为祖国做贡献。比如，隆回县岩口镇中心小学积极开展科技创新教育，科技教师陈勇、张丽、罗建华、夏娓、蒋玉玲等辅导学生多次参加省市县“小学生科技发明”比赛并获奖；陈勇辅导陈晨同学过五关斩六将，参加湖南省教育部门和科技局联合举办的科学技能竞赛，分别获得隆回县一等奖、邵阳市一等奖、湖南省一等奖。在全体师生的共同努力下，我校被评定为“隆回县科技教育基地”，大大提升了我校的办学品位。

参加邵阳市科学技能竞赛

科学技能竞赛夺得金牌

陈晨荣获市一等奖

文化引领，力促科技创新，让乡村学子在中华美德的滋养下、在科技创新的熏陶下、在书声朗朗的氛围里，更加勤奋地学习！“藕壮荷妍喜童心启梦，塘肥鲤跃借科技扬威！”

教育扶贫推进教育公平

——农村小学教育扶贫纪实

李代强　四川省德阳市旌阳区孟家学校校长

我工作的学校是一所丘陵地区的农村小学，当地经济不发达，居民以外出务工为主，打工地离家乡很远。许多父母为了省下路费，一连几年都不曾回家一次。访谈中一些孩子甚至记不起父母的样子了。很多家长为了改善家庭经济现状，常年在外务工，家庭成员尤其是父母角色的长时间缺位，导致大量的学生缺乏父母的亲情呵护与完整的家庭教育和监管，这些孩子占全校学生总数的35%；有的家长虽然在家，但整天忙于家庭生产，没有时间关注子女的学习，孩子的学习处于“放羊”状态，这部分学生占全校学生总数的21%。上述情况使得我校半数以上的学生在学习、生活、情感、教育等方面存在诸多问题，这对我校的教育教学工作提出了严峻的挑战。帮助这些孩子顺利完成学业、健康成长，让每个孩子都有平等的机会通过教育改变自身命运、成就人生梦想，成为农村学校校长和教师肩上重要的责任。

一、关爱每一名学生，温暖每一户家庭

（一）婷婷眼中的泪花

四年级有个小女孩叫婷婷，她活泼可爱，每天放学回家的路上总是唱啊、跳啊，银铃般的笑声在小路上飘荡。但在一次家访时，我看见婷婷一个人坐在自家门前的小板凳上，她默默地看着我，两眼噙着忧伤的泪花。她爷爷告诉我，为了解决家庭的经济困难，婷婷的爸爸妈妈去成都打工了，婷婷成了一名留守儿童，由爷爷奶奶照看着。婷婷已经一

学校领导和教师到婷婷家了解婷婷的学习生活情况

“教育扶贫 · 关爱成长”主题班会

年多没有见到爸爸妈妈了，学习成绩直线下滑。婷婷的变化深深地刺伤了我。婷婷的爷爷还告诉我，村子里像婷婷这样的孩子还有好几个。

为了让婷婷这样的孩子不再忧伤，我校确立了“关爱每一名学生，温暖每一户家庭”的教育理念，实施“建家一样的学校，做父母般的老师，当兄妹般的同学，为学生终身学习和全面发展奠定基础”的教育路径，把学校建成贫困家庭孩子生活的家园、成长的乐园，以“教育扶贫 · 关爱成长”为主题，帮助每位学生顺利完成学业，健康成长。

1. 品心关爱

让贫困家庭的孩子在逆境中自强不息。针对贫困家庭孩子的一些不良行为和自卑心理，我们以“感恩、自信”为主题，开展特色思想品德教育活动，培养贫困家庭孩子的良好品德，强化他们的责任担当。学校开辟了生机勃勃的开心农场，让孩子们在活动中真正感受到劳动的乐趣！

爱心基金捐助的贫困家庭孩子

2. 学习帮扶

科技为贫困家庭斩断“穷根”提供人力资源。我们首先激发学生的学习兴趣，培养他们良好的学习习惯，改进他们的学习方法，改善他们的学习条件。班主任和科任教师与贫困家庭孩子结成帮扶对子，帮助贫困家庭孩子解决生活及学习上的困难，提升他们的学习能力。

3. 爱心捐助

让贫困家庭的孩子与普通家庭的孩子同享一片蓝天。我校通过师生献爱心、社会捐助等形式让贫困的农村孩子，特别是贫困家庭的孩子享受教育大家庭的温暖。我和我的朋友及亲戚每年资助资金 15000 元，搭建了“温暖阳光”爱心基金贫困生资助平台，每年至少为 15 名孩子解决生活、学习等方面的困难，现在已有 10 位爱心人士参与这一爱心事业。

（二）婷婷开心的微笑

为了弥补婷婷亲情的缺失，我校张老师与婷婷结成帮扶对子，随时了解婷婷的生活、学习、思想状况，对婷婷进行全面帮扶。张老师经常组织学生课外、假日活动，丰富婷婷的课外生活，减轻婷婷的孤独感。学校还与当地的农村生产合作社联系，为婷婷的父母落实了合适的工作。婷婷的父母回到了家乡，做到了子女教育和家庭致富两不误，婷婷又享受到了家庭的温暖，脸上又洋溢出开心的微笑。

在社会的温暖和教师的关爱下，我校学生充分认识到了自身的存在价值，增强了自信心、自尊心、责任感，更加努力地学习、健康地成长。全校学生的巩固率达到 100%，没有一户贫困家庭的孩子辍学，也没有一户贫困户因学致贫返贫，贫困家庭子女享受到了同等追梦的机会，教育均衡发展和教育公平得到了促进。

二、铸就爱的主题校园文化，唤醒生命发展潜能

棒棒糖的危机：

2017 年 5 月 12 日 7：30，五年级的肖同学在教学楼 4 楼走廊的护栏边大声哭喊、企图轻生，情况十分危急。我立刻组织师生进行救援，安排老师、工人悄悄上楼耐心劝阻，同时也做了接扶的准备。最终，学校一名保安将其从背后拦腰抱住并拉回走廊，一场危机成功化解。原来肖同学是一名癫痫病患儿，有很强的自卑心理。因前几天答应给另一个同学买棒棒糖却没有兑现承诺，所以感到很没面子，于是上演了这一幕。

肖同学跳楼的事件引起了我们的极大关注，作为一所农村小学，大部分学生属于留守儿童，他们的家长长期在外打工，孩子与爷爷、奶奶或外公、外婆生活在一起。由于和孩子一起生活的老人绝大多数受教育很少，与孩子之间存在一定的代沟，所以当学生出现心理问题的时候，无法及时解决和疏导。久而久之，导致学生心理产生一定的变化。当此类学生遇到某些特殊性质的事件时，就会在内心深处滋生出伤害自己或者他人的想法，严重时还会导致学生出现寻短见或者伤害他人生命的行为。为了避免此类事件再次发生，我们通过爱的教育，让学生的生命中洋溢爱，享受成长中的快乐，爱惜生命，从而达到避免出现伤亡事件的目的。

1. 文化引导

校园内有一株千年古榕树，高大葱郁、躯干粗壮。树冠覆盖逾千平方米，像一把巨伞荫护着孟家校园，寓意博爱。我们借鉴古榕树的寓意和自身的办学历史铸就

了爱的主题——榕树校园文化，调和“生命教育元素”，以尊重、关怀、理解、宽容为基础，用生命对待生命，就是以心换心、用心育心。

校园内的千年古榕树

此外，我们还设置了与古榕树遥相呼应的“爱的怀抱”现代雕塑。曲线优美的支柱，如温暖的爱之怀抱；胸怀太阳，拥有阳光般健康的心灵才懂得去关爱别人。雕塑上的圆球，圆转如意，跃跃欲飞，象征着孩子的自由发展，它凝聚着全校师生的美好愿望，体现学校爱的主题教育理念。

2. 活动体验

每年 4—5 月，围绕“生命 · 成长 · 爱”这一主题，在全校范围内开展作文、书画作品比赛。引导孩子用一首小诗、一张画、一幅书法作品、一篇作文表达对生命的热爱，引导学生珍爱生命、提升生命质量、实现生命的意义和价值。为了让学生更加理解生命的内涵，我们还设计了“穿越人生之路”的“盲行体验”。体验盲行的学生要独自一人走到目的地，在盲行的过程中会有很多障碍，让他们了解到人生永远充满着未知与迷茫，不可能是一路平坦、没有坎坷的。而在这个艰难的过程中，体验者中途最困难的时候，会有同学突然出现，搀扶他走完剩下的路程，其目的是让体验者感受到他人的帮助给予自己的温暖和力量，了解到关爱的重要。

2017 年乡村少年宫汇报演出

3. 课堂渗透

二年级的一次生命教育课上，教师设计了“冥想体验”：将一些豌豆种子放在盛水的烧杯里，一周以后豌豆发芽了，再将有芽的种子移植到花盆里……就这样一天天地观察，孩子们体验了一颗豌豆种子从发芽到成长的历程，从而了解生命的过程、感受生命的珍贵。

4. 生命张扬

我们开展了“爱的行动”，引导学生将爱心播撒给社会，在温暖别人的同时，也使自己变得高尚、幸福，从而呵护自己的心灵。社区的敬老院离我们学校只有 400 米，我们把它作为一个重要的教育基地，包括学生和教师在内的志愿者会定期去社区敬老院参加公益服务。他们为老人表演节目，帮助老人打扫卫生、整理房间，为老人们放映专场电影，进行环保知识及用电安全知识宣传，给老人的生活带去乐趣的同时净化了自己的心灵。

5. 榜样示范

我们通过双目失明、双耳失聪的海伦·凯勒身残志坚，用超越常人千倍的努力取得突出成就等名人励志故事，教育学生珍爱生命，坚强面对生活，让生命变得更加饱满。

海伦·凯勒的故事深深地打动了肖同学，她含着眼泪激动地说："海伦·凯勒阿姨虽然命运坎坷，但她却没有向命运低头，而是更加刻苦，更加坚强，我要向海伦·凯勒阿姨学习，不向命运低头。"我和肖同学结成帮扶对子，经常交流学习生活心得，对她进行心理健康教育，让她明白生命对每个人来说都只有一次，我们一定得加倍珍惜，让她真正懂得生命的意义和价值。我叮嘱教师特别关注她，肯定她的进步，努力培养她的自信心；引导同学多关心她、帮助她，看到她的优点；加强与家长的沟通、联系，让孩子感受家庭的温暖；联系"温暖阳光"爱心基金贫困生资助平台对她的学习、生活进行资助。在大家的关爱下，肖同学的心结已经解开，阳光已经照进她的心里。这学期，她送给我两幅画。一幅画中是一个漂亮的小女孩和许多彩色气球，写着"谢谢李校长！祝您天天快乐，画得不怎么好看（笑脸）"，画中的小女孩眼神有些忧郁。在第二幅画中，鲜花丛中有一位漂亮的女孩，看起来很开心。

肖同学送给李校长的第一幅画

肖同学送给李校长的第二幅画

走进孟家学校，你一定能感受到师生融洽、和谐、温馨的关系和教师对学生无微不至的关怀，还能看到一张张个性张扬和充满阳光的笑脸溢满校园……

三、彝区援教，爱的升华

“我们得到了太多关爱，我们也要关爱他人！”为了实现全面建成小康社会，少数民族一个都不能少。2018 年，我校与凉山州越西县一所中心小学校结成“校对校”对口帮扶学校。我校通过“选派支教教师、教师培训、干部培养、爱心助学”等方式对该校教育教学工作进行援助，提高该校教育质量和教学水平。

越西县是凉山州的一个贫困县，尔赛乡更是越西县的一个极度贫困乡，尔赛乡中心校有学生 317 名，全是彝族孩子，80% 以上的学生都是贫困学生，目前学校基础薄弱，各种功能室不完善，教育教学设备特别是多媒体教学设备缺乏，体育运动场较小。

从 2018 年 8 月至今，学校安排了一名优秀教师到彝区学校。

我校教师到帮扶学校做交流

（一）情系大凉山，助力彝区脱贫

我校开展了为期两年的支教工作。我校优秀教师承担该校数学教学和班主任工作，用他先进的教学思想和扎实的教学能力推动该校的教学改革，提升学校教学质量。该同志被评为越西县优秀支教教师。

（二）教师培训

我校教师多次到越西县，对该校教师进行专业培训。先上示范课，然后结合课堂教学，将新课程的理念通过课堂直观地表现出来，给他们“充电”，让他们学习理解课程体系，学习“探究式学习、合作学习、研究型学习”教学方法的运用，提升他们的专业能力。

（三）干部培养

该校校长和学校教师到我校进行跟岗学习，全面参与我校校园文化建设、教师队伍培养、教学常规管理、教学研究、教育科研等教育教学活动，亲身感受用优良的物态陶冶人的环境文化、用优秀的精神激励人的管理文化、用幸福的职业塑造人的教师文化、用丰富的资源培育人的课程文化，提升了教育理念和教学能力，丰富了管理经验。

（四）爱心助学

越西县尔赛乡是一个极度贫困乡，学校大部分的孩子都是贫困生。我组织全体师生为彝区学校和孩子捐款 13000 余元，为彝区的孩子送去温暖。全校师生纷纷拿出了自己的零花钱，送去了书籍、文具、书包等学习用品。2019 年、2020 年的“六一”儿童节，全校师生向该校每名学生赠送了学习用品大礼包一个，让彝族孩子度过了一个快乐的节日。针对该校教育教学设备缺乏的现状，我校赠送了价值 3800 元的两套教学用实物展示台，安装了两台价值 6000 元的热水器，解决了师生洗澡难的问题。

通过该校师生的共同努力和我校的支持，这所学校在学校管理、教育教学质量方面都有了显著提升，特别是孩子的学习习惯和卫生习惯有了明显变化，为民族地区少年儿童接受有质量的教育、促进教育公平做出贡献。

四、送人玫瑰，手有余香——教育扶贫工作的思考

儿童是民族的未来、家庭的希望。教育扶贫让每个孩子都有平等机会接受教育，特别是贫困家庭的孩子，通过教育改变自身命运、成就人生梦想是教育的最大公平，也是每个教育工作者应尽的职责。近几年，我为教育扶贫、关爱贫困生倾注了大量心血，成效显著，因此获得了“旌阳区脱贫攻坚奉献奖”。

教育的本质力量源于生命自身，孕育生命的核心发展力不能靠说教、灌输和强制，基本方法是用校园文化让每个学生耳濡目染、自然而然地接受熏陶、暗示、感染，让学生具有积极向上的生活，在实践中感知、觉醒……让他们同享一片蓝天，充满阳光、充满朝气、健康快乐生活。

我们以彝区援教为契机，教育孩子以爱之心做事、以感恩之心做人，同时懂得关心他人、帮助他人，让每个学生拥有一个美好未来。同时，我们还特别引导已经脱贫的孩子参与助力彝区脱贫的活动，人人献出一点爱，让彝族的孩子拥有美好的明天。

浅谈民族地区乡村小学教育的发展变化

——以甘肃省积石山保安族东乡族撒拉族自治县乡村小学教育为例

李鸿云　甘肃省积石山县肖红坪小学副校长

2001年，我刚满19岁，在让家人、老师引以为豪的临夏师范学校完成了三年的学业，毕业了。教育局局长把我们40多名“中师生”“奖励”给农村的校长们，我看到校长们满脸的期待，在充满自豪感的同时，对乡村的小学教育充满了憧憬。而从那刻起，我从一位品学兼优的学子自然而然地转换了角色——成为一名名副其实的乡村小学教师。

我的执教生涯从一所破旧的小学开始。综观彼时的课堂教学，我认为有以下特征：

第一，课程设置很简单。小学课堂教学主要以语文、数学为主科，品德、美术、科学、音乐、体育、劳动为副科。每学期学区组织语文、数学统考，学区内根据排名进行奖罚；其他学科不考试，每周至少安排音乐、体育和美术课2节，劳动课1节。

第二，学校教师以初中、高中毕业参加工作的民办教师为主，受过专业教育（中师生）的教师占教师总数的30%左右。课堂教学方式以教师讲授为主，教师在课堂的讲解占据了整节课的80%以上，教师讲、学生听几乎是每节课的标配。教师专业素质普遍较低，教师授课技巧主要靠自己的经验和观摩同行得来。学校、教育行政部门组织的培训极少，教师缺乏学习机会。课堂教学为“填鸭”“满堂灌”的传统模式。教学目标主要是实现学生对知识和技能的掌握。我认为，小学课堂教学中“填鸭”式、“漫灌”式的教学模式颠倒了教学的主体，教师成了课堂的表演者，学生成了被动的接受者。但沿袭传统教学模式使学生掌握了扎实的基础知识，尊师重道的传统在教师的教和学生的学中依然发挥着作用。安贫乐道的乡村教师以“师者，人之范也”践行着自己的使命，教师身上闪耀着正直、规范、敬业的光芒。

2004年起，积石山县的乡村小学教育发生了重大变化。主要有如下特征：

第一，随着国家“两基”工作在积石山县的开展，乡村小学教育由以单纯的开展学校教育为主开始转向承担扫盲工作，教师在课余时间承担了乡村青壮年扫盲工作。动员适龄儿童入学也成为学校的一项重要工作。

第二，随着中英教育项目、中欧教育项目在临夏州的展开，积石山县乡村教师基本都参与了全员式的培训。“参与式”教学法成了学校教学的主要模式，课堂教学形式发生了非常大的变化：①为满足学生讨论的需要，课桌摆成了梯形、椭圆形等；②课堂教学主要采取分组学习的形式，有专门的记录员、发言代表；③采取游戏、接龙、问题树绘制等形式充分发挥学生的发散思维，课堂教学强调一个问题没有统一的标准答案，尽量体现学生在课堂上的主体性；④重视学生学习的主体地位，参与学习活动和小组的共同学习，成为课堂评价的重要指标。

第三，学校以中英项目校长培训为契机，开始编制三年学校发展规划。以社区不同人群为代表成立了家长委员会，学校教育开始有意识地让社会不同人群参与。

2008 年起，随着国家新一轮课程改革的实施，积石山县乡村小学教育在十年的发展中发生了翻天覆地的变化：

第一，借助薄改项目、三区三州项目、中西部协作项目、青少年发展基金会项目等，以项目带动学校基建建设。乡村小学硬件设施都达到了县域内义务教育均衡发展标准。大多数乡村小学都设有科学实验室、卫生室、心理辅导室。班班通设施覆盖所有乡村小学教室，大多数乡村学校有专门的微机室，基本满足信息技术课的需求。

第二，教师队伍发生了很大变化。经过十多年不同渠道的补充，乡村小学的师生比都达到了 1 ∶ 23 的标准。乡村小学教师队伍中有 80% 以上的教师受过专业的高等教育，基本由专业的教师教授小学课程。教师年龄普遍年轻化，稀缺的音体美专业教师在乡村小学逐步得到补充。随着“国培”“省培”等项目的实施，乡村小学教师培训全覆盖，培训形式多样化，进一步提升了教师的教学水平。

第三，课堂教学形式多样。在新课改的持续推进下，课堂教学紧扣“学生是主体，教师为主导”的新课改理念，课堂教学活动采用以合作、探究、交流为主要形式的教学模式。大多数教师借助班班通、云课堂等多种网络资源开展课堂教学。

第四，学校管理开始向标准化发展。通过“国培”“省培”校长培训项目的实施，乡村小学校长的管理能力都有所提高。校长开始有意识地打造特色校园，注重校园文化内涵。学校管理朝精细化、规范化发展。

回望 20 年的教学生涯，我深刻感受到乡村小学教育发生了翻天覆地的变化。梳理 20 年的乡村小学教育，主要有以下变化：

第一，乡村小学教育的办学行为由“人民教育人民办”到“人民教育政府办”

的发展变化。主要体现为：①“两免一补”政策的实施，由家长交学费变成了政府补贴；②政府对乡村学校硬件设施的投入力度逐年增大，学校教室、办公室由以前的村集体修建的土木结构房屋逐渐变成了防震级别高的框架楼房；③学校由单一的教学到开始承担社会责任，如教师参与扫盲教学工作、控辍保学工作、教育精准扶贫工作等。

第二，教师队伍的发展变化。乡村小学教师队伍 2000 年左右以初中、小学毕业的代课教师为主体。到 2008 年，以接受中师教育的教师为主体。发展到现在，接受了专科、本科教育的专业教师已成为学校主体。从事专业学科的教师从无到有，一批音体美紧缺教师逐年补充到小学教育中来。

第三，课程设置的发展变化。虽然国家对课程的设置一直有明确规定，但由于乡村小学管理不规范、教师紧缺等因素的影响，课程设置由单纯地开设语文、数学学科逐渐发展为以语文、数学、英语为主科，其他学科为副科的格局。由于主副学科的潜意识划分，大多数小学对音体美、科学等学科长期重视不够。近几年，由于政府部门持续推进义务教育均衡，音体美教师的配备以及其他学科的实际开设从无到逐渐开齐，并向开足逐渐迈进。

第四，课堂教学的发展变化。乡村小学教育的本质变化应该是课堂教学的变化。学校硬件设施的改进都是为了给学校教学活动提供支持，课堂教学是学校教学活动开展的主阵地。纵观 20 年的乡村小学课堂教学，主要呈现以下发展轨迹：2000 年左右的课堂教学以教师讲授为主，以一对多的授课形式为主。大多数教师没有接受过系统的教育理论知识，教师的课堂教学主要靠同行教师传授或自己的经验。课堂教学主要采取“填鸭”式、“满堂灌”式。2004 年是课堂教学的分水岭，中英项目在临夏地区实施，倡导的“参与式”教学法彻底改变了以前的课堂教学模式，把学生变为课堂的主人，人人参与、小组交流成为课堂教学的主要形式。随着新课改的进一步实施，在“学生是主体，教师为主导”的新课改理念下，课堂教学借助多媒体设施，合作、交流、探究的新型课堂教学模式逐渐形成。

第五，学校管理变化。原先仅靠实际经验管理学校的校长，逐渐被接受过专业教育理论知识的高学历教师所代替。年轻的校长及中层学校领导普遍具有扎实的教育理论知识，懂得教育规律，接受新事物、新观念比较快，能够借助网络、多种形式的培训机会学习借鉴新的管理经验并能应用到学校管理中。学校特色逐渐彰显，学校管理章程逐渐趋于规范。

创造舞台，点燃梦想

——学生习惯养成记

鲁　义　新疆维吾尔自治区裕民县阿勒腾也木勒乡牧业寄宿制中心校党支部书记

一、背景篇

（一）我们的学校

阿勒腾也木勒乡是自治区级贫困乡，哈萨克族人口占全乡总人口的74%，其中贫困人口占全乡的86%。阿勒腾也木勒乡牧业寄宿制中心校始建于1958年，是一所九年一贯制的、包括双语幼儿园在内的“四位”一体的学校。全校占地面积49204.2平方米，校舍面积为11614平方米。现有教学班级18个（小学14个班，初中4个班）。学校先后荣获地区级“四好”学校、“德育达标”学校、“花园式”学校、地区级“文明单位”、地区级“模范职工之家”、地区级“百佳示范中队”、地区级“民族团结模范单位”。

（二）我们的教师

我校小学有专任教师48人，其中中专师范类学历1人、大专学历13人、本科学历34人，学历达标率为100%。现有初中专任教师20人，其中大专学历16人，本科学历4人，学历达标率100%。

（三）我们的学生

中小学在校生536人（初中149人，小学387人），哈萨克族学生占全校的98.9%，大部分来自农牧区。

二、爱国篇

冰心老人曾经说过：一个人只要热爱自己的祖国，有一颗爱国之心，就什么事情都能解决，什么苦楚、什么冤屈都受得了。

爱国主义是中国梦的基石，让阿乡中心校的孩子们把爱国当成一种习惯，是我

形式多样的升国旗仪式

们学校责无旁贷的责任。

我们用丰富多彩的活动让学生体验到爱国主义其实就在我们身边：每周一，伴随着全体师生庄严而深情地合唱《中华人民共和国国歌》，五星红旗冉冉升起、迎风飘扬，全体少先队员向国旗敬队礼，表达对祖国无限的热爱和崇高的敬意；“唱响国歌、唱亮团队歌”合唱比赛活动，让学生在唱国歌、队歌的过程中受到一次生动的爱国主义教育和革命传统教育，践行社会主义核心价值观，弘扬民族精神，培养学生的爱国、爱队情感；“红旗飘飘，引我成长”活动，丰富了学生的课余生活，展现了少年儿童积极向上的精神风貌，增强了民族凝聚力和自豪感，学生用他们稚嫩的声音表达了对祖国的热爱、用心诠释了“少年强则中国强”；“爱我中华　强我少年——经典国语诵读”专题朗诵比赛，更让学生明白了，祖国繁荣昌盛的明天需要每个中国人的努力，要做一个执着的追梦人，以勤奋与刻苦为翅膀，为实现自己的“中国梦”而不懈努力；“红歌嘹亮　喜迎国庆”合唱比赛，让孩子们回到了那个战火纷飞的年代，更让学生体会到今天的和平来之不易，需倍加珍惜；“向国旗敬礼，与国旗合影”活动，激发了学生的爱国情感，引导和鼓励学生抒发爱国热情，增进学生振兴中华的责任感，激励广大学生为民族复兴和祖国腾飞贡献力量。

三、诚信篇

人无信不立，诚信自古就是中华民族传统美德。

（一）诚信超市

2015 年，诚信超市与全体师生如约相见。诚信超市是由一台流动小车打造而成的校园无人售货超市，采取自觉投币方式。超市主要售卖一些学习用品，所有用品均以成本价卖出，其目的是培养学生的诚信意识。

（二）道德银行

针对学生的基本特点和成长规律，倡导学生多做好人好事，自觉养成良好的行为习惯。结合我校“诚信育人”主题教育，将银行运作方式引入学生道德品质教育，使学生养成良好的行为习惯，培养孩子的爱心、责任心，促使他们留心他人的美好言行，学会欣赏他人，最终使学生成为有爱心、讲道德、守诚信、重合作、求发展的新时代小公民。

道德银行启动仪式

教师们也积极踊跃地用实际行动表达对“道德银行”的支持，纷纷捐赠学习用具、生活用品、玩具等。全体教师用这样的方式来鼓励学生积极挣积分，人人争创“小小银行家”“小小储蓄员”“未来的银行家”称号。

全体少先队员在国旗下庄严宣誓，誓词铿锵，激情飞扬。500 多名学生集体宣誓的场面振奋人心，句句誓言在操场久久回荡……学生可以通过道德银行感悟道德，从我做起，从而践行道德规范。用爱拥抱每一天，用心感动每个人，在爱的道路两旁随时播种随时开花。

愿爱成为每个人心中的一颗种子，在善举的浇灌下茁壮成长为一片绿荫，不仅荫泽他人，更美丽自己。

四、感恩篇

你可以贫穷，你可以接受别人的馈赠，但是请不要忘记感恩，要懂得滴水之恩、涌泉相报。

我校 92% 的学生家庭都是贫困建档立卡家庭，在校学生享受着“两免一补”的国家政策，享受着自治区的免费营养餐政策，每年都有来自社会各界的好心人士捐资捐物。为了不让受捐成为理所应当，让学生学会感恩便成为他们的重要课程。开展以感恩为主题的班会，开展餐前感恩活动，全校孩子一起做手语操——《感恩的心》，为捐赠者送锦旗、写感谢信、送手工制作礼物等，潜移默化地教会了孩子们做一个懂得感恩的人。

感恩教育无处不在

五、礼貌篇

不以规矩，不成方圆。

中华民族自古就是礼仪之邦，见面打招呼是最基本的礼仪。主题班会上，教师们谆谆教导，孩子们认真聆听。“老师您好！”“同学好！”每天从清晨的第一声问候开始愉快的校园生活，在一声声“老师再见”“老师辛苦了”“同学们再见，路上注意安全”中结束一天的工作学习。

六、读书篇

改变从阅读开始。为了让孩子们更有效地开启阅读模式，我校积极申报了地区级小课题“开展农村双语阅读有效性探究”，并根据我校孩子的实际情况制定了阶段目标：第一阶段目标是“读好每一篇课文”，让孩子学会用普通话正确、流利、有感情地朗读课文；第二阶段目标是“读一本有意义的课外书”；第三阶段目标则是趁热打铁，围绕怎样开展课外阅读进行交流、讨论，互相学习，推进活动的深入开展。通过评选“阅读之星”，举办以“母爱”为主题的读书征文活动、亲子读书活动，让认不了几个字的农牧民家长们热泪盈眶。教师以自己的行动带动学生的阅读，激发了他们的阅读热情，使他们喜欢上了阅读，同时感受到了阅读的乐趣。

阅读成为学生的日常

学校根据学生的实际情况，对图书室进行科学分类，为低、中、高年级推荐应读书和可读书。学校还建立了班级图书角，为学生阅读提供源源不断的素材。班级图书角由教师每周到图书室借阅一次，使学生人手一册；好书交换站由学生自备书，学生之间开展了“好书换换看”活动，激发了学生的阅读兴趣。

“书籍是人类进步的阶梯”。养成良好的读书习惯，掌握较好的读书方法，是人生发展的源泉！让孩子养成读书的习惯、走进丰富多彩的阅读世界，极大地丰富了学生的精神世界，为学生终身发展奠定了基础，提高了学生的人生品位。课外阅读对学生而言具有无限魅力，积极阅读课外健康读物能使学生文化修养更为深厚、生活视野更加开阔，有助于促进学生个性心理的健康发展。如今，课外阅读在我校已经生了根、发了芽，取得了很大的成效。

相信给这些孩子足够的时间，他们会真正爱上阅读，迷上经典。

七、才艺篇

2014 年 10 月，我校农村少年宫正式投入使用，截至 2019 年 9 月，已经开发出 20 余门少年宫课程，包括“足球”“乒乓球”“电子琴”“美发”“民族舞蹈”“彩珠”“厨艺”“小小主持人”“素描”“简笔画”“国学”“航模”“鼓号”“棋艺”“合唱”“书法”“手风琴”等，少年宫课程的开发丰富了学校的课程结构。

硬笔书法练习

“小小美发班”自2015年成立以来，培养了一批理发小能手。现在，全校孩子的头发都是“小小理发班”的学生帮忙理的，为我们牧区的学生家庭节省了开支。

“穿珠班”的学生穿出了一件件实用、美观的作品。自开设以来，穿珠班将作品每年通过学校进行义卖，用所得收入继续购买原材料。

我校98.9%的学生是哈萨克族。喜欢足球是孩子的天性，2014年10月，我校的第一支足球队成立了，同学们在专业体育老师的带领下“夏练三伏，冬练三九”。自足球队成立以来，学校就本着高要求、高标准、高目标的“三高”原则来培养球员，通过专业的训练让孩子们了解了丰富的足球知识、掌握足球运动的基本技能。

2015年6月，在“裕民县2015年度青少年足球联赛暨校园足球活动”中，足球队荣获女子组第一名、男子组第二名；2015年7月，荣获塔城地区女子组二等奖；2015年7月，在北疆片区决赛中获女子组第四名的成绩；2015年8月，在全疆总决赛中荣获女子组第八名的成绩。以此为契机，我校于2016年4月成功申报了足球特色学校。2017年，我校足球队连续参加了县级、地区级比赛，学生们得到了锻炼并取得了满意的成绩。2019年假期，我校吾然同学通过层层选拔后被北京体育大学中国足球学院选入，现已经正式成为U12梯队队员。少年宫课程的实施，丰富了学生的知识，增加了学生的学习兴趣，进一步提高了学生的综合素质，同时也调动了教师们的积极性。

贫穷不可怕，可怕的是你甘于贫穷、没有梦想！我校竭尽全力创造属于孩子们的舞台，给每个孩子插上一双翅膀，努力办好家门口的学校，不让孩子因为贫穷而失去梦想！心有多大，舞台就有多大！加油，孩子们！

新变革提升新素养

——教学实践见成效

我们在研学经历中成长

——抚松县仙人桥镇中心校研学实践活动纪实

李广杰　吉林省白山市抚松县仙人桥镇中心校校长
赵志勇　吉林省白山市抚松县仙人桥镇中心校校报主编

坐落在长白山脚下、汤河岸边的抚松县仙人桥镇中心校是一所典型的农村寄宿制学校。这里是多民族居住地，也是古朝贡道的必经之路，还是抗联经常活动的地区，镇内有抗联战斗遗址 11 处。红色文化、人参文化、木把文化、民俗文化，形成了得天独厚的社会教育资源。学校植根乡土教育，以学生的人格养成为目标，确定了以“为农村孩子将来的幸福生活做准备”的教育目标。广纳社会教育资源，推行经历教育的研究，重视研学活动，营造出“三维立体教育场”。开启农村小学综合素质社会实践的新篇章。

2017 年秋，仙人桥镇中心校获批吉林省首批农村少年宫。从此，学校在少年宫开启了综合研学活动，取得了令人满意的效果。

学校在少年宫工作中，以“走出去”和开发校内研学基地为抓手，让孩子在各种经历中成长。学校的校外活动基地在黄家崴子村，主要是抗联纪念馆和村里的农田，校内活动基地为三年时间里先后开发的 15 个社团和 5 个工作室。其中泥塑坊组建于 2017 年秋，传承民间文化，培养孩子细腻的心思。卵石画社团成立于 2018 年春，在发展学生兴趣爱好的同时培养学生的良好情绪。独特的“画”与“说”相结合的教学，促进了学生写作能力的提高。泥塑和卵石画在 2018 年被抚松电视台拍成专题片，在抚松电视台播放。钉线画和木艺社团都是 2019 年春天开设的，女同学喜欢钉线画，男孩子喜欢木艺，两个社团能培养学生的动手能力，发挥学生的想象力，是学生重要的劳动实践基地。泥塑、卵石画、钉线画的作品被白山市选中在吉林省乡村少年宫工作推进会上展出。同时，学校校长也在会上介绍了经验。

“成长经历博物馆”始建于 2017 年春，收集了 400 余件反映过去当地生产生活的老物件，是学生了解地域历史、接受自力更生艰苦奋斗教育的课堂。乐器社团建于 2018 年，培养学生特长，为将来的幸福生活奠基。舞龙舞狮社团组建于 2018 年春，有 36 名学生参加，学生通过活动能增强体质、培养大局意识。2019 年末，舞龙舞狮社团代表仙人桥镇在“中国·抚松冰雪节”开幕式上演出，受到欢迎。航模和机器人社团也多次参加全国性航模和机器人大赛，为学校争得了荣誉。快板社团由起初的一个班级扩大到全校学生全员参加的大型综艺活动。

卵石画课堂

泥塑课堂

参观“成长经历博物馆”

舞龙舞狮社团演出

2020 年春，学校参加《北方法制报》主办的最美童星“云端”SHOW——线上人气节目票选，朱珈莹取得乐器类第一名、获一等奖，董博文获三等奖。参加全国科技馆科技联合抗疫——科学实验挑战赛活动，有 7 个科学实验视频作品获奖。

学校的研学活动项目齐全，有力地推动了“德智体美劳”五育发展，提升了学校的整体教育能力。2019 年 8 月 15 日，国务院参事柯锦华一行到学校调研，高度赞扬了学校的研学基地建设。同年 9 月 4 日，吉林省宣传部未成年人思想道德工作处的刘绍军同志等到学校，对学校少年宫基地建设给予了肯定。2020 年，学校被认定为白山市普通高中学生综合素质社会实践基地。在打造抚松全域旅游活动中，仙人桥镇中心校设计的 7 个地域研学旅游方案得到抚松县各级政府的认可。学校的研学资源受到社会的广泛关注，许多学校代表来校参观。2019 年末，北京师范大学长春附属小学的学生和家长到学校研学，丰富的实践活动让孩子们流连忘返，表示有机会还要到学校开展活动。

多姿多彩的校园生活

良好的社会反响，让仙人桥镇中心校找到了一条振兴农村小学教育研学发展的途径。我们在办学资金不足的情况下，不等不靠，自力更生。2020 年春，一面抓疫情防控、上好网课，一面进行研学基地建设——完成了幼儿园的文化建设，新建了一个 58.8 平方米的体育器材仓库，改造了 100 多平方米的博物馆，改建了一个大型会议室，建起了烙画工作室。这些工程项目均由教师自己设计、自己施工，累计节约资金 12 万元。此外，学校还和仙人桥镇政府拟定了联合开发黑松谷综合社会实践基地项目。目前，教育研学加盟当地旅游的模式，正在积极运作中。

情感教育点亮孩子心灵，关爱留守儿童心理健康

——浅谈农村留守儿童心理健康教育

钱冬冬　云南省红河哈尼族彝族自治州泸西县旧城镇大白乐小学原校长

留守儿童问题绝非简单的教育问题，现在已经发展成了重要的社会问题。如何将这一问题解决好，将直接关系到我国以后的人才发展，与国家可持续发展也息息相关。我们应该站在农村发展的视角上，以改善农村经济发展为着眼点，切实解决好农村留守儿童教育的相关问题，创建“留守儿童之家”，由家庭、学校与社会各方面齐抓共管，一同协调解决。为此，关爱留守儿童、做好留守儿童的心理健康教育工作，是促进儿童健康成长的需要，也是推进素质教育的必然要求。

一、当前农村留守儿童问题分析

（一）缺乏家庭教育，儿童心态堪忧

留守儿童的父母长期在外打工，他们缺乏亲子之间的联系和沟通，无论是对家长还是对孩子，都会造成严重的心理创伤。留守儿童非常想念在外务工的父母，担心父母在外的健康，从深层次来看反映了他们内心的压力。

（二）不听家人劝导，行为习惯较差

很多留守儿童缺乏自控能力。他们在生活中养成了很多不良的生活习惯，如爱挑食、不注意个人卫生。一些孩子在家中听不进家人的劝导，在与人相处时不懂礼貌，在学校不服从学校的规章制度和教师的管理，甚至出现违反校规校纪、打架、骂人等现象，严重扰乱了学校的正常教学和管理秩序。

（三）隔代亲人管理，监护管理不强

有数据显示，多数留守儿童的监护人是他们的爷爷奶奶或姥姥姥爷，这些老人受过的教育比较少、文化水平不高，因此在生活中不注意了解孩子的需求，根本没

有能力为孩子提供家庭辅导。由于现在的教学模式进一步更新，教师很难和这些老人实现有效的交流和沟通，严重影响了留守儿童的教育。

二、加强农村留守儿童心理健康教育的对策建议

（一）深入了解留守儿童的个性和心理特征，因材施教

农村留守儿童出现诸多心理问题主要是由于缺乏与父母沟通交流的机会，大部分留守儿童存在严重的“亲情饥渴”。当他们遭遇挫折时，不与监护人交流，在心理、性格上很容易走极端，所以班主任只有深入了解每个留守儿童的性格和心理特征，才能有的放矢、因人而异地进行必要的思想教育。

班主任应特别注意保持与留守儿童监护人的联系和沟通，加大家访力度，向监护人了解孩子在家的生活状况、思想动态，汇报孩子在校的学习态度、行为表现等方面情况；发现问题，及时与孩子沟通并对其进行疏导，减轻他们的压力，消除他们的思想包袱，使其全身心地投入学习。对于性格孤僻、任性、不愿与人交流的孩子，因为他们长期缺乏亲情的关爱，班主任必须以爱为基础，用爱感化他们，使他们感受到教师的慈爱和温暖，从而消除师生隔阂与对立的情绪，使师生的情感逐渐融合，建立情感联系，培养他们对教师的亲近感。

（二）完善家庭教育，充分发挥父母和监护人的教育职能

农村留守儿童诸多心理问题主要是父母不在身边、家庭温暖缺失造成的。因此，要重视发挥家长在农村留守儿童健康心理成长中的作用。发挥父母的教育职能，要求父母与孩子经常保持联系，除了生活、身体、学习方面外，还要注重与子女的情感交流和心理沟通，也可通过讲述打工的经历，使孩子理解尊重父母，形成正确的生活观。此外，监护人要树立角色意识，真正担负起教养孩子的责任和义务。对留守儿童既不放任自流，也不娇宠溺爱，做到严与爱的结合；要定期同留守儿童进行思想交流，了解其需求及心理状况，并及时与其父母联系，以共同采取措施促进其健康成长。

（三）营造关爱留守儿童的良好氛围，使其感受班集体的温暖

班主任要充分利用班会课，倡导大家在生活上、学习上多给留守儿童一些热情的帮助，以解决其成长中的烦恼。做到教师就是留守儿童的心理辅导员，负责孩子思想、情感辅导。还可以用“结对”的方法，组织一部分先进学生在生活上、学习上帮助他们，让他们感受到集体的温暖，从而逐渐产生对班级集体的感情，与班级融为一体。

三、以学校为载体，家校合作，共同关注留守儿童心理健康

（一）创设“留守儿童爱心之家”，帮助留守儿童成长

学校建立“留守儿童爱心之家”，有专用的、宽敞安全的活动场地，由兼职教师负责，室内布置体现温馨、人性化，有文化品位。设立留守儿童档案资料柜，分班级存放留守儿童档案袋，有与留守儿童的谈心记录，有留守儿童的心语记录，有乒乓球、羽毛球、象棋、扑克、益智游戏等活动器材，有一部“亲情电话”、一台计算机，有可供阅读的图书和桌子等；管理实行“八个一”，即一份倡议书、一份成长档案、每学期一封亲情书信、做一次家访、一张爱心联系卡、一个心理咨询台、一部亲情电话、一套规章制度，让孩子充分感受到“留守儿童爱心之家”的亲情和温馨。

留守儿童爱心之家

1. 用足用好“亲情电话”

充分发挥“亲情电话”的作用，公开电话号码，为留守儿童在课间、休息、课外活动、节日等与家长联系、沟通提供方便，增进留守儿童与家长的感情。“亲情电话”要组织学生做好联系记录。

亲情电话

2. 写好一封亲情信

让留守儿童利用传统节日、长辈生日、假日等特殊日子给远方的家长写一封亲情书信（学校免费提供信封和信纸），或致以祝福，或汇报学业，或诉说家事，或

报告喜讯。写一封亲情信，既培养了学生的表达能力，又对学生进行了感恩教育。

3. 制作一份爱心礼物

每学期让留守儿童自己制作一份爱心礼物送给父母或长辈、教师、朋友，加强他们之间的交流，增进他们之间的感情。

学生制作的“中秋快乐”卡

4. 开展丰富多彩的活动

“留守儿童爱心之家”成立后，在保证孩子们平时正常学习之余，学校每周三下午安排留守儿童在这里活动。活动项目丰富多彩，孩子们可以在儿童之家里挑选自己喜欢的电视节目、书籍或体育器材、玩具来充实课余生活。除此之外，留守儿童管理员王老师还会组织孩子们开展拔河比赛，跳绳比赛，书画、手抄报比赛等，通过活动让孩子们感受到家的温暖。表现突出的学生，不仅会获得学校的奖励，王老师还会精心挑选孩子们的优秀作品进行展示，使他们生活在欢乐、和睦的氛围中，找到回家的感觉，增强学习、生活的信心，体会到学习的快乐、成长的快乐。

丰富多彩的活动

（二）设立“留守儿童心愿树”，为留守儿童插上梦想的翅膀

走进“留守儿童爱心之家”，你会被美丽多彩的“心愿树”所吸引，这面墙上留下了许多留守儿童美好的愿望：有的同学在心愿卡上写出了自己想对父母说的话；有的学生在“心愿卡”上写了最大的心愿就是考取理想的中学……留守的孩子有了自己的心愿，就会努力让自己的心愿变成现实，在学校里就会努力做好人、乐

心愿树

于做好事，争取机会参与活动，课堂上他会与小组成员精诚合作，积极展示个人风采。心愿树会让更多的留守儿童懂得，有梦想就有奋斗的动力，有梦想才能不断地成功。

（三）推行“三个一”计划，广泛开展留守儿童关爱活动

1. 摸准信息，建立档案和联系卡

学校组织班主任对留守儿童情况进行摸底调查，建立留守儿童档案和联系卡。内容包括：留守儿童的姓名、性别、年龄，性格特点、兴趣爱好；病史状况；父母的务工地点和联系方式；临时监护人的姓名、地址、联系方式等。

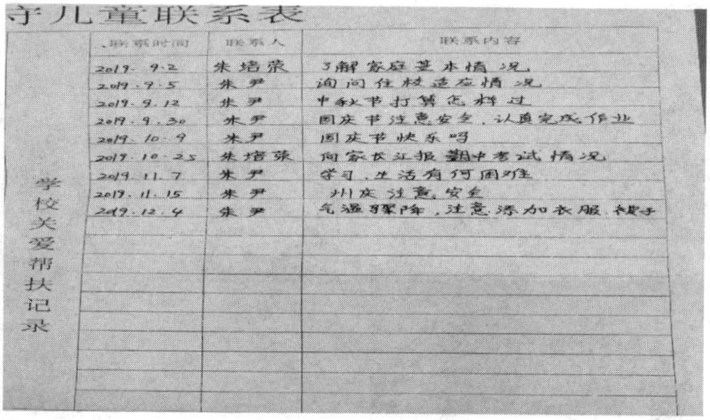

守儿童联系表

学校关爱帮扶记录

联系时间	联系人	联系内容
2019.9.2	朱培荣	了解家庭基本情况
2019.9.5	朱尹	询问住校适应情况
2019.9.12	朱尹	中秋节打算怎样过
2019.9.30	朱尹	国庆节注意安全，认真完成作业
2019.10.9	朱尹	国庆节快乐吗
2019.10.25	朱培荣	向家长汇报期中考试情况
2019.11.7	朱尹	学习、生活有何困难
2019.11.15	朱尹	州庆注意安全
2019.12.4	朱尹	气温骤降，注意添加衣服、被子

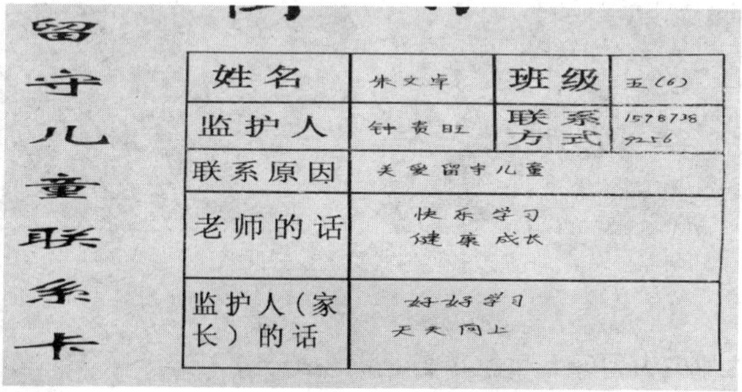

留守儿童联系卡

姓名	朱文卓	班级	五(6)
监护人	钟贵旺	联系方式	1578738 9256
联系原因	关爱留守儿童		
老师的话	快乐学习 健康成长		
监护人（家长）的话	好好学习 天天向上		

联系卡

2. 建立留守儿童监护人的教育指导机制

有计划、有步骤地对班主任或临时监护人开展心理健康知识、家庭教育知识培训，宣传普及家教知识。在留守儿童家长中广泛开展“争做合格家长、培养合格人才”的家庭教育实践活动，组织召开留守儿童家长会，引导留守儿童家长树立正确的教育观，掌握科学的家教知识，切实承担起教养孩子的责任和义务，优化养育和监护行为。

3. 开展关爱留守儿童的志愿帮扶活动

广泛发动学校力量，组织教师担当“爱心家长”，积极开展针对留守儿童的各种志愿帮扶活动。邀请退休教师担任校外义务辅导员，积极开展对留守儿童进行思想道德品质培养和成长教育的“大手牵小手”活动；加强与教师、监护人的联系，保持与留守儿童对话、沟通，随时掌握留守儿童的思想动态。积极为留守儿童提供心理疏导、作业辅导、生活帮助等服务，弥补其家庭教育的缺失，做留守儿童生活的知情人、学习的引路人和成长的保护人，使每名远离父母的留守儿童都能“心有人爱、身有人护、难有人帮”。

通过多种形式关爱留守儿童

4. 倡导全校师生为留守儿童献出自己的爱心

为贫困留守儿童搞一次募捐活动，对家庭特别困难的留守儿童要提供生活补助，让他们感受到家的温暖，顺利完成九年义务教育。

5. 开展结对互助活动

师生之间开展以“手拉手，同成长”为主要形式的结对互助活动（同伴结对、师生结对）。

6. 开展人文关爱活动

通过教师和集体的温暖消除亲情缺失对留守儿童人格发展的消极影响。通过定期举行主题班会，开展团队活动，举办书画展、演讲比赛、文艺演出等各种活动，组织留守儿童积极参与，使他们生活在欢乐、和睦的氛围中，找到回家的感觉，增强学习、生活的信心，体会到学习的快乐、成长的快乐。

（四）建立健全教师与留守儿童的谈心制度

1. 学校要定期召开帮扶教师座谈会

要求班主任每月与留守儿童谈心一次，详细填好记录卡，对少数学习严重滑坡、人格发展不健全、道德发展失范、涉嫌违法的留守儿童要制订个别教育管理方案，着重进行矫治和帮助，做到有的放矢，因材施教。

2. 实行代理家长制，满足留守儿童的心理需要

每位教师代理一位留守儿童的家长，定期与学生交谈，了解其生活和心理上的需要，给学生以家庭般的温暖，从而使其安心学习。

3. 打开留守儿童心灵之窗

每月上一节留守儿童心理健康教育课，在留守儿童爱心之家开设心理咨询活动，让学生说说自己的心里话，在“留守儿童爱心之家”门口设立“悄悄话”信箱，每周五打开信箱，阅后给予回复。

4. 关注留守儿童的生活和学习

学校的每位行政领导需帮扶两位留守儿童，做到随时与孩子沟通交流，关注孩子的思想、学习、生活等各方面的情况。帮扶领导必须按照“三知、三多、三沟通”的家长职责和“三个二”的具体要求，主动履行家长义务，正确引导孩子成长。

“三知”，即知道留守儿童的个人情况、家庭情况、学习情况。

“三多”，即多与留守儿童谈心沟通、多参加学校学生集体活动、多到其家中走访。

关爱留守儿童行动无处不在

“三沟通”，即定期与留守儿童父母、监护人、任课教师联系沟通。

“三个二”，即每月与留守儿童联系交流两次，每两个月与留守儿童父母、任课教师、监护人联系两次，每学期到留守儿童家中走访两次。

（五）真情关爱，“三个优先”

1. 学习上优先辅导

学校要从学习方面对留守儿童逐一进行分类、分组，落实到每位任课教师。由任课教师具体分析学生的学业情况，制订学习帮扶计划，明确帮扶时间、内容和阶段性效果。每个留守儿童由老师牵头确立一名学习帮手，教师要对结对帮扶效果进行定期检查，建立进步档案。

2. 生活上优先照顾

学校对留守儿童要多看一眼、多问一声、多帮一把，使学生开心、家长放心。食堂要注意营养搭配均衡，有益身体发育。留守儿童患病时，要及时诊治、悉心照料。要培养寄宿学生的生活自理能力，养成文明健康的生活习惯。

3. 活动上优先安排

学校高度重视并认真组织留守儿童参加集体活动或根据特点单独开展一些活动，既愉悦其身心，又培养其独立生活能力。2016 年中秋佳节来临之际，县妇联为我校的留守儿童捐赠了近 5000 元的物品，包括文体用具、学习用具；给每个留守儿童带来了中秋月饼；给 15 个贫困留守儿童捐赠了书包等学习用品。此次活动不仅让孩子们感受到各级领导的关心，而且让孩子们懂得了感恩社会、感恩各级领导、感恩身边的每个人。

县妇联代表与留守儿童一起过中秋

（六）不断总结，促进“关爱”工作深入高效开展

学校要不断对工作情况进行总结，积累经验，以利于今后更深入、更高效地开

展“关爱”工作。

首先，全体教职工要充分认识这项活动的重要性、紧迫性和现实意义，要从办人民满意教育、提高全民素质、构建和谐社会、维护社会稳定的大局和高度出发，扎实抓好关爱留守儿童工作。

其次，各年级要制订相应的活动计划，确保活动有序进行。

再次，广大教职工要积极配合，创造性地开展工作，确保活动收到实效，不走过场，不流于形式，让我校所有留守儿童都得到温馨的关爱，和其他孩子一样健康成长。

最后，定期表彰自强自立的留守儿童，进行榜样教育。

获奖留守儿童合影

十年树木，百年树人。留守儿童的身心健康教育及其培养问题，是一个牵涉家庭、学校、社会的系统工程，仅依靠任何一方的努力都是不够的。所以我们要集中各种力量，形成合力，一起重视和参与留守儿童的教育，促进留守儿童身心的健康发展，净化他们的心灵，让他们都成为祖国最美丽、最灿烂的花朵。

总之，对农村留守儿童的心理健康问题，我们应当给予更多的关注，家庭、学校和社会都应当重视农村留守儿童的心理健康问题，为农村留守儿童的健康成长铺垫一条光明之路。

红色校园文化对留守儿童心理品质建设的价值及路径探索

高怀阳　四川省通江县第六小学校长

一、留守儿童心理发展现状

农村留守儿童是指父母双方或一方流动到其他地区，孩子留在户籍所在地，并因此不能和父母双方共同生活在一起，尚处于接受义务教育阶段的儿童。全国14岁以下的留守儿童已达到2290.45万人。据相关研究发现，留守儿童在自尊、心理控制、情绪控制、心理支援、生活信心、社会适应等心理发展上都明显落后于非留守儿童。据基层妇联的调查，留守儿童在遇到挫折时有4.7％的孩子觉得生活没有意思，有0.5％的人产生过自杀念头。

留守儿童在日常学习生活中表现出的焦虑、抑郁、自信心下降等现象，以及近年来全国各地多起留守儿童安全事故的发生，引起了社会各界对留守儿童心理健康的广泛关注。虽然政府、高校、慈善团体等机构都积极地加入了关爱留守儿童之列，各中小学也对留守儿童开展了不同层次的心理健康教育，但效果并不明显。常见的关爱留守儿童的方式多停留在心理座谈和物质帮扶方面，但爱心资源的有限性和间断性的心理抚慰并不能有效地帮助留守儿童摆脱消极心理，部分留守儿童还因人们的过分关注和区别对待，不自觉地给自己贴上了“问题儿童”的标签，诱发了更深层次的消极心理暗示和痛苦心理联想。

二、红色校园文化对留守儿童心理品质建设的价值

红色校园文化唤醒了留守儿童的积极心理品质。埃里克森关于个体人格发展的理论认为，个体的自我意识发展持续一生，并将自我意识的形成和发展过程划分为八个阶段，这八个阶段的顺序是由遗传决定的，但是每个阶段能否顺利度过却是由环境决定的。留守儿童因父母双方或一方外出务工，家庭结构断裂、家庭功能紊乱、亲子关系淡化，一系列的环境变化和家庭教育的缺失使得留守儿童在人格发展的进程中获得了消极心理品质，积极心理被压抑、潜藏。学校是留守儿童除家庭环

境外最重要的成长环境，学校教育对留守儿童的心理成长有着不可替代的作用。

红色校园的核心是红色精神，其真理来源于烽火狼烟、来源于壮士热血。井冈山精神、长征精神、延安精神、雷锋精神等都是红色文化的精髓，其中洋溢着的凛然正气和昂扬激情，蕴含着无数共产党人勇于奉献、敢于牺牲、百折不挠的崇高品质。这些充满着理想、信念和美好品质的精神力量对于唤醒留守儿童被压抑的心理潜能有着非常积极的作用。要通过建设红色环境和开展校园红色实践，让留守儿童在一系列的红色行动中建构积极品质，获得持久的心理正能量，利用自身向上的成长能力预防和战胜消极心理，成为自我心理健康的维护者、调适者和促进者。

三、红色校园文化唤醒留守儿童积极心理品质的路径

（一）建设红色中队

心理学认为，良好的群体组织对儿童积极个性的形成具有重要作用。少先队中队是留守儿童在校园内享受组织生活的主要阵地。红色校园文化可以红色中队建设为载体，通过选择本土红色名人的姓名为中队命名、开展相关的红色中队行动等方式，让留守儿童在少先队这个互动群体中，学习和践行红色名人的精神品质，并通过和其他队员在活动交往过程中的相互支持、共同努力，增进留守儿童自身的积极情绪体验，获得自尊感、信任感，逐渐形成友善、真诚、责任心等积极心理品质。巴中曾是全国第二大苏区，红色资源丰富，巴中市的少先队员可以选择李先念、何正文、傅崇碧、吴瑞林、吴士宏、陈彬等红色名人的姓名为中队命名。

（二）建设红色环境

红色环境是红色校园文化建设的基本要素之一，其目的是为优化全体师生的群体心理环境提供物质基础。有研究表明：环境对人心理品质的形成具有重要影响作用。打造校园红色环境可以从红色景观、红色人文、红色音韵等方面入手，遵循与时俱进和以“生”为本的原则，充分结合本地本校红色历史，积极建设校园广播，开发“红色英雄记心中”“红色歌曲大家唱”等节目，让留守儿童在浓郁的红色环境氛围中感受革命先烈们身处艰难岁月却能和困难、敌人作斗争的顽强意志以及不胜不休的战斗决心，帮助留守儿童在学习生活中增加信念、希望，逐渐形成乐观、坚强等积极心理品质。通江的先念小学、列宁小学、正文小学、沙溪小学都充分利用了当年红军的战斗足迹和英雄故事，打造了具有浓郁红色文化的校园环境。

（三）开展红色实践

积极心理学认为，个体的消极心理是因为缺乏积极情感，而积极情感可以借助某些行为或活动来主动诱发。开展红色实践是建设红色校园文化的有效途径，留守

儿童可以在一系列的红色行动中逐渐建构起积极的心理品质，实现“自己干预自己”的良好状态。

1.“学雷锋”活动

每年3月，组织各红色中队广泛开展“我为红军爷爷做件事”“小小红色讲解员”“打扫军史陈列馆”“保护诺水河”等“学雷锋”活动。

2.“红手拉小手”活动

此活动旨在利用“榜样在身边”的力量，激励留守儿童适应没有父母陪伴的成长环境。中队委可以在辅导员的帮助指导下，联系本地的老红军，利用少先队活动时间，带领留守儿童看望老红军、聆听红军故事。通过红军爷爷的人生经历，教导留守儿童理解父母、勤奋学习。

3.“清明祭先烈”活动

每年清明节，学校号召家长带领孩子参观军史陈列馆，参观王坪烈士陵园，凭吊先烈。学校利用清明节，分中队组织学生到王坪烈士陵园开展研学旅行。弘扬红军精神，传承红色基因。

4.“草鞋节”活动

“红军草鞋”作为一个历史符号，承载着万千红军战士艰苦跋涉、浴血奋战的革命记忆。学校少先队通过开展“草鞋节”红色行动，组织留守儿童利用农村原材料制作草鞋艺术品，在实践中领会红军精神，培养创造力。

5.“突破封锁线”活动

此活动是一个经典的军营游戏，其目的是通过战胜实际困难获得人生的积极情感体验。体育课、大课间或者少先队活动时，组织留守儿童完成“突破封锁线”游戏，可以帮助留守儿童获得成功、自尊、自信等积极心理。

6.“小长征”活动

此活动旨在通过适度挫折教育，增加留守儿童应对逆境的心理弹性，磨砺其意志，培养其勇敢和顽强的心理品质。在巴中地区，部分学校可以利用与军史陈列馆、王坪烈士陵园、红色小镇毛浴等地的适度距离，组织留守儿童开展“远足”活动，体验长征精神，在战胜疲劳、饥渴和心理惰性的过程中，获得不畏艰难、勇往直前的优良品质。

（四）依托红色载体

红色载体是红色校园文化建设中承载红色精神的物质媒介。常见的校园文化载体有校训、校赋、校歌，校旗、校徽、校服，以及校刊、校网、校广播和校本教材等。心理学认为，承载着一种主观文化的客观文化对个体心理具有导向作用。比如，一首普通校歌和一首“红色”校歌，一件普通校服和一件“红军”校服，毋庸置疑，“红色”校歌和“红军”校服对留守儿童的心理干预更强。因此，学校在建设红色校园的过程中，可以把蕴含着理想、信念、拼搏、乐观等红色精神的积极品质融入校训和校赋的内容之中。创办以《星火》《红土新芽》等为名称的红色校刊，并在校刊中开辟留守专区，让留守儿童的心声可以自由流淌，增加积极体验，收获积极品质。

留守儿童问题的根源是我国城乡二元经济体制，要从根本上化解，还得依赖政府逐步消除二元经济结构，进一步加大力度推进户籍改革、教育改革、社会保障体制改革等，但这都不是一朝一夕的事。与传统心理学关注留守儿童心理缺陷和心理问题不同，积极心理学的目标是促使人们把关注的焦点从修复生活中最坏的东西转移到建立正面的、积极的品质，认为只有人本身的积极品质才是干预心理问题的最好工具，提倡“让学生自己预防自己”。留守儿童虽然是社会的弱势群体，但他们同时也是一个拥有自我成长能力的群体，通过对其自身积极心理品质的培养和社会支持的健全与完善，帮助他们在逆境中磨炼意志、增强能力，使其虽身处留守之地，却依然能自强不息、奋发向上。

让校本课程为孩子们的生命抹上亮丽底色

陈海昌　四川省通江县实验小学副校长

校本课程要坚持立足当下、基于本土、结合校情，坚持以学生为主体，为学生终身发展奠基，为孩子的生命成长抹上亮丽的底色。

一、以“乡土”为支点，设计校本课程

通江，素有“一府三乡”的美誉（川陕苏区首府，中国红军之乡、中国银耳之乡、中国溶洞之乡）。这里有全国最大的红军烈士陵园，有著名的红军石刻标语——“平分土地”“赤化全川”，被称为“革命露天博物馆”。这里有诺水河世界地质公园、空山国家森林公园，诺水洞天旅游度假区。

中国石刻标语之王：平分土地

红色文化：赤化全川

自然风光：天鹅戏水

我们生在这里，长在这里，“一府三乡”成为我们的文化背景，也是学校的课程基因。了解家乡的文化，吸收乡土文化的营养，提高学生的人文素养，增强学生的环境意识，是教育工作者应有的使命和担当。

（一）“乡土资源”为课程建设筑台

丰富的乡土课程资源，需要我们去开发、筛选、整合，加强将乡土资源融入课程。学校尝试让乡土文化融入小学美术教学的探索，思考智慧教育背景下小学科学本土课程资源开发的实践，让课程资源生活化、本土化成为全体教师的共识、实验小学（以下简称实小）课堂的共性。

（二）“馆校结合”为课程建设补台

县域内有川陕革命根据地军史陈列馆、科技馆、银耳博物馆、红军烈士陵园，利用这些资源，加强馆校共建工作，成为校本课程实施的基地，拓宽校本课程的内容。

（三）“家长讲堂”为课程建设站台

为了进一步拓展学校课程资源、创新校本课程的形式、发挥家长的育人作用、构建“家校共育”网络，学校开展了“家长讲堂”活动。家长们走上讲台，从“百行百业类”“兴趣特长类”“实践技能类”“成长故事类”等不同层面与学生交流。

二、以“四节”为阵地，实践校本课程

校本课程在哪里？在富有学校文化个性的活动中。学校坚持课程实践的“四节”活动，即教学节、读书节、艺术节、体育节。

（一）“教学节”，为成长奠基

学校每学期开展一次“教学节”。做大分母，抓整体授课水平和基本技能培训；做大分子，抓教学竞赛活动和特色技能凸显。成立“课堂教学视导小组”，建立“把在源头、抓在过程”的质量监控体系，加强对教学过程的监控，及时了解教与学的实际情况，解决教学中出现的问题。

（二）“读书节”，为成长助力

春诵夏弦，书声朗朗。置身实小，浓厚的阅读氛围带动大家一起读书，一起学习。学校开展“走进国学经典”“阅读让生命更精彩”“品着书声的意韵”“在春天约你一起读诗”“每周一诗一文”等“读书节”诵读活动。学校长期组织“汉字听写大赛”“习作大赛”“校园新主播”主持人大赛等活动；坚持举办“阅读手抄报”“图书推荐海报”“创意书签”等创新实践性活动。

（三）“艺术节”，为成长添彩

唱响“春之声”、奏响“乐之声”、舞动“韵之律”，极大地提高了学生的艺术审美能力。学校关注以艺术教育为载体培养小学生积极心理品质的实践，培养其审美能力，提升其艺术素养，使其形成健康人格。

（四）“体育节”，为成长护航

坚持体育特长生集训活动，坚持开展好每学期的运动会，举办好校园足球联赛、少儿体操比赛，促进学生的身心健康。

三、以“三声”为主轴，建设校本课程

近年来，我校一直致力于构建“三声”校本课程体系，即“书声朗朗”的经典文学类课程、“歌声朗朗”的艺术审美类课程、“笑声朗朗”的社会实践类课程。

书声朗朗：师生同诵经典

歌声朗朗：美术社团和蜀绣社团活动

笑声朗朗：爸爸妈妈为我系上红领巾

（一）"三声"课程基于发展学生核心素养的育人目标

"三声"课程的初心是让学生全面发展、持续发展，旨在落实立德树人根本任务，发展学生核心素养，为学生终身发展抹上亮丽的底色。

（二）"三声"课程基于学校课程建设的实践而生成

学校一直致力于国家、地方、学校三级课程体系的建设，经过多年的实践探索，选择了以"三声教育"作为国家课程、地方课程校本化的切入点。

1. 通过顶层设计来统筹"三声"校本课程建设

形成上下联动、全员参与的课程建设组织架构。学校课程建设领导小组负责校本课程的顶层设计，课程建设执行小组负责课程开发的实践工作，课程建设研究小组负责校本课程建设的研究与指导工作。

2. 通过三个序列来实施"三声"校本课程建设

基于学校深厚的阅读文化积淀，构建"书声朗朗"的课程；基于学校传统的艺术教育优势，构建"歌声朗朗"的课程；基于学校丰富的实践活动经验，构建"笑声朗朗"的课程。

3. 通过整合力量来完善"三声"校本课程建设

通过近几年的实践，"三声"已深深植根于师生心田，成为实小人共同的价值追求。"三声"办学理念也得到了广大家长的支持，家长们积极参与到学校课程建设中来。我们通过整合学生、教师、家长及社会的力量，不断丰富、完善"三声"校本课程体系。

学生是校本课程教育的主体。学生是学校课程实施的终端，课程的设计、开发、实施都要基于学生，学生让校本课程具有生命活力，为校本课程建设提供更多可能。

教师是校本课程建设的主体。教师是学校课程实施的桥梁，课程的丰富、实践、整合都要依靠教师，教师在实施过程中对校本课程进行再完善、再创造，使校本课程更具有科学性、适切性。

家长是校本课程支持的主体。家长是学校课程实施的同盟，课程的形式、内容、范围理应尊重家长，家长对校本课程的参与、体验、反馈，让校本课程逐渐规范、成熟。

社会是校本课程评价的主体。社会是学校课程生长的土壤，课程的生成、实施、发展都要考虑社会，社会对校本课程的需求、批评、建议，引导校本课程建设更加健康、可持续发展。

（三）“三声”课程是基于学校课程发展的智慧结晶

1. 进行课程开发

整合教师、学生、家长及各行业专业力量，成立以学科组、年级组为单位的课程开发小组，参与校本课程的开发与建设。

2. 组织课程编写

确定课程目标体系，梳理课程活动体系，编写课程内容体系，反复推敲，精益求精。学校已经以“三声”为序列，形成了一些校本课程读本。

3. 实施课程教学

引导教师把校本课程融入各个教学环节，让校本课程成为教学资源的一部分，倡导主动用、鼓励大胆用、指导适时用。引导学生把校本课程融入日常学习活动中，让样本课程成为学习资源的一部分。

4. 创新课程评价

学校组织实践活动、展示活动、督导活动，对教师的教学、学生的学习进行多维度评价。对校本课程开发、建设成果进行评价，对校本课程使用、完善过程进行评价，对校本课程呈现、展示作品进行评价。

近年来，义务教育均衡发展的全面实现为县域内适龄少年儿童就学提供了更多的选择。即便如此，还是有很多家长首选实验小学，因为“三声”教育不仅关注学科知识的传授，更关注孩子的人格健全、身心健康、艺术熏陶、能力提升，尽可能地满足孩子们的个性发展和全面发展。

庆祝新中国成立 70 周年作者留影

百年实小，初心不变。我们将继续描绘“书声朗朗、歌声朗朗、笑声朗朗”的美好教育画卷，让孩子们在传统文化中浸润、在实践活动中磨炼、在艺术教育中升华，为每个生命成长抹上亮丽的底色。

以信息化手段和情境教学提升课堂教学效果

杨　森　甘肃省定西市安定区李家堡中心小学校长

尽管新课标要求教师构建以活动为中心、以任务型教学为途径的教学模式，然而当前农村课堂教学中还存在很大的问题，值得我们交流和探索。

一、农村课堂教学现状分析

（一）学生人数少，课堂互动更少

目前农村学校出现的问题就是课堂教学人数少，学生之间、师生之间不能进行很好的互动，很多互动性的活动也不能在课堂教学中完成，严重影响了教学的有效性和学生的积极性。学生在学习的过程中感受不到学习的快乐，体验不到课堂中应有的幸福感，使得他们慢慢对学习产生了倦怠情绪，甚至是厌恶情绪。

（二）教学方法单一，现代教育技术应用欠缺

农村课堂上通常采取教师讲、学生听的讲授方法，教师灌输多，师生讨论交流少，同时，利用教材、黑板上的图形、文字以及挂图等教具，形成静态的教学方法，多媒体等现代化教学手段运用较少，不能产生有利的教学情境，使得教学过程缺乏生动活泼的特点，无法引起学生的兴趣和注意力，也不能提高他们的观察和想象力。这种教学手段比较单一，因而教学效率不能大幅提高。另外，对教学效果的评估也比较单一，纸质化的考试几乎是唯一的评估形式。

二、信息化教学在农村课堂中的应用

教育资源共享和协作是信息化教学的重要特征。随着信息化教学的不断深入、学校软硬件条件不断改善，我们从 2019 年开始花费时间收集、整理和制作教育资源，实现了教育资源的共享共建和协作。我们看到了农村课堂教学的局限性，借助了畅言教学通和 2019 年我们李家堡学区一直在做的“阳光课堂”（即 CCtalk），很

好地解决了以往农村课堂中出现的一系列问题。在教育资源的建设过程中，实现了教师个体向团体的转变，强调团队协作，鼓励智慧资源共享，共享共建教育资源（集体备课），大幅度减少教师的重复性劳动；在技术层面，深化专业分工，建立由教师与教育技术人员组成的协作团队，发挥技术人员的专业优势，减轻专业教师的技术负担，加大专业与技术之间的融合，促进信息化教学在农村课堂中的应用。

（一）畅言教学通的使用

1. 畅言教学通的使用为教师提供了方便

畅言教学通可以直接免费下载所需要的课本和资源，为教师备课提供了方便；打开课本可以直接进行教学，课本内容里有详细的教案、课件、习题以及教学资源，为教师节省了很多时间；教学通使用方便，一些年长不容易接受新事物的教师也可以很好地使用。

2. 畅言教学通为学生提供了丰富的资源和乐趣

畅言教学通可以给学生展示形式多样的图片，也可以播放以前在录音机上没有的好听的音乐，还可以让学生欣赏与所学内容相符的异国风情风貌，让他们切实感受到学习的乐趣。在学生学习疲惫的时候还可以看看电影来放松自己。种种模式的设立，全方位地调动了学生的听觉、视觉和知觉，使他们产生了丰富的联想，吸引了学生的学习注意力，激发了他们对课程的热情和期待，使学生全身心地投入学习。

（二）借助 CCtalk，弥补资源短缺的现实问题

CCtalk 是 2016 年由我们学区校长邵锦堂同志提出来的，适用于农村缺乏专业教师的学校弥补短板学科。用我们邵校长的话说，CCtalk 是教师在线的这一头，学生在线的那一头。我们仅仅用一根教育的线，就牵动着每个学习的个体。现在大多数农村班额较小，很多老师上课不能互动，更是没有上课的激情和活力，学生也容易因为学习过程中缺乏互动和交流或学习方式过于单调而产生厌学的情形。而 CCtalk 给我们这些教师和学生提供了一个机会，提供了一个舞台。

三、提高农村初中课堂教学水平的建议和意见

基础教育改革的核心理念就是要基于学生的发展，关注学生的发展，为了学生的发展。“一切为了学生的发展”应该是我们所有教学行为和教学活动的出发点。因此，我们的教学目的就应深入细致地考虑学生的实际，关注学生的生活，实现课堂教学的有效性。为此，我提出几点意见和建议。

1. 更新教育观念

教师仅作为“知识的传授者”已不能满足时代对教师的要求。首先，教师是学生的指导者。“教师讲、学生听”的模式已经不再适应时代的要求，因此，农村教师要从传统的思想、行动中解脱出来，引导学生正确而有效地利用互联网学习，让学生真正成为学习的主人，而自己是学生心理健康的指导者。其次，教师是终身学习者。信息时代的知识更新速度加快，只有不断学习、实践、反思和建构，才能不断更新自己的知识内容和结构，不断革新自己的教育理念。最后，教师是行动的研究者。网络信息时代，面对海量的教育信息、全新的教育理念和教学模式，教师会遇到更多更新的问题，这些问题的出现要求教师成为研究型教师，从研究者的角度审视自己的教育观念、教育活动以及发现教育问题，成为行动研究者。

2. 转变教育方式

课堂上应该多和学生互动，鼓励学生积极发言、畅所欲言。通过开展多样化的活动，很好地激发学生的学习积极性，比如把学生们分成小组或分成几个小分队，让他们表演学习的话剧、小说情节等，这样学生既巩固了学习的内容，也在互动的过程中得到了乐趣，可谓是“一箭双雕”。也可采取游戏竞赛的形式，比如“英文单词快速记”游戏，学生们分成两组，一个接一个拼读单词，并请一位学生当裁判，设定时间限制，假设有一队在规定的时间内没有说出单词的拼写方法，胜利者就显而易见了。这种益智游戏既积累单词，又不枯燥，是值得采取的一种有效的方法。

杜威曾提出“教育即生活”，我国教育家陶行知也认为“生活即教育”。语言的学习离不开生活，离开具体的生活，语言教学就会变成“无源之水，无本之木”。生动活泼的语言素材来源于真实的生活，学生总是对那些与他们生活紧密联系、趣味性强的知识表现出极大的兴趣。

3. 能够把现代教育技术熟练地应用到实际教学中来

现代教育技术是当前农村教育面临的一个极为严峻的挑战，同时也是我们创新课堂、提高教学有效性的一个机遇。我们应该充分利用现有的现代教育技术，在最短的时间内实现最高效的教学。因此教师应致力于营造一种“生活态”“生活场”，给孩子一个宽松、和谐、安全、自由的环境，将学习过程与生活情境、游戏情境等融为一体。

我们在课堂上利用现代教育技术尽量创设与学习内容相关联的生活情境，让学生积极参与进来，进行有效的学习，这样能起到意想不到的作用，学生的学习也将会有很大的进步和改善。

素质教育下课堂教学有效性研究

郭振平　河北省石家庄市行唐县第五中学校长

课堂教学是素质教育的主渠道。课堂教学如果实施素质教育，就要确立以提高学生素质为核心的教学目标，构建符合素质教育思想的课程内容和体系，贯彻具有素质教育特征的教学原则，组织学生积极主动地参与教学，采用多样化的教学方法和现代化的教学手段，打造符合素质教育要求的课堂。为此，本文尝试提出以下建议。

一、注重培养学生素质，促进学生全面发展

素质教育下的课堂有效教学是素养本位的课堂教学，强调素养性、基础性、整合性、跨学科性以及可迁移性。传统的有效教学观指导的课堂追求的是单位时间内传授知识的数量，而素质教育下的新有效教学观引领下的课堂教学追寻的是知识掌握与素养生成的统一；传统的有效教学观指导的课堂是静态、封闭的课堂，而素质教育下的新有效教学观引领下的课堂教学是动态、开放、生成的课堂；传统的有效教学观指导的课堂是发放知识、规训学生的场所，而素质教育下的新有效教学观引领下的课堂教学是对话交流、互利共生的平台。

以素养为本位的课堂教学，并不排斥知识、技能的教学，而是更强调学生的知识内化、素养生成。掌握丰富知识的学生不代表素养高，只有真正内化于自身的知识才是学生真正掌握的，才能转化成学生的个人素养。以素养为本位的课堂教学，注重培育学生的文化基础、自主发展、社会参与三个方面，即人文底蕴、科学精神、学会学习、健康生活、责任担当、实践创新等六大素养；以素养为本位的课堂教学，将学生看作整体的人，而非学习知识的工具；以素养为本位的课堂教学，注重学生知、情、意、行的整体协同发展；以素养为本位的课堂教学，引导学生自觉主动地建构知识体系。因此，教师在课堂教学中应契合以上几点。

二、强调合作探究，引领学生自主发展

素质教育下的有效教学，应强调合作探究的教学方式，这有利于培养学生的独立探究和合作精神，有利于培养学生的思维能力和信息处理能力，有利于培养学生

善于质疑和勇于求知的心理品质。但是，强调合作探究的课堂教学并非否定讲授式教学，而是需要教师在适当使用课堂讲授、发挥积极功能的同时，促进教学方式的现代化转型，根据不同的教学对象、教学内容和教学情境合理运用合作教学方式、探究教学方式。

课堂教学中实施合作探究，旨在有效地培养学生的素质教育。因此，素质教育下的课堂教学需要注意以下几点：一是营造轻松的课堂文化环境。教室中丰富而合适的色彩、适度的光线、适宜的温度等都会正向影响学生的态度与行为，从而影响教学与学习活动的展开。良好的教学环境，可以使学生自主自觉地发挥主观能动性，愉悦地参与学习活动。二是激发学生的学习兴趣，引发学生的学习需求，兴趣是学生探究、求知的前提，有了兴趣才能促使学生自觉主动地进行下一步学习。因而需要教师根据学生不同的秉性和爱好差异，通过有针对性地采取措施来激发学生的学习兴趣。三是科学地组织教学活动，机智地调控课堂。这是指不能为了完成预设的教学任务使课堂教学按部就班地进行，而要根据课堂的发展变化和学生状态进行适时的调节。优秀的教学组织不仅是一种智慧，更是一门艺术。这需要教师对学生表现出尊重和赞许，更需要教师具备过硬的专业素质。

三、关注教师发展，引领师生共同进步

学校改革依靠课程，课程改革依靠课堂，课堂改革依靠教师。基于素质教育的课堂能否有效地实施，关键在于教师。高素质的教师，不仅了解学生的身心发展规律、掌握学科专业知识、熟悉教学内容和方法、善于运用教学资源、具备课堂调控能力，还能够促进素质教育在课堂教学中有效落地。在有效实施的课堂教学中，教师能够有效地帮助学生熟练掌握和应用所学的知识，并且鼓励学生将现实世界的任务和问题与所学的新知识建立一定的联系，从而发展学生高水平的理解能力，进而促进学生发展素质教育。而课堂有效教学的实施，需要教师自觉主动地发展个人专业化，提升专业素养，从而促进学生的素质发展，引领师生共同进步。

首先，发展教师专业化必须具有专业信念，教师的信念体系是课堂有效教学的最可靠基础。这要求教师坚定教育信念，时时更新教育理念，保持专业理念自觉，即能够对专业理念自我觉醒、自我反省以及自我更新。其次，在拥有专业信念的基础上力求培养专业素养。专业素养是教师将专业知识和专业能力内化于心的稳定品质和精神境界，需要经过长期的内心沉淀。其前提是教师拥有广博精深的学科知识、专业的教育教学能力和反思能力、崇高的伦理规范和职业道德。最后，进一步提升专业潜能。专业潜能的提升需要教师专业理念的支持和专业素养的积淀。如

此，只要从“信念—素养—潜能”三个角度全面提升，教师专业发展路径就能和谐而持续地拓展。当然，教师专业发展不能一蹴而就，它渗透在教师日常生活的方方面面，并伴随着教师的职业生涯走向独立自主个性化的道路。这是教师专业发展的理想境界，也是实现课堂有效教学的根本保证。基于此，素质教育引领下的课堂教学才能有效实施。

浅谈学生创新能力的培养

于振峰　河北省石家庄市行唐县玉亭中心校区校长

落实素质教育，必须实施创新教育。素质教育的根本目的在于为国家和社会培养合格人才和优秀人才。当今世界，国际竞争日趋激烈，我国能否处于领先地位，关键是在人才竞争中胜出，而人才竞争的关键是创新能力的竞争。因此，培养创新人才，应成为现代教育的主题。

一、培养创新能力首先要转变观念

创新教育，是以素质教育为指导，运用创新理论，培养学生创新意识、创新精神和创新能力的综合性教育体系。但是，在具体教学实践中，一些错误的、陈旧的观念阻碍着创新教育的实施，我们必须要转变观念。

（一）转变形式主义观念，注重实效性

发展创新教育，教师是关键性因素。教师作为教育的主要实施者，其内在素质影响着创新教育的发展。因此，教师应自觉适应创新教育的需要，树立创新教育理念，并在此理念的指引下，积极进行教学内容改革、教学方法改革、课堂组织形式改革，把学习主动权交给学生。作为教师，积极进行创新教育改革是值得肯定的，但一定要注意改革的实效性，明确改革的目的所在。我们应该知道，这个“新”不是简单“创”出来的，更不是搞活动搞出来的。例如，在众多的评优课、观摩课中，我们都会明显地看到和感受到授课者设计和编导的痕迹。也就是说，很多人仍然习惯于在教学形式上做文章，把大量的精力花在写教案和制作课件上。注重教学形式的完美和现代化教学手段的运用，整堂课在教学环节完整、知识系统化、手段现代化等方面无可挑剔，但如果学生整堂课都在教师的设计下听课，那么无论使用了什么现代化的手段，也很难保证真正起到启迪学生思维、开发学生智力、培养学生创新能力的作用。

（二）转变教师主体观念，营造民主氛围

创新教育要求的课堂是学生有安全感、思维自由、无拘无束的课堂。美国创造学家奥斯本说过，教师要创造一个学生畅所欲言的环境。为达到这一目的，奥斯本

主张用延迟评价的办法。因为教师和同学对一个人的意见、主张、设想过早过急地评价，会抑制人的思维。教师应耐心地给学生充分的时间，不要去左右、控制学生的思维，让他们各抒己见。由于每个学生的生活体验不同、感受力不同，在理解问题时，总会有许多不同认识。在现实生活中，只有一个标准答案的问题是有的，但大多数问题是没有统一的标准答案的，如果对所有的问题认定只有一个正确答案，就会失去我们的想象力、创造力，甚至有可能扼杀我们最宝贵的创新思维。相反，如果教师因为尊重学生，鼓励学生敢想、敢说，允许学生出错，使学生产生自由、平等的感觉，师生间就极易形成一种共同探索真理的伙伴关系，在认识思考的过程中迸发出创造思维的火花。但在实际教学中，有的教师为了图省事、避免出错或节约时间，采取直奔真理的方法，把知识强塞给学生，使其成为知识的容器，成为名副其实的被传道、被授业、被解惑的对象。这样，很容易形成人格上不平等的命令姿态，这种缺乏交流与互动的单向度说教往往是“强人从己”的。长此以往，恐怕很难有真正意义上的自由精神、独立意识，更谈不上有什么创新思维和创新能力了。

（三）转变接受观念，提倡发现学习

苏霍姆林斯基说过：“在人的心灵深处，都有一种根深蒂固的需要，这就是希望自己是一个发现者、研究者、探索者。”基于此，教育应由教师灌输知识向学生发现问题、能动地运用知识转变，也就是变接受学习为发现学习。发现学习要求教师必须从传统教育观念中解放出来，有意识地对学生进行创新思维方式的训练，向学生提出富有启发性的问题，指明所学知识的价值，培养学生探索追求的精神。

强调发现学习，并非完全丢弃讲授式教学，如果教师的讲授可以启迪学生的智慧、激起学生的创造冲动，那么讲授仍然不失为一种好的教学方式。所以，某位教师在某节课上一讲到底，并不一定就是满堂灌（当然不能长期如此）。发现学习能启发和锻炼学生的思维，但如果组织和引导不好，也可能使课堂变得杂乱无章、离题万里。每种学习方式各有长处和短处，运用得好会发挥其他学习方式不能代替的特殊功效，运用不好也会产生这样那样的问题，所以，我们在提倡发现学习的同时，也应防止走入误区。

二、创新能力要注重在日常教学中培养

苏霍姆林斯基说过：“学校里的学习不是毫无热情地把知识从一个头脑装进另一个头脑里，而是师生之间每时每刻都在进行心灵沟通。”实践告诉我们，愉悦

的心情能使思维活跃，因此，教师应努力引发学生积极的情感反应，营造师生情感交融的氛围，那么学生的创新精神就会伴随积极主动追求新知识的活动而不断提升。

（一）启发学生敢于质疑

“学贵有疑，有疑才有变通，才有创造。”亚里士多德曾说：“思维是从疑问和惊奇开始的。”在日常教学中，鼓励学生大胆质疑，是培养学生创新思维的重要手段之一。在教学中，教师要努力创设情境，引导学生在“无疑—有疑—无疑—有疑”中循环探求，从而培养他们刻苦钻研的精神，提高他们创新思维的能力。

（二）鼓励学生大胆求异

求异思维是开放性思维，是创造性思维的核心。因此，在教学中鼓励学生标新立异，不受思维定式的干扰，发挥其思维的流畅性、变通性、独创性，全方位多角度地求解，在求异中培养创新精神。如在识字教学中，可以让学生先讨论怎样才能记住这个字，看谁的方法多，看谁的方法新，看谁的方法最简便，这样不仅调动了学生学习的积极性，开阔了学生的思路，而且激发了学生从各方面思考问题的独创性，培养了他们的创新精神。

（三）操作是创新的源泉

动作是思维的基础，是智慧的源泉。俗话说，“手巧才能心灵”，可见，动手操作与思维活动敏捷密切联系。如果切断动手操作能力，思维就难以发展，创新就无从谈起。教学中要重视学生动手操作活动，把操作和思维训练联系起来，让学生在动手中自己获取知识、体验成功，让创新能力在操作中不断提高。

（四）强调环境的整体性，培养创新精神

创新精神应是锲而不舍地追求、不怕权威、敢创新的意志品质和价值追求的集中体现。情境教学总是以一个整体出现在学生眼前，给学生带来直观的印象。教师要把创新理论始终贯穿于教学情境中，让学生树立创新主体意识，激发创新动机，形成创新能力，享受创新主体乐趣，追求创新主体价值。

三、用正确的评价手段促进课堂创新教育的实现

在教育体系中，评价是对教育目标、任务的实现、完成程度、水平及状况所做的判断，是对教育宏观运行和微观过程的信息反馈和调整纠偏机制，是教育操作过程中的重要环节。根据创新教育的要求和评价的特点，进行课堂教学评价时，应注

意以下几方面。

（一）评价要有明确的目的性

根据创新教育的要求和评价自身的特点，进行课堂教学目标设计时，要重视发展学生的创新精神、实践能力和自我学习能力，更重要的是重视创新思想在实践中的运用。创新教育如果只停留在培养学生创新精神上，而不引导学生把创新思想转化为解决问题的能力，那么就无法提高创新的品质。从这个意义上讲，在设计教学评价目标时，除了要对知识目标进行评价之外，还要加大创新能力目标评价的力度，使评价成为督促学生自觉提高创新能力的一种有效手段。

（二）评价要有阶段性

传统的教学评价以期末考试作为主要的考核手段，平时很少进行考核。在这种评价方法的引导下，许多学生平时上课不动脑或不认真学习，只是一味地把老师讲的内容在书上做记号，在快考试时靠死记硬背来突击记忆。这种学习方法充其量只能算是对快速记忆能力的一种训练。这种评价方式所引导的学习方法不仅不能提高学生的综合能力，反而会使学生养成只依赖老师而不会自己思考问题的习惯，不仅无法在他们的学习过程中实现创新意识的培养，更无法具备运用掌握的知识去解决问题的能力。评价必须以创新为基本价值取向，评价指导思想、评价指标体系和评价方法等都需要围绕创新精神和实践能力进行调整。以创新为重点的素质教育评价，不仅需要改变过去只关注学生学业成绩单的总结性评价方式，还必须着眼于发现和发展学生的创新潜能。

根据评价的阶段性规律，将评价的方式由传统的一张试卷定成绩改为把考试成绩所占的比例下调到 40%，平时成绩比例上调为 60%，另外对那些具有一定创造性思维的学生可以给予 10 分左右的额外加分。其中，平时成绩的考核在每节课上进行，也就是对评价进行分解，以每堂课为一个评价单元，各个单元的总和为学生的平时成绩。主要考核学生以下能力：知识掌握能力、自我学习能力、分析能力、观察能力、思维的创造性、利用知识解决实际问题的能力。尤其是侧重对思维的创造性、利用知识解决实际问题的能力的考核。这种将评价分阶段进行的方法可以调动学生在课堂上思考的积极性，同时也可以促进学生自觉去掌握基础知识，使学生在解决问题的同时不断提高创新能力和发展创新潜能。

（三）评价要有可操作性

在进行评价时，要符合教育规律，要把科学性和可行性有机结合起来，其中可行性在评价过程中最为重要。一种评价体系，无论其如何科学、先进，如果执行过程特别烦琐，就无法保证其正常实施。课堂的评价由于受时间限制，所以必须具有简洁易行、方法多样、有趣味性、针对性强、注重学生个性、学生易于接受等特点。在课堂上除了保留传统老师提问、学生回答的评价方式外，还可以进行多种方式的评价。比如，采用类似智力竞赛的方式进行小测试；开展学生自我评价，让学生做考官；让学生进入角色解决实际问题；把学生分成小组来共同评价；部分知识老师不授课，由学生利用所学知识来归纳；等等。丰富多彩的课堂评价，可以调动学生学习的兴趣，提高学生自我学习的能力。学生在课堂上积极投入，在投入的同时就能不断提高综合创新能力。

总之，培养学生创新能力，是深化素质教育的需要，也是现代社会发展的客观需要。创新教育的内涵是丰富的，在课堂教学中，教师应立足于课堂教学这个主阵地，根据学科特点和学生实际，适时适度地引导，鼓励学生进行创造性的学习，培养他们的创新精神，使他们的创新能力能够主动地发展。

学习共同体

——让乡村小学教师共同成长的一种实践

李志磊　河南省商丘市梁园区谢集镇王二保小学校长

学校跑道的起点

近年来，随着教育改革的深入和课程改革困境的产生，大家对教师专业发展日益关注。但是，当国内外各种教育观念汹涌而至时，难免泥沙俱下，旧的理念裹以新的外衣出现，一些教育思潮也在扰乱教育的实践基础，一线教师往往难以取舍。从日本教育理论家佐藤学教授所提倡的“学习共同体”构想在国内开始受到重视，到“学习共同体”进入商丘这片神奇的土地，我们用一年的时间实践着、验证着。针对农村教师学习机会少，难以辨别新的、适合自己的教学理念这一问题，我们发起了“河南乡村教育学习共同体”，目的是让教师彼此之间经常沟通、交流，分享各种学习资源，共同完成一定的学习任务，进而在成员之间形成相互影响、相互促进的人际联系。

2019 年 1 月 8 日是一个值得铭记的日子，就在这一天上午，豫东地区第一个农村小规模学校联盟——河南学习共同体正式成立。虽然这个由 5 所学校联合成立的学习共同体，将来会在本地产生什么样的作用、有什么样的影响、到底能走多远，我们不得而知，但我们坚定地相信，对“三缺”（缺乏优秀师资、缺少先进办学理念、缺少大量资金）的农村小规模学校，一定会产生深远的意义。我们也坚信，只要脚踏实地、目标一致，一定能走得更远。心到不了的地方，脚步永远无法到达；脚步丈量过的土地，可以载着梦想向前。

谢集镇王二保小学在过去的几年里，经过校长外出培训、分享、交流，通过骨干教师学习、提升、分享，经过整体推进、课程开发、优化课堂、多样化开展活动，为仅有 120 名学生的村小插上了翅膀。学校先后有一人获得桂馨南师奖、三人获得凯迪拉克小狮子奖，多名教师和学生在不同的舞台展现自己的美好，获得的物质奖励和精神奖励不计其数。先后有近 20 家机构对王二保小学进行支持，有数十家新闻媒体进行过采访和报道，影响力在不断扩大。如今的王二保小学已经从一个名不见经传的小学校成长为可以带动、影响区域发展的先进校。此时，我们不能再故步自封了，我们不能再止步不前了。在多方支持下、在自己团队的鼓励下，我们有了成立学习共同体的念头。

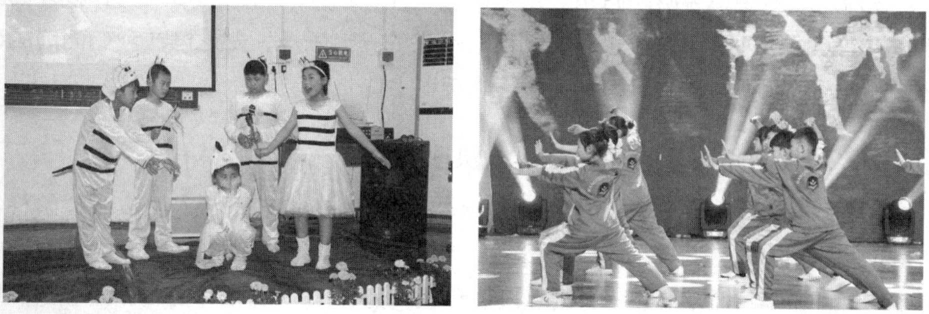

学校处处是舞台

五所学校（目前为八所，还在持续增长中）自发组成教育发展共同体。其宗旨是集共同体优势，通过互帮互学、抱团发展，弥补单体弱势，从而更快地提升学校办学水平和教师业务能力。在交谈中，我们面临的共同问题就是家校互动，因为我们每个学校的留守儿童特别多，隔代教育成了社会的主流，这也是我们家校互动难以推进的原因。要想把这项工作做好，只有在教学上寻求改变，让我们的孩子有所改变，家长才会随之改变。只有这样，我们的家校互动才会取得成效，得到家长的认可；只有这样，我们的工作才能顺利开展，家校互动才能顺利进行。

每个人都可以做最好的自己，都可以做到优秀。我们不必为自己赶不上别人而太过自责，也不必因为境遇不好而太过感伤，怨天尤人。我们需要做的是追随自己心灵的选择。不求其他，但求做最好的自己，我们就会变成一个更美好、更大度、更成功的人。

要想让孩子改变，首先我们要让教师的思想有所转变。然而，这个问题不是一朝一夕就能解决的，所以首先校长要带领积极进取的教师，形成一种氛围，慢慢地让教师的思想有所改变。改变必须从读书开始，因为读书能使人明智、能开阔我们的视野。只有教师真正爱上阅读，孩子们才会爱上阅读。

2012 年进入我校的教师朱珍慧，虽然教育实践不多，但是积极上进。通过多年的乡村教育实践、自我阅读、共同阅读、专业阅读，她已经在区域教学、教研和团队建设中小有名气，以至于多名校长都表示：我最佩服的是朱珍慧老师，她积极、好学、踏实、勤奋，是我们学习的榜样。如今，她的课堂师生关系融洽、教学氛围良好，成为活跃度不输给低年级的高年级代表性课堂。课间，她和孩子们交流读书心得；舞台上，她指导孩子们通过自己的理解饰演课本剧；课后，她还把自己读书的感悟写成文字，积极参与各种比赛。这样躬身实践阅读的好教师，我们希望多一些，再多一些。

当教师真正地读进去时，会发现书中有很多的乐趣，知识面会在无形中得到拓展，在课堂教学中也会游刃有余。当教师真正体会到读书带来的益处时，就会自觉地拿起书，愉快地学习，真正体会到读书带来的无穷乐趣。无论摆在我们面前的困难有多大，我们都应将"学习共同体"进行下去——"我们在一起，就会了不起"！

一、从教师阅读开始，让一群人快速前行

从阅读开始是多么有智慧的决定。高尔基曾说过："书籍是人类进步的阶梯。"书是我们的好朋友，通过它可以"看"到广阔的世界，"看"到银河里的星星，"看"到中华瑰丽的五千年，"看"到风土人情和世间万象……读书对我们扩大视野、增长见识、丰富积累、提高素养，有着十分积极的意义。

认真阅读的孩子们

曾在王二保小学教书的退休教师武建萍说："这三年读的书比以前三十年都多。教师不爱读书，是多么可怕的事。读书可以改变自己，可以提升自己的业务能力。一个有方法的教师能改变孩子的一生，教师的责任多么重大。所以，要想我的孩子遇到一个什么样的教师，我就要先成为那样的教师。"

武老师用专注阅读和精心阅读带领班级的孩子们改写诗歌，创作绘本、诗配画等，还带着孩子们编演童话剧，不仅让周边的教师羡慕不已，自己也收获了许多的快乐。如今退休在家的她依然坚持阅读和分享，成为我们区域终身学习的楷模。

她说："一个人走得快，一群人走得远。今天是行动，需要我们即刻开始、倍加珍惜；明天是计划，寄托了我们无尽的期待、希望和梦想。"

二、借助网络平台，丰富课堂教学

目前学校存在教师不足、学科开不全的问题，我们可以借助网络平台里的课程，解决音乐、美术、英语等必备学科的教学，还能在网络晨读、阿福童财商、酷思熊阅读和足球课程上大展拳脚。让开足学时、开全学科不再是梦。借助目前王二保小学的经验，用团队的力量把好的课程“交流出去”，让地方力量带动地方学校，让区域联动推动区域教育朝着更好的未来发展。

孩子们专注地进行网络学习

彭庄小学是一个教学点，教师少，只有 3 个班。自从该校加入共同体之后，从校长到教师都积极行动起来。看到他们满墙的绘画以及孩子们积极地与教师互动，足以感受到他们奋发的精神。该校的教师王丽娜已经成为我们团队里的骨干，正在引领更多的学校和教师朝着阅读的方向前进。

学校开放日合影

团队教师里优秀的队员可以从开发课程入手，再带动片区学校向前推进。从一个班级到一个片区的学校联动，从一个片区带动整个区域，是我们下一步的整体规划。

乡村教育不能成为阻碍社会进步的短板，而应该成为国家的中坚力量，为社会的和谐发展贡献更多更大的力量，为培养更多优秀的人才助力！

农村教师专业成长的实践与探索

贠发群　河南省开封市尉氏县庄头镇中心校校长

青年教师是教师队伍中最有活力、最具潜力的新生力量，是学校实现可持续发展的基础和希望。如何基于这些新生代教师的身心特质和发展需求，激发其教育热情、激活其教育智慧、尽快提升其专业水平，让他们在岗位上有幸福感、在事业上有成就感、在社会上有荣誉感，成为农村教育管理工作的重中之重。

一、现状

庄头镇是一个中等人口乡镇，有 46000 多人，下辖 35 个行政村，辖区内有中学 3 所、小学 10 所，有在校生 9100 多名。近年来，学生人数快速增加，教师数量却没有相应增加，师资力量严重不足，在职教师课业负担重。如果按照现在的学生数量，应该配备 540 名在编教师，但现在实际在岗教师只有 335 人，还缺 205 名教师。配备稳定的在编教师，是我们乡镇现在最急需解决的问题。

虽然每年招教的时候会有几十名刚毕业的大学生分配到我们学校，但是这些教师大都是外省市、外乡镇的，有郑州的，还有更远的，如内蒙古、四川、永成、商丘、林州等地的。这些教师常常只是利用庄头镇招教这个暂时的平台，往往上不了多长时间的课就会被调走，甚至有的只是在这里挂个名字。就这样，我镇的教师像割韭菜一样一茬一茬地被调走。这些现象导致每年我镇教师人数看似增长，实际却流失率极高，始终处于负增长状态，这造成了现有教师的课业负担重、工作强度大的现象。

每年新分配的都是年轻教师，基本都是刚出大学校门就踏上学校的讲台，他们没有任何教学经验。因任课教师课业负担过重，不得已学校也会招代课教师来救急，这些代课教师没有经过系统培训，专业技能良莠不齐。这是一直困扰我们的一个难题。

通过多方调研，召集班子成员商量讨论，最终达成一致意见，当务之急是对这些教师进行专业技能培训，哪怕这些教师只在庄头镇教一年也要让他们不断提升自身教学技能，获得专业成长。为此，我们借鉴了一些学校的做法，主要从八方面进行探索。

二、探索与实践

（一）师徒传帮带，夯实站稳讲台基本功

针对分配过来的新教师教学基本功普遍欠缺的情况，我们实施师徒帮带方案，夯实新教师站稳讲台的基本功。每个新教师由教研组长指定一名老教师或中青年骨干教师结对帮扶，师徒签订帮扶协议，通过每天备课、听评课、课外辅导等方式进行交流学习，学期末还要师徒一起捆绑考核。考核优秀者在中心校做汇报课，讲述成长故事，把优秀经验分享给其他同行。前曹小学的教师王晓东为了给青年教师传授教学经验，每天坚持听自己徒弟的课，听后立即进行指导，亲身示范，从课程环节的设置、课程导入的方法和设计到板书的书写位置和笔顺，从发音到课堂语言的组织与过渡都进行具体的指导。不到一个学期，他帮带的教师已经能够独立上课，并且在全镇举行的青年教师汇报课上获得一等奖。

（二）主题教研日，开创教研新局面

确立每周教研日活动。学校每周都要举行主题教研活动，每个教研活动日都要确定一个主题，实行三定方案——定时间、定内容、定主持人。每周的活动时间不变，由每位教师轮流主持，活动主题根据大家教育教学中遇到的困惑来确定。为了推动这项工作，中心校校长带头深入学校参加教研活动，中心校业务人员也分别到学校进行业务指导。主题教研日活动大大促进了各学校教研活动的本土化，真正形成了“以研促教、以教定研”的新局面。

（三）课标大比武，把握学科基本盘

为了让青年教师把握本学科课程教学目标、教学内容和实施建议，庄头镇中心校每年都举行学课标、用课标比赛活动。新教师每年都要用一个月的时间学习新课标，每个学校都安排有经验的学科组长带领，在固定时间学习该学科的课程标准，把握所教年级学科课程标准的最基本要求。经过一个月紧张系统的学习，新教师们很快明确了本学科学习目标与内容，对教材内容的设计与处理能力大大增强。另外，新课标学习结束后，我们还会组织一次评奖，让新教师逐个讲述自己所教学科的课标要求，各教研员把关进行评分，表彰成绩突出者。这样一来，哪怕是刚入职的新教师，也把握了所教学科的基本盘，保证了学校的教学质量。

（四）搭建新平台，助推教师再成长

搭建一个平台，成就一批教师。为了让一些优秀的、有上进心的青年教师有机会展示他们的技能，每学年的第一学期，中心校要组织这些青年教师进行汇报课展示活动。比赛采用层层选拔制，先在各学校内部评选，然后各学校的参赛教师再参

加全镇的比赛，最后在全镇比赛中评选最好的汇报课进行展示。通过层层选拔，很快就能够发掘最具可塑性的青年教师，然后把选拔出来的教师纳入培养目标和后备队伍。第二学期还要举行各科展示课比赛，让新教师再接再厉，继续锻炼，逐步形成自己的讲课风格。

在这些青年新秀当中，教师范小娟给人的印象最深。她原本学美术专业，但是来到庄头镇后改教数学课。通过汇报课这个舞台，她不断地听课、评课、磨课，经历种种艰辛，付出滴滴汗水，终于从乡镇走向县市，最终走向了省优质课比赛的赛场，荣获省级优质课一等奖的殊荣。

还有庄头镇第二初级中学的英语教师周莹莹，我们是从展示课活动中发现的她，然后带领她把课一路讲到镇里、县里。后来县教研室推荐她去开封市参加英语口语技能比赛。当时比赛要求教师给自己的学生授课，这是个不小的困难——一个农村的学校，如何把 30 名学生带到开封市去上课？学校经费紧张，学生的安全责任重大。周莹莹也体谅学校的难处，找到我说："负校长，算了，我不讲了，带领那么多学生一起参赛是要花很多钱的，还有安全问题，放弃吧。"我知道她为了这次比赛下了很大功夫，就对她说："周老师，你放心，再大的困难也由我去安排，你只管好好准备你的课。我随后就联系大巴车，再安排几名教师随车负责学生安全。"比赛那天，我们这一帮来自农村的教师和学生与城市的教师和学生来了一场大比拼。这节课讲得精彩极了——周老师新颖的课程设计、标准流畅的英语发音，再加上孩子们信心满满的配合，最终一举拿下全市第一名。成绩单拿回来时，大家都不敢相信，就连县教研室主任都大呼："你们太厉害了，这在我们尉氏县是史无前例的！"

除了本土的展示课平台狠抓青年教师的专业提升以外，我们还特别重视骨干教师的培养，尤其是毕业班教师的培训学习工作。

首先，学校组织九年级教师用一个月的时间研究最近 5 年的中考招生卷子。一个月以后，用近些年的中考招生试卷对九年级教师进行中招试题测试。通过研究中招试题，这些教师了解了中考招生的出题方向、试卷的结构、试题考查的知识点如何变化等，再把这些内容渗透到平常的每节课中。

其次，学校对九年级教师进行有关复习策略的培训。把三个中学不同学科的教师分别集中起来，把省重点中学的优秀学科教师请进庄头镇。优秀学科教师接地气的分享讲座，让我们的毕业班教师获益匪浅。

（五）提升领导力，打造班主任最强战队

班主任工作是学校管理工作的细小单元，班主任管理的好坏直接决定着学校未

来的发展途径。因此，我们一直把班主任管理技能提升作为一项重要工作，而班主任的领导力则是最需提升的一项能力。

首先，坚持请进来、走出去的原则。为培养班主任管理技能，我们先后三次邀请《教育时报》首届最具影响力班主任、郑州十九中教师杨卫平到庄头镇给全体班主任进行专题培训，从班级管理艺术到班级管理基本环节进行手把手的培训。2019年，我们邀请了郑州外国语中学任老师给全体班主任进行班级管理系统培训；还邀请了河南省名班主任工作室主持人姚老师到镇上做班主任管理工作讲座，指导班主任从管理技能到班级管理艺术的提升。同时，我们还组织庄头镇大部分班主任参加河南省名班主任工作室的交流活动，组织九年级班主任参加名班主任工作室中考招生誓师活动。

其次，在全镇举行班级管理技能评比。年初公布优秀班主任评选办法，年中加强过程督导，督促班主任按照评选办法落实班级管理工作，年末举行庄头镇优秀班主任评比。政策上有始有终，达到交流目的，同时择优推荐，参加县十佳班主任评选。庄头镇每年都有两名班主任获得县十佳班主任称号。

2018年，在河南省教育厅、河南省教育时报社联合举办的最具智慧力班主任评选活动中，我们通过层层选拔，推荐于松平老师参加河南省最具智慧力班主任评比。于松平老师是唯一一位来自农村学校的教师，也是开封市唯一进入决赛的教师。最终，于松平老师现场演讲和答辩表现出色，在网络投票十分不利的情况下获得了第二名的好成绩，顺利进入前十名。同年，我们又推荐王丽老师参加了河南省优秀班主任评比，这也是庄头镇第一位教师获此殊荣。

（六）师生共读，营造书香氛围

阅读为提升教师的综合素养提供了一条捷径。爱读书的教师才能培养出爱读书的学生，正因为意识到阅读在教师专业成长过程中发挥的重要作用，我们在全镇范围内大力开展了各种各样的读书活动——建立教师共读的微信交流群；与上海火柴公益组织合作，组织教师申领公益纸质图书和樊登读书卡；加入火柴家园小程序中的共读圈子，打卡分享自己的读书心得……

为了鼓励更多教师加入阅读的队伍，我们每学期还要举办一次“书香教师”评选活动。我们的活动得到火柴公益组织的大力支持，其特意通过爱心企业为获评“书香教师”的教师量身定做一套高档时尚服装作为表彰和奖励。随着“书香教师”评选活动的深入开展，教师的读书劲头更足了，有些优秀教师还带领学生制订了师生共读方案。火柴公益组织免费提供图书，实现了真正的师生共读，整个学校书香氛围更加浓厚。

庄头镇书香教师时装秀

我们扎扎实实开展的教师共读活动，不仅吸引了一些公益机构的热心支持，还得到了个人的爱心捐赠。2019 年，河南省著名诗人易殿选先生在弥留之际的心愿就是把一生藏书捐献给爱读书之人。他的家人经过多方考察，通过火柴公益组织，最终把易先生一生所藏的 2000 多册珍贵书籍全部捐赠给了庄头二中的教师于松平。易先生的善举也更鞭策我们持续地把教师共读活动举办得更好，惠及更多教师，让他们收获真正的成长。也正因为我们一心为教师的专业成长不断突围，才让像卞秀丽这样优秀的教师愿意扎根农村，为乡村教育的未来驻守一辈子。她曾入选教育部全国乡村优秀青年教师培养奖励计划，在 2018 年教师节时受到河南省委书记王国生、省长陈润儿的接见。

卞秀丽老师和孩子们在一起

（七）关注心理健康，享受教育的幸福

一是加强教师培训。教师培训除了技能培训以外，还涉及团队建设、人际沟通、情绪管理等。

二是打造和谐的团队。我们特别注意加强两支队伍培训，一个是校长队伍，另一个是教师队伍，特别是校长队伍建设。我们每年都利用暑假时间组织校长团建培训，使校长们通过亲身体验感受团队建设的重要性，同时探索团队建设的方法和技能。

校长做团队配合体验训练

2019 年，我们还与上海火柴公益组织合作，邀请华东师范大学的教授在暑假期间给全体教师进行了为期三天的团建培训，分别从绘画心理、情绪管理、戏剧课程等多方面对教师进行体验式培训。教师深度参与，释放了压力，同时把这种方式带到自己的课堂上，运用到教育教学工作中，使更多的孩子从中受益。看到孩子们天真的笑脸，越来越多的教师真正享受到了独属于教育的幸福。

教师在进行团队建设体验训练

（八）乡镇名师工作室——教师成长的摇篮

我们乡镇共组建了三个名师工作室，王丽小学语文名师工作室、于松平中学语文名师工作室和卞秀丽小学数学名师工作室。

通过三年的运作，三个工作室都坚持磨课、送课活动，先后为全镇 13 所学校送课，为每位参加县优质课比赛的教师评课、磨课。三个工作室的教师在提高自己的同时，不断帮助青年教师成长，也为广大青年教师树立了榜样，在全镇起到了很好的示范带头作用。三个名师工作室的建设工作获得了上级领导的一致认可与好评，多次在县工作室会议上分享建设经验与成果，成为县名师工作室建设的样板和典范，也成为庄头镇培养本土名师的摇篮。

通过几年的实践和探索，现在庄头镇教育系统已经涌现出一大批优秀青年教师，他们都有着很好的教育情怀，愿意扎根农村，用他们自己的方式，过一种幸福完整的教育生活。

三、未来展望

辉煌的成就永远属于过去，未来在教师专业成长的探索实践方面，我们还有很长的路要走。今后我们还要重点关注以下几个方面。

（一）加强心理疏导技能的培训

现在农村留守儿童特别多，他们多数跟随爷爷奶奶生活。爷爷奶奶只能满足孩子的衣食住行，由于长时间不能与父母在一起生活，造成孩子的人格发展不健全。特别是在爷爷奶奶的溺爱下，孩子的人格更容易出现缺陷，甚至导致孩子的心理出现问题，因此，对于教师而言，在细微之处发现孩子的心理取向，并能进行良好的心理疏导与干预是一个很必要的能力。

（二）强化家校沟通

父母是孩子的第一任教师，家庭教育的缺失甚至是失败，是问题少年的问题根源。但是由于农村的家长文化水平普遍较低，对孩子的教育既不够重视，又不讲求方式方法，这给学校教育增加了难度，带来了一系列的挑战。因此，学校教师在与家长沟通时，采取的方法和技能就显得尤为重要。接下来，我们将加强对教师提升家校沟通能力的培养。

（三）创造条件，引领教师读书

通过阅读坚定教师的教育信念和价值观。教师有了自己的愿景和价值观，才会有努力的方向。如果教师没有被更高层次的追求所引领，就会在低层次中跟团队的管理者斗智斗勇，以追求自身利益的最大化。阅读好书可以浸润心灵，提升教师的精神气象，读书将是今后我们常抓不懈的奠基工程。

人，是所有资源中最宝贵的财富。教师是乡村教育振兴与发展的关键因素，他们的成长与发展不仅关系个人的幸福，也关系千家万户的福祉，更关系国家民族的复兴。我们坚信找对了方向，看到了自己实践探索的力量，也坚信乡村教育必将闪耀更多光芒！

情与理：师生沟通的两座桥梁

——班主任工作点滴谈

王　俊　陕西省扶风县天度镇南阳小学校长

爱美之心人皆有之，爱己之心人更有之。现在的家长太爱孩子，现在的学生实在难管理，做未成年人思想道德教育、当好一名新时期的班主任真是不容易。在实际工作中，我认为要搞好班级工作，必须情理互融、刚柔相济。

“情”，是老师对学生的一片爱心，它是抓好班级工作的前提和动力；“理”，是对学生出现的各种错综复杂的问题审时度势、因势利导，是抓好班级工作的基础和保证。“情”与“理”作为客观存在，既有统一的一面，又有对立的一面，有时甚至会发生激烈的冲突，当二者发生矛盾时，应注意以下几点。

一、爱学生，学会宽容

教师只有爱生如子，才能和学生心心相印，思想道德教育才能落到实处。上学期，我带的班有一个姓李的学生，家住侯李村，父母离异，跟外公外婆生活在一起。一次和同学打架时受了伤，我帮他付了所欠药费。事后我了解到，他学习成绩不好是因为没有人管教、贻误了学习，同学看不起他，他自己对学习也失去了信心。于是，我采用“师补一生补”的方法，让学生与他多接触，帮忙开导他、鼓励他。春节时，他在给我的贺年卡中写道：“老师，您就是我的家长，您付出的爱心必将得到千万倍的回报。”每当我接到学生类似这样的问候时，每当我看到学生可爱的脸庞时，我内心就感到无比高兴，那时才能真正体会到什么是幸福和自豪。

学生毕竟还是孩子，他们往往自我表现意识很强，情绪波动大，自我约束力较差，我就尽量对学生宽容而不苛求。即使学生伤了我的自尊心，我也不会耿耿于怀；当学生有改进错误的想法或表现时，我会适当酌情放宽处理。

（一）爱就是了解

爱学生就要了解学生，包括对学生的身体状况、家庭情况、知识基础、学习成绩、兴趣爱好、性格气质、交友情况、喜怒哀乐的深刻了解。这是做好班级管理工作、避免教育盲点、因材施教的前提，也是提高教育管理水平、提高教育教学质量的必要条件。初接新班，了解学生从了解学生家庭开始。对学生父母的年龄、职业、家庭住址、生活状况等，要做到了如指掌。接着就要了解孩子的兴趣、爱好、特点、是否患病、需不需要照顾等，还要了解孩子的学前教育情况，以便因材施教。

（二）爱就是关怀

师爱是教育的“润滑剂”，是进行教育的必要条件。当教师全身心地爱护、关心、帮助学生，做学生的贴心人时，师爱就成了一种巨大的教育力量。正因为有了师爱，教师才能赢得学生的信赖，学生才乐于接受教育，教育才能收到良好的效果。师爱要全面、公平。全面、公平的爱是指教师要热爱每个学生。学习好的要爱，学习一般的要爱，学习差的也要爱；活泼的要爱，文静踏实的要爱，内向拘谨的也要爱；“金凤凰”要爱，“丑小鸭”也要爱，做到一视同仁。

（三）爱就是尊重

尊重、理解、信任学生是消除教育盲点的基础。尊重学生就要尊重学生的人格。教师与学生虽然处在教育教学过程中的不同地位，但在人格上应该是平等的，这就要求教师不能盛气凌人，更不能利用教师的地位和权力侮辱学生；理解学生要从青少年的心理发展特点出发，理解他们的要求和想法，理解他们的幼稚和天真；信任学生要信任他们的潜在能力，放手让学生在实践中锻炼、在磨炼中成长。只有这样，学生才能与教师缩小心理距离，才会对教师产生依赖感。就拿我班王同学来说，他是纪律性极差的学生，刚到我们班时，他经常打架欺负其他同学。我及时和家长联系，了解家庭教育方式后，采用“以尊重孩子的人格为前提，以沟通为渠道，以信任为基石”的教育方式，使他慢慢转变。他用实际行动，让我看到了他的成长、他的进步。

（四）爱就是责任

爱学生要深入地爱，爱学生要理智地爱。就是要严格要求学生，对学生不娇惯、不溺爱；对其缺点错误，不纵容、不姑息、不放任。师爱既蕴含着强烈的情感色彩，又表现出深刻的理智，不仅着眼于学生目前的得失和苦乐，更注重学生未来的发展和前途。

二、冷处理，认清对象

有些学生任性、爱面子，一时转不过弯或承受不了，需要“冷处理”，即当批评的暂不批评，应当检查的暂不检查，应当通知家长的暂不通知家长，或岔开话题，或要学生做别的事情，或教师借故离去、暂时回避，留给学生和自己分析思考的时间；然后在适当的场合下，对学生进行严肃批评，耐心说服教育。有一个学生杨某，父母管不了，一次放学后在路上打架。打架的两个人事后找到了我，我没有急着处理这件事，而是让他们对照《小学生守则》《小学生日常行为规范》各自反省；两天以后，他们主动承认错误、相互赔礼道歉；最后，俩人要求在班上公开检讨。

三、有分寸，方法灵活

对于犯了较严重错误的学生，要严肃批评教育，绝不放任自流，但这种批评教育，必须要把握好分寸。要本着爱护学生，而不是“伤”学生的原则，不要让学生误认为班主任一定要赢、要杀鸡儆猴，批评的言辞要得当，要考虑学生的心理承受力，切忌冷嘲热讽和进行人身攻击。这样入情入理、情理互融，便会收到较好的教育效果。

教育方法要刚柔相济。在教育过程中，要让学生既体会到一颗严父之心，又享受到一片慈母之爱；既能看到自身存在的缺点，又有改正缺点和错误的自信心。要让学生既从班主任身上看到对自己的严格要求，又能感受到班主任对自己的鼓励与信任。具体做法如下。

（一）公开批评、个别谈话

有的学生身上存在的缺点带有一定的普遍性，有的学生犯了错误，影响较大，且在学生中造成不良影响，这时就宜公开点名批评，指出问题的性质及危害，要求尽快改正，此时学生肯定不好受，甚至还想不通。对此，我利用课余时间进行个别谈话，让受批评者谈一谈感受，今后打算如何改正，对教师有什么意见要求等。谈话时要给学生一个宽松的空间，做到态度和蔼、耐心说服、言语随和。

（二）指出错误、肯定成绩

对平时表现不太好，经常犯小错误的学生，批评时不要把他们说得一无是处，对其成绩要适当给予肯定，从而使他树立上进心。这些学生一旦教育好，学习就会进步得很快。

（三）课内严肃、课外随和

对违反课堂纪律的学生，或者暗示，或者提醒，或者严肃批评，绝不可听之任之、随其所欲。但在课外，师生之间不仅是师生关系，还应是朋友关系。作为朋友，就应随和相处，自觉地进入角色，以自己幽默风趣的言谈赢得学生的佩服与尊敬，让学生感到你是一个有着丰富情感的好教师、好朋友。

（四）批评不留情，用人不疑人

这主要是针对班干部。班干部犯了错误，应比一般学生批评得更严厉。对霸道、有骄气的班干部的批评更应毫不留情。但是，尺有所短，寸有所长，人非圣贤，孰能无过，对犯错误的班干部要用其所长，耐心帮助并放手使用。要告诉他，功是功、过是过，应该一如既往地搞好班级工作。

社会在发展，时代在前进，学生的特点和问题也在不断地发生着变化。作为有责任感的教育工作者，必须以高度的敏感性和自觉性，及时发现、研究和解决学生教育和管理工作中的新情况、新问题，掌握其特点、发现其规律，尽职尽责地做好工作，以完成我们肩负的神圣历史使命。

浅谈怎样有效转化“问题学生”

毛俊峰　云南省红河州泸西县旧城镇乐业小学校长
段　霞　云南省红河州泸西县旧城镇树勋小学教师

长期以来，“问题学生”一直困扰着不少班主任。他们不但妨碍班级教育工作的正常开展，而且会使那些处于不稳定状态的中等生受到影响，给班级管理带来了诸多挑战。于是，转化“问题学生”就成了教师们共同关注的焦点。“爱”是润滑剂、是稀释剂，也是能量剂，是转化“问题学生”的基础。没有爱的教育是冷漠的、残酷的、不负责任的，它会把教育推向深渊。不能将“问题学生”视为异端，“一棍子打死”，而要以“爱”为圆心，将浓浓的爱撒向八方，惠及所有学生。通过“望”“闻”“问”“赏”“切”，抓住“问题学生”产生问题的根源、动机、环境影响、症结，对症下药，下“猛药”，从而达到“舒筋活血”、“去积化瘀”、“排除顽疾”、修身壮志的目的。否则，学生整体素质的提高也只能是一句空话。因此，“问题学生”的转化就成了教师工作中的重头戏。

一、用“爱”润滑，以“望”探究，建立良好的师生关系，感化“问题学生”

生活在学校这个大家庭中，日常学习、生活中总会出现一些磕磕碰碰，学生之间的小摩擦时有发生，但如果听之任之，则小事不小。不要总是抱怨学生素质差、不听话、爱捣乱。学生再小的事都是我们的头等大事，教育工作需要我们有敏锐的洞察力。观察、发现作为一种常态，是每个教师必备的教育素质。要经常善于观察学生，发现问题、解决问题，给学生以亲近感、信任感、期望感，让学生时刻感受到教师在关注他、关心他、关爱他，感觉到他在教师心目中的地位，沐浴着教师给予他的关爱，享受着和谐、活泼、奋进的校园氛围。如果发现学生有不对劲的苗头，要用真挚的爱及时掐灭乱源，这样学生才会对教师产生依恋和仰慕的心理，才能向教师敞开尘封的内心世界，把教师当朋友、亲人，与教师交往。

二、勤“闻”播“爱”，助推学生阳光成长

现在有很多学生，特别是“问题学生”的心扉总是关闭的，他们的心结仅靠说

教是解不开的。教师平时要经常深入学生内心，多听听他们的心声，了解他们的爱好、需求，发现问题，有针对性地在生活、学习上给予关心爱护，并加以改造，解决他们的实际困难，让他们感受到教师无私的爱，从而改变扭曲的内心世界，蓬勃、朝气、阳光成长。

三、慧“问”探“疵”，稀释“负能量”“去积化瘀”

首先，教师要选择合适时机与学生谈心，要慧“问”。尽可能地挖掘学生身上的闪光点，由肯定、赞扬其身上的闪光点入手，慢慢地打开学生的心扉，消除学生心里的隔阂和抵触情绪，并在此基础上循循善诱，最终达到说服教育学生的目的。还要注意对不同的学生采用不同的谈心方式，对有缺点、错误的学生要诚恳劝导，切忌简单急躁，容易怒火攻心、弄巧成拙。

其次，要慧“问”家长、邻居。有些家长总怕家丑外扬，学生身上的坏毛病总是藏着掖着，就怕传出去对学生造成伤害。我们要解除家长的后顾之忧，需要保密的给予保密，不对学生身心造成第二次伤害。让家长明白我们“为了一切学生，为了学生的一切，一切为了学生”。家长也会消除疑虑，与教师积极合作。

最后，要慧“问”学校所在地领导，取得他们的支持，得到他们的配合，与学校教育保持一致，共同致力于学生教育。

总之，要慧“问”，因势利导，因势而疏。同时尽可能地把解决思想问题与解决实际问题结合起来，才能取得最佳的教育效果，从而真正地解决问题。

四、不吝“赏识”，用爱给予“问题学生”正能量

每位学生都有自己的长处，好学生都是夸出来的，教师必须学会赏识。没有赏识，就没有教育；没有赏识，就没有成功。学生渴望得到赏识，渴望得到教师的关怀和关爱。在某种意义上，赏识就是学生生命中的阳光、空气和水。教师要正确看待学生成长过程中的各种现象，只有容忍学生的过失，才能理解学生的思想，走进学生的内心。对“问题学生”的缺点、错误，绝不能姑息迁就，无原则地让步或是简单地给予说教惩罚往往事与愿违；要坚持批评与说理相结合，使学生找到和把握前进的方向，健康成长。

五、“切”经把“脉”，对症下药

化“爱”为力量，随时关注学生、关爱学生，关心学生成长的每一步，学生的一个动作、一个眼神、一个微笑，所有的言谈举止，我们都要了如指掌，让负能量无处遁形。对学生问题要拿捏得准、方寸不失，然后快刀斩乱麻，干净利落地清除“病灶”，从而实现根除“病症”、战胜“病魔”。

2016年6月8日上午第四节课，教师上完课后忙着护送学生排队离校。有四名学生看见教师手机放在教桌上，就起了不良之心，趁教师招呼其他学生时故意装作有事，磨磨蹭蹭地最后离开教室，并顺手牵羊拿走了教师的手机。教师返回教室后发现手机不见追问手机下落，学生概不承认。怎么办？于是，我和教师们进行筛选排查。因为学生是排成一列纵队刷卡离校的，互相之间可以取证排查。以这个为突破口，排除嫌疑，最终留下“问题学生”。

经过甄别排查，得知剩下的四个学生是以找东西为借口，跟别的班队离校的。我们发现后异常兴奋，但接下来又要怎样询问呢？“用兵之道，攻心为上，攻城为下。”恰好这四个学生就是班上的“问题学生”，我们对这些学生都了如指掌，于是攻心为上，各个击破。根据每个学生的特点，采用不同的方式，讲明此事的危害性、严重性、后遗性，不厌其烦地一个一个单独做思想工作。这个时候就是考量教师耐心的时候，我们采用说服教育的方法，最终在其中一名学生带领下，找到了藏匿的手机。

手机找到了，大家有些许高兴，但更多的是忐忑、惆怅和深深的不安。我们的教育到底怎么了？畸形了吗？我有太多的自责和疑问！带着这个心结，我们以“爱”育生，对症下药。在家长的密切配合下，进行长时间的跟踪管教，皇天不负“爱”心人，“问题学生”迎来了可喜转变，“问题”慢慢消除，学生的个性也变得活泼开朗起来，心结终于解开，能与同学和睦相处，学习进步不小。看着这些变化，大家喜不自禁，我们坚信，爱心耕耘，一定会有丰硕的收获。

总之，“问题学生”的转化是一项长期、复杂的工作，不仅需要爱，更需要智慧的爱，运用教育学、心理学规律伺机而育。同时，要有极大的耐心、信心、毅力；用真心关爱学生，用真情感化学生，辅以教师高超的技艺、精湛的技术，烘干“问题学生”潮湿的心。加油！同行们！只要大家都献出教育真爱！我们相信，丑小鸭最终也会变成白天鹅！

乡村学校阅读推广之道

杜明伟　河南省洛阳市嵩县饭坡镇青山村小学校长

在社会发展的大潮中，乡村小学大都面临着学生流失、教师短缺的现状，有一大部分正在走向消亡。然而，困难与危机之下也存在着很多机遇，阅读推广无疑是一条破解困境的正确道路。

在乡村学校推广阅读，结合我近 10 年的工作经历，总结出以下五点供大家借鉴：

一、营造浓郁的书香氛围

校园阅读环境的营造，会对孩子起到潜移默化的作用。如果校园处处充满书香，孩子们就会在润物无声中养成良好的阅读习惯。

（一）建设学校图书馆

学校图书馆的建设，是推广阅读的首要条件。村校图书馆的建设要注意在图书配置、场馆设置、管理运作方面下功夫，要保证图书馆发挥应有的功能，使之成为学校师生的精神乐园。

1. 图书配置

乡村小学可以通过教育部门配发、自己购买和向阅读公益机构申请三种方式取得图书。桂馨基金会、担当者行动等公益机构，都有图书可供申请。

图书要保证量的充足，生均 20~30 册，当然多多益善；图书一定要保证多种多样，绘本、桥梁书、童话、儿童小说、文化经典、历史、科普、哲学、艺术、工具书等都要涉及。进馆图书最好由专人负责，在选好图书种类和数量的同时，还要保证图书的版本、出版社、购买渠道，禁止盗版书和劣质版本图书进入。

2. 场馆设置

学校图书馆的位置很重要，应选在孩子们经常路过的地方，这样会提高利用率。很多学校的图书馆一般设在一楼或者校园内显眼房间，方便孩子们随时进入。

我们学校的图书馆在选择场址时，参考了专业人士的建议，把原来一楼的学前教室改作图书室，这间教室在教学楼楼梯入口处，孩子们课间可随时进入。

另外，村小图书馆的功能一般是集借书和阅览为一体，所以场馆的设置要合理，要设有借书区和阅览区，这在场馆建设前就要考虑。

在我们学校图书馆的内部，前面是借阅区，后面是阅览区。地上铺着舒适的地毯，大家可以席地而坐，拓宽了阅读空间。图书室最大的亮点是前面台阶的设计——加上一个投影仪就是一个小阶梯教室，师生可以在里面上阅读课、讲故事、聊书。

学校的图书馆可以更加个性化，如果加上一些儿童私密的阅读空间和小沙发、软垫子，增加舒适感，给孩子们更好的阅读体验，使之充满乐趣，变成一个孩子们充满期待的地方就更好了。

图书馆内书架的放置和图书的摆放除了要利用场馆的特点、分门别类摆放、便于查找外，还要考虑到儿童的身心特点，把新书和“热门”书放在显眼的位置。比如，绘本架最好能展示封面；童话书、桥梁书一般是中低年级孩子阅读，因此放在书架的低处，便于孩子们拿到；而儿童小说、自传、历史等适合高年级孩子阅读的图书，可放在书架的稍高处，但都得方便孩子们拿到。

3. 管理运作

在图书馆运营时，可以安排责任心强、喜欢阅读的教师兼任图书管理员。制定管理制度，培养学生图书管理员，协助教师进行图书的管理工作。

（二）打造班级图书角

有人说，“要想让孩子们爱上阅读，就把书放在他们随手可得的地方”。因此，班级图书角的建设就显得尤为重要。

为了调动孩子们的积极性，我在打造班级图书角时，从书架的挑选、安装，到图书角环境布置，再到图书角名称的确定，都让孩子们全程参与。还记得书架刚买回时，就在校园内由高年级同学组装，而低年级同学则围成圈在旁边看，时不时地还鼓鼓掌、加加油。

班级图书角可以有名字，名字最好是让孩子们来起，让他们投票筛选，如“书香小屋”“幸福园”“小黑鱼”。另外，图书角还要布置得充满童趣，布置过程也要邀请孩子们一起参加，可设置阅读成果展示区等。

班级图书角的图书，可以从图书馆借一部分，同学们再捐赠一部分。有了优质图书，同学们借阅很方便，班级阅读氛围就更浓了，也带动了同学们的读书热情。

（三）创建校园开放书吧

可以在学校教学楼的楼梯间、走廊设置开放书吧。这些书吧的建成，又给孩子们提供了一个安逸舒适、自由自在的读书空间。课间、饭前饭后，书吧里经常有孩子们站着、坐着、躺着、趴着看书的身影。开放书吧里，要尽量摆放一些新购进的图书或者新书的宣传册，还可以展示孩子们的优秀作品。

（四）布置校园阅读环境

可以在校园显眼位置设置阅读标语，利用学校大屏幕推送读书名言。这些宣传内容，让师生一踏入校园就开始了一天的阅读生活。

校园的宣传栏，可以开设好书推荐专栏；校园的绿化带内，也可以布置书形标语；班级外墙长廊，则可以展出孩子们的书评卡、手抄报、阅读积分卡等。

校园阅读环境的布置要充分发挥学生的主体作用，集思广益，积极创新，使每面墙壁都会说话，给孩子们创造一片有生命感的天地。

二、培养教师的阅读习惯

打造书香校园，首要条件是有爱阅读的教师和爱阅读的校长。身教重于言教，爱阅读的教师和校长就是学生的榜样。想要让学生读书，必须先让教师爱上读书。教师如果阅读量不足，就不能很好地指导学生读书，更不可能持续地推广阅读。

（一）教师阅读从亲子共读开始

我给教师们提了一个建议：找一本绘本，在晚上讲给自己的孩子听，先让自己的孩子爱上阅读。慢慢地，教师们就有了行动，白老师就在晚上给女儿读书，一天天坚持下来，女儿爱上了阅读，期末统考时，只有她一个人语文考了 92 分，这让教师们看到了阅读的力量。学校其他教师看到了读书的成效，也加入了这个行列，给自己的孩子讲，陪自己的孩子读。看到自己孩子的进步，就有了思考：我要是陪我们班的孩子们读，他们会不会进步呢？孩子们爱上了阅读，我上语文课会不会更省力呢？孩子们爱上了阅读，对他们的数学成绩会不会有帮助？班级管理呢？带着这些问题，他们开始了尝试。结果令人相当满意，于是有更多的人加入进来。

（二）要开好教师读书交流会

教师读书交流会是促进教师阅读的重要方式，是教师成长的重要平台，是抱团成长、打造书香校园的重要载体。教师读书之后，交流会是最好的输出方式，几个人在轻松的环境下分享交流，既感受到陪伴的力量，又可以互相学习、取长补短。

（三）奖励机制要跟上

评选月度、年度书香教师，是对教师读书的一种肯定和鼓励。此外，还可以在每周的例会上让教师进行简单分享。

三、推广策划阅读活动

丰富多彩的阅读活动，能很好地促进孩子们阅读习惯的养成。阅读活动可以分为学校阅读活动和班级阅读活动。

（一）学校阅读活动

学期之初，就要对学校的阅读工作做全盘的规划，每学期举办 1~2 次大型活动。另外，一定要重视“世界读书日”“校园文化节”等特殊节日的仪式感。比如，今年可以戏剧为主题，让同学们先读书，再选取剧本，自己编排、演练，到月底前再进行展演。明年可以“手工书”为主题，先读书、查阅资料，再动手设计手工书，集中展示，总结表彰等。

还有一些学校常规的阅读活动，可以每月定时举办，讲故事、征文、手抄报、演讲、朗诵等，这些活动的举办，既给学生搭建了展示的平台，也让他们读的书有了输出的机会。活动之后的总结表彰，更能调动同学们的积极性，比如，评选“阅读小明星”“书香家庭”等，树立榜样，在身边榜样的带动下，读书的氛围更容易形成。

（二）班级阅读活动

在班级层面，教师也可进行多种形式的阅读活动。比如，开展聊书、读书卡制作、好书推荐、书影随形等常规活动。要是学校条件允许，能开设阅读课程就更好了，有了课程的指引，再加上学校行政的干预，阅读推广之路就会更顺畅。

四、课程提升阅读质量

有了一定的阅读基础之后，学校可以设置专门的阅读课，每周每班安排一至二节为宜。

“平时经常鼓励孩子们读书，但总觉得孩子们读得肤浅，怎样去引导呢？”“孩子们不会读书怎么办？”这些问题，都可以在阅读课上解决。

常见的阅读课有绘本课，整本书导读、推进、交流课等。最重要的是要依据师生的阅读情况灵活安排，但一定要记得，课外阅读不同于学生的自由阅读，是需要教师来引导的。我们当初就是先安排两位教师外出学习，回到学校后给教师们作示范，教师们再在自己班级尝试，最后学校开展绘本赛来推动。这就锻炼了教师们的授课能力，学生也学到了一定的阅读方法。

乡村学校受师资的限制，也可以先让中青年教师进行尝试，然后再全校推广。刚起步时，要多鼓励，打消教师们的顾虑，让他们放手去做。课程上得多了，也就有了方法和经验。

五、带动家长参与阅读

家庭是学校教育最有力的补充，学校推广阅读，要是能得到家长的支持，就能走得更远。

乡村学校学生家长的知识水平参差不齐，留守儿童居多。教师就需要尽可能多地去引导家长、影响家长，多带家长去体验、参与阅读活动。让他们亲眼看到自己孩子读书带来的改变，就更乐于参与了。获得家长的认同后，就可以建议家长在家里设置家庭书架，并给孩子藏书。家里有了书，就可以开展亲子共读活动，在亲子共读的过程中，会收获一份浓浓的亲情，会给孩子的一生留下难忘而美丽的回忆。

亲子共读，也是享受快乐时光的时刻，需要注意以下几点：

孩子阅读的时候尽量不要提要求，让他快乐地读下去。还记得前几年，我家小黑每天晚上都要抱着一摞绘本让我给他讲，讲着讲着，无意间会断下来向他提一个小问题，而他却不乐意了："赶快讲，不要问！不要问！"虽然有孩子气，但更多的还是由孩子们的心理特点决定的。孩子阅读，要让他有一种非常好的感觉，顺其自然，他想怎么读就怎么读，让他在阅读中享受快乐、享受自由。

可以巧妙地与孩子分享阅读的感受。分享是相互的、自由的、享受的，是不做判定性评价、不能变成测验的。松居直说："绘本最重要的功能，就是带给孩子快乐！"能享受这种分享的快乐，孩子将会走得更远。

书香浸润生活，阅读点亮人生。十年的阅读推广，有过成功的喜悦，也有过失败的痛苦。有了艰辛的过程，才有那满满的收获。

推广阅读，是一条漫长的路。它就像种树，收获或许在十年之后。但这是一条正确的路，只要坚持走下去，一定会书香满园。

初中“语文综合性学习”教学内容及策略

——以七、八年级统编教材为例

苏开敏　四川省阿坝藏族羌族自治州若尔盖县中学办公室主任

一、什么是“语文综合性学习”

《全日制义务教育语文课程标准》（2011 年版）中的教学目标、内容、建议中对“语文综合性学习”有相关的介绍，但并无明确的概念界定。但“综合性学习”的特征、定义等，又对“语文综合性学习”板块教学特别重要。

查阅不同研究者对“语文综合性学习”的研究，只有《语文综合性学习及教学技能训练》一书中对“语文综合性学习”有这样的定义：“语文综合性学习是学生在语文实践活动中，综合运用语文知识、整体发展听说读写能力的过程，其根本目的是使学生的语文素养获得全面而协调的发展。”

这个定义对于一线教师而言少了“综合”的指向性。根据《全日制义务教育课程标准》中对“语文综合性学习”相关内容的阐述和专家学者们相关的研究结果及统编教材中“综合性学习”的编排，我认为：“语文综合性学习”是语文学科内部综合各种能力的一种学习方式，在模拟或真实的情境中，以“传统文化”“语文生活”“综合实践活动”为内容载体，培养学生在策划、组织、协调和实施等各种活动中运用语文知识的系列专题活动。

二、统编教材“语文综合性学习”内容分析

（一）三个系列专题螺旋上升，丰富了“语文综合性学习”内涵

据析，七年级教材中“综合性学习”以“传统文化”“实践活动”“语文生活”为内容，设计有三个系列专题（如图 1 所示）。与人教版旧教材相比，统编版教材的“综合性学习”活动主题安排的顺序和主题安排的内容都有变化，但都是根据学生的能力需求进行分段设计（如图 2 所示），内容和主题都根据学生发展规律呈螺旋

上升趋势。

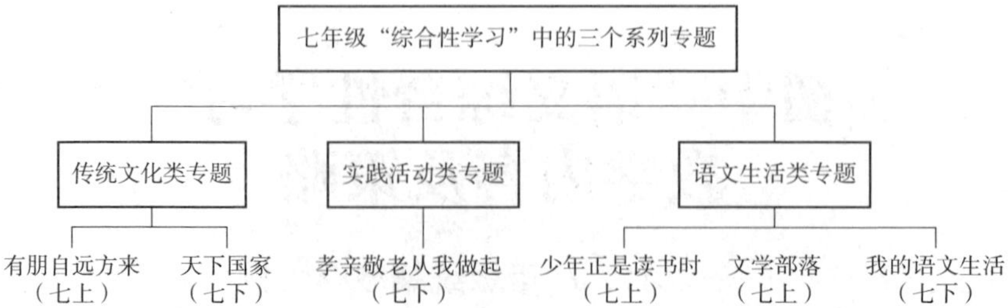

图 1　七年级教材中“综合性学习”中的三个系列专题及对应的内容

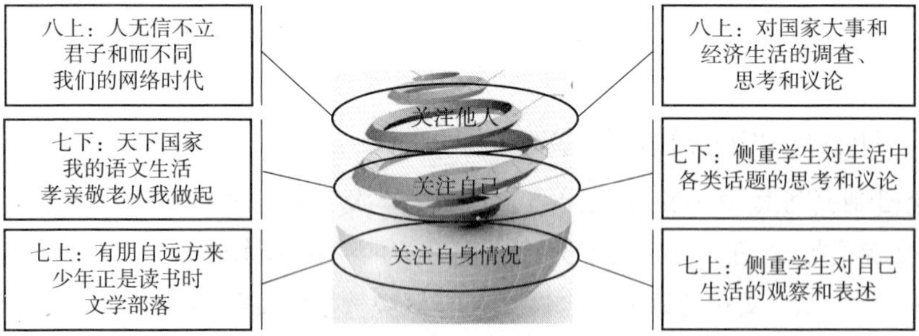

图 2　统编教材中“综合性学习”三个专题的螺旋上升图解

其中，传统文化专题的设计目的是：让学生在传统文化学习中陶冶品格和情操、磨炼意志，提高其思想、审美、文化和道德素质，让学生学会怎样与他人相处。综合实践类专题的设计目的是：让学生将学到的语文知识用于生活，在社会体验中学习语文，从而学会如何融入社会。语文生活类专题的设计目的是：让学生透过文字去发现语文学科的博大精深，让学生在生活中发现语文、学习语文，在大量的课外阅读中丰富自身的生活体验和精神世界，让阅读成为自己生活的一部分，提高自己的语文素养，学会如何与自己相处。三个系列专题环环相扣、循序渐进，从传统、自我、当下三个方面科学地安排活动内容，丰富了“语文综合性学习”的内涵。

（二）大量补充资料、丰富知识，为学习指点迷津

与旧版教材内容相比，统编教材“综合性学习”内容补充了大量的文学资料、非连续性文本资料、综合性学习评价表等，为我们的活动过程指点迷津。

比如，七年级上册的“有朋自远方来”专题就为我们补充了《伯牙绝弦》《割席断交》两个古人交友之道的文学资料；七年级下册的“天下国家”专题补充的是杜甫、陆游、屈原等爱国诗人的诗词资料；七年级下册的“我的语文生活”专题补充的是蔡元培挽鲁迅联、长沙白沙井联、杭州西湖联等名联欣赏。这些文学资料，一

方面丰富了学生的语文知识，另一方面为学生收集资料明确了方向、提供了范例。

又如，七年级上册中“少年正是读书时”专题的“资料夹”里补充有“有关机构公布的国民阅读指标数据”图表、“个人阅读状况调查问卷”、“名家谈读书”等资料；七年级下册的“孝亲敬老从我做起”专题的“资料夹”里依次补充了“孝亲敬老月”活动计划示例、“孝亲敬老月”活动海报样图、“孝亲敬老月”的漫画图片等。这些非连续性文本资料比叙事性文本资料更直观地向读者提供了活动专题的主要学习材料，更简洁明了地呈现了文本的关键信息，提高了读者的阅读速度，对活动的开展起到很好的辅助作用。

表 1 是七年级上册中“有朋自远方来”专题的附录中提供的综合性学习评价表，弥补了一直以来“语文综合性学习”评价的空白。

表 1　综合性学习评价

学习主题：________________

小组成员：________________

被评价者：班级：_____ 姓名：_______ 日期：_____

评价项目	评价指标	评价		
		自我	同学	教师
听	①听话时有礼貌　②注意力集中　③能听清楚主要意思			
说	①说话时态度大方　②声音清晰　③内容有条理			
信息收集	①能准确获悉所需资料　②能对收集到的资料进行归类整理 ③能与同学分享资料			
合作	①能与同学合作　②能认真完成所分配任务 ③在集体中能够承担组员或组织者等各种角色			
综合评语	自评：			
	互评：			

注：评价等级分 A、B、C、D 四级，各等级指标分别为：

A——三项指标全部合格　B——达到两项指标　C——仅达到一项指标　D——未达标

（三）各种活动形式灵活多变，促进综合能力培养

王本华在《从八大关键词看“部编本”语文教材的编写理念》中提道：“随着课改的深入，人们越来越多地认识到培养听说读写综合能力和在特定情境中完成特

定任务、解决特定问题的重要性。”统编教材的“综合性学习”中编者就设计了灵活多样的学习活动。我主要从“读”“说”“写”三个方面入手分析。

如表2所示，七年级“综合性学习”中“读”的内容包括古籍资料、图表、名家文章、图片、名言警句、古诗词、广告、名联等。

表2　统编教材七年级“综合性学习”中补充的“读”的相关内容统计

册数	专题	资料类型	资料内容
七年级上册	有朋自远方来	古代文学	《吕氏春秋·本味》 《世说新语·德行》
	少年正是读书时	图表	《国民阅读率指标》《国民图书阅读量指标》
		名家文章	朱光潜的《谈读书》、叶辛的《书将伴我走向未来》
七年级下册	天下国家	古诗词	屈原、杜甫、陆游、辛弃疾、文天祥等爱国诗人的爱国诗词
		名言警句	《管子·牧民》、葛洪、顾炎武、邓小平、海涅等的爱国名言
	孝亲敬老从我做起	活动计划	“孝亲敬老”活动计划
		图片	“孝亲敬老”海报图片、孝心漫画图
		古籍资料	《说文解字·老部》《论语·为政》《孟子·万章上》《礼记·祭义》《庄子·人间世》
	我的语文生活	广告	优秀广告词
		名联	济南后宰门民居对联、清代郑板桥自题宅联、济南大明湖小沧浪园联、长沙白沙井联、清代林则徐自题联、杭州西湖联、蔡元培挽鲁迅联、杭州岳王庙联

据图3分析，仅七年级两本教材的“综合性学习”，在“说”的形式上就安排有个人参与的讲述、演讲、朗读等，多人参与的讨论、辩论、分享交流等。

“写”的形式也是多样的，有以文字为主的“活动计划稿”“发言提纲”“诗歌”“剧本”问卷分析等，也有图文并茂的“文学角”“班刊”“海报”等。

除此之外，学生还需要参加综合性的访问、演讲、辩论、问卷调查及分析、活动策划、剧本创作、诗歌朗诵、文学角布置、表演课本剧等多种学习活动。这些都旨在让学生在不同的真实情境中锻炼自己的语言理解和建构能力。另外，统编教材中的综合性学习活动设计同主题设计一样，也是根据学生年龄特性呈螺旋上升趋势，如七年级的学习活动中安排的讨论内容较多，写作内容较少，多为策划、填写调查问卷、专题讨论、点评等，学习成果反馈多以展示为主。到了八年级，讨论不再是活动主体了，写作占了多数，学习活动中收集资料、讲述、访问、演讲、实地考察、撰写报告等占了多数，活动过程侧重于对学生的信息收集能力和分析能力的培养。学生研讨内容也从七年级的校园交友、读书生活话题延伸到诚信、互联网、文化遗产等社会话题。学生的学习成果由展示分享提升到了以研究报告、文学作品为主。

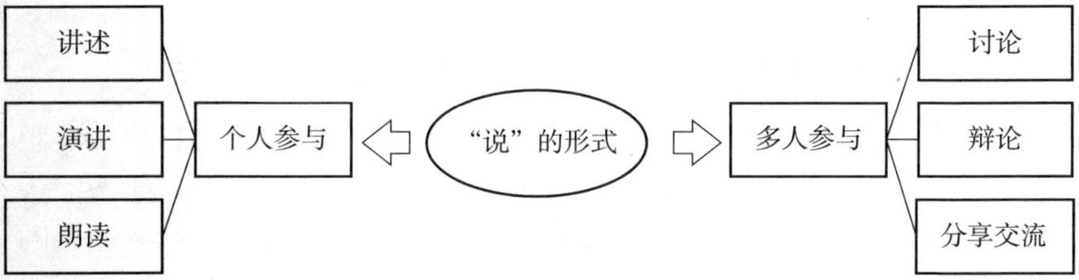

图 3　七年级“综合性学习”中“说”的形式分析

统编教材“综合性学习”，无论是内容的安排还是补充的资料、活动的安排，都是根据学生身心发展螺旋上升趋势安排的，一切都是为了让学生会用语文知识去关注自己的生活、关注自己所处的时代，用语文课堂所学知识解决生活中的问题。这不仅对学生语文综合能力的培养有着积极意义，更对学生健康成长有着帮助。

三、统编“语文综合性学习”教学策略

（一）“专”“兼”结合——科学有效处理强大教学内容与教学时间关系

专兼结合，就是专门进行与伴随性进行兼顾。尽管“语文综合性学习”与训练对提升学生的语文综合能力有利、有效，但是一个学期中能够专门用于“语文综合性学习”、训练的课堂教学时间是有限的。在这种情况下，语文教师可以利用专门课时进行“语文综合性学习”，相关训练安排于其他语文教学活动中（或课余时间），伴随性完成综合性训练。

比如，教学“孝亲敬老从我做起”时，整个活动时间长达一个月。4 月中旬，我利用一节课时间让学生明确本活动的目的、内容，学习“活动计划”制订方法。然后利用课余时间，每位同学完成一份活动计划（目的是检查学生是否掌握制订计划的方法）。然后由语文课代表汇总每位同学计划中扣题且操作性强的活动项目（发起“孝亲敬老倡议书”、手绘孝亲敬老宣传海报、办一期主题黑板报、拟写感恩主题标语、收集分享孝亲敬老故事并形成故事集、一次爱心作业、一篇活动

心得、进行一次活动成果展示等），整理成班级活动计划。之后在教师的统一规划下，开始落实计划。其中发起《倡议书》是利用一节班会课最后几分钟进行的，以此拉开活动帷幕。黑板报在课余时间完成，标语、故事收集整理、海报设计、活动心得等作业均分期于每周周末有计划地完成，而爱心作业安排在五一假期（考虑到寄宿制学生），故事分享则同成果展示一并在课堂上完成，以此来总结整个活动的得失。

一个长达一个月、全班同学参与、活动内容丰富的大型综合性活动，只占用了两节正课，且效果良好，这就得益于“专”“兼”结合。

（二）“内”“外”互补——丰富学习内容，让活动更有乡土特色

尽管综合性学习为我们补充了大量的资料、丰富了我们的知识、为我们收集资料指明了方向，但一些资料对于很多学生来说太陌生、太深奥、不易理解，从而让学生产生厌学情绪。为了使班级不同层次的学生都能通过每次“综合性学习”有所收获，我在执教过程中，除了利用好课本资源，更注重利用乡土资源。乡土文化倡导的孝、善、俭、爱国、和谐等价值观，是中华文明生生不息的坚实基础。如果我们从教学资源的角度去审视和建构乡土文化，就会发现：生活中处处是语文教学元素，只是缺少了发现的眼睛。比如，我曾在三个不同的地方上过“家国天下”，同样的课在不同的地方上，便有了不同的地域特色。在收集爱国故事活动中，我要求同学们收集本土的爱国故事，草原的孩子收集来的故事很多是爷爷奶奶讲述给他们听的红军过草地时的故事，有耳熟能详的《金色的鱼钩》《七根火柴》《胜利曙光》等小说中的故事，也有我们从未听过的真实故事；大渡河边很多孩子收集的故事中都有《飞夺泸定桥》；浙江的孩子们收集的更多的是与红船相关的人物故事。因为有乡土素材，与课本素材相互融合和补充，“综合性学习”内容就更丰富多样。将学生熟悉的本土故事引入课堂，不但能激起学生的学习兴趣，更能激发他们对家乡的自豪感、热爱之情。再结合书本资源的学习，学生的情感就会随之升华到爱国情。更能让他们设身处地地感受到，今天的生活是老前辈们用心血甚至是生命换来的，来之不易，从而更加珍惜。

（三）难、易兼容——活动项目设计，兼顾不同层次学生

在“综合性学习”中，书本里的内容只为我们提供了一个活动的轮廓，给教师和学生一个大略的建议而已。如何让不同层次的学生在“综合性学习”这片蓝天下能够“雨露均沾”，最终结出属于自己的那个果实呢？我的经验是，每次活动方案的设计，都要选择不同层次的学生代表参与，征求他们的意见，从而使活动方案中的活动项目尽可能地兼顾到所有学生。比如，教学“古诗苑漫步”时，在充分了解

教材设计意图后，我召集了不同层次的学生代表，一起围绕教材提供的三个方面设计（声情并茂诵古诗、别出心裁品古诗、分门别类辑古诗）商议本次活动的方案。最终我们将本次活动设计成一次以“古诗苑漫步”为主题的“古诗集的编辑”活动。诗集编辑又设计了六个章节，具体如图 4 所示。采用这种新颖的形式来完成本次的“古诗苑漫步”，目的主要是调动学生参与活动的热情。

目　　录

图 4 “古诗苑漫步”诗集涉及的六个章节目录

六个章节中的内容安排充分考虑了不同层次学生的情况，由易到难，同时也兼顾了“听、说、读、写、话、唱”等多方面的能力锻炼。每个章节内的每个小题目设计也是从简到难。如分门别类辑古诗章节中又安排了“古诗中有植物”“古诗中有动物”“古诗中有颜色”“古诗中有地名”“古诗中有成语”等内容，这些题目的完成是根据学生基础、能力等分层要求完成的。图 5 为这个积累型的题目。

4.古诗中有地名

①暖风熏得游人醉，直把杭州作（　）（　）。
②青海长云暗雪山，孤城遥望（　）（　）（　）。
③（　）（　）亲友如相问，一片冰心在玉壶。
④烟笼寒水月笼沙，夜泊（　）（　）近酒家。
⑤（　）（　）（　）月半轮秋，影入平羌江水流。

我还知道：________________

____

____

____

________________…………

图 5 “古诗苑漫步”诗歌积累案例

后进生只需要完成①～⑤题（当然能完成其他题更好），其他同学根据自己的能力补充横线上的内容，优等生要求补充五句以上。

“诗情画意赏古诗”中安排的“画配诗”和“诗配画”虽只是字序的差别，但对学生诗歌理解、诗歌鉴赏等方面的要求完全不同，设计目的也是兼顾不同层次学生。“声情并茂诵古诗”虽然在诗集里无法体现，但我们为不同层次学生选择了难易程度不同的诗歌作为朗诵备选内容。“用诗歌”章节最难，后进生完不成，我们就采用小组合作形式来完成，优等生就可以带动后进生一起进步……通过这些不同形式的品析赏读演绎活动，消除了学生在学习中的畏难心理，进而提高了他们阅读古诗词的兴趣。而把学习过程中的收获通过一本“古诗集”呈现出来，也丰富了学生的学习资料，同时加深了学生对古诗博大精深内容的理解，提升了学生对美的感悟和文化品位。

（四）主、辅结合——次要活动辅助主要活动，突出重点

统编教材的“综合性学习”的活动，往往都由一个主要活动和多个辅助活动组成，这些辅助活动都是为主要活动服务的，所以我们在教学中不能将其分离，但又不能面面俱到，这时我们就可以根据学生学期实际情况，选择一种辅助活动为语文能力训练载体，进行重点训练。

表3　七年级“综合性学习”活动方式分析（能力训练选择有梯度，提升学生能力）

年级	活动主题	主要活动方式	次要活动方式	重点训练
七下	孝亲敬老从我做起	组织活动月	方案设计，讨论，制作海报，文章写作，慰问老人……	设计方案能力
	我的语文生活	调查访问	绘画、拍照、录视频，资料的阅读、摘抄、分类整理，广告词撰写	调查访问能力
	家国天下	故事或朗诵会	资料收集、阅读、整理，讨论，办板报，书法创作	讲故事或朗诵能力
七上	少年正是读书时	专题讨论会	问卷调查表的填写、分析，阅读资料，短文写作	问卷调查填写与分析能力
	有朋自远方来	组织自我展示会	收集、阅读、整理资料，讨论、交流，拟发言提纲……	收集、整理资料能力

表3所示就是我在七年级“综合性学习”教学中以主要活动方式为主、其他活动为辅、侧重点突出的整体规划。第一次活动以训练“收集、整体资料”能力为主，第二次活动以“问卷调查与分析”能力为主，第三次活动的训练重点是“朗诵”技巧，第四次训练“调查访问”能力，第五次训练“活动方案设计”能力……根据学生学情进行重点训练内容选择，呈梯度式逐渐提升。

四、结语

总之，教师应当根据任教学生学情和教学需要，对教学方法、教学内容等进行及时的更新、优化，让语文教学能与时俱进，促进语文综合性教学的发展。

发现数学之美

——如何培养农村学生的数学核心素养

王海龙　安徽省宿州市萧县杜楼镇中心小学校长

数学核心素养是指学生应具备的数学基本素质和关键能力。核心素养强调的不是知识和技能，而是获取知识的能力。

义务教育数学课程标准中提出了 10 个核心素养，那么小学数学核心素养要如何培养呢？下面，我就从三个方面谈谈对培养小学生数学核心素养的一些认识。

一、培养学生的核心素养，首先要教学生用数学的眼光去认识世界

生活中处处有数学，小学生一定要用数学的眼光来认识世界。但学生年龄毕竟太小，需要教师为学生创造机会。

（一）加强数学和现实生活的联系

由于学生已经具备了生活经验，在教学中，我尽量选择接近学生生活的问题情境，对教科书提供的例子也选择性使用，尽量拉近数学与现实的距离，让学生学自己熟悉的数学。

例如，在教学“1 吨有多重”时，我在课前让学生观察自己家里带质量单位的物体，并且把得到的数据记录下来。比如，有的同学记录的食盐一袋是 500 克、大米一袋是 10 千克，有的同学记录的大米一袋是 20 千克，有的同学记录的面粉一袋是10千克，有的则是50千克。不管是大包装还是小包装，学生心里都有了一杆秤，知道 10 千克、20 千克、50 千克大约有多少了，这就为学习“1 吨有多重”做好了铺垫，学生很容易就理解了“吨”这个质量单位具体有多少，知道了 1 吨跟 2000 袋 500 克的盐一样重，跟 100 袋 10 千克的米或者面一样重……知道了“吨”原来是个这么大的单位。

教学课件——生活中的重量单位

这样，教师不需要强调 1 吨到底是多大，学生就对 1 吨有了基本的认识。最后，教师再出示图片，说明比较重的物体要用“吨”来做单位，学生就能轻而易举地掌握“吨”的有关知识。

教学课件——认识“吨”

数学对现实生活的帮助非常大，教师在进行教学时，一定要潜移默化地让学生感觉到数学在现实生活中的重大作用，要让学生愿意学数学。

（二）创造机会，让学生参与到数学活动中去

在教学中，要尽量给学生创造活动的机会，让学生在活动中感受数学。教师可以通过游戏导入新课，例如，在教学认识四位数时，我就让学生玩猜数游戏，让学生在游戏中不知不觉就认识了四位数。

我对学生说：“同学们都喜欢玩游戏吧，现在老师想了一个四位数，这个四位数的个位和十位都是 0，你们猜一猜这个数是多少呢？”

一个学生说：“3100、3800、4200、4500、5400……”很显然，这个学生没有按照一定的规律来猜。

另一个学生思考了一会儿后，举手站起来，问了我几个问题：

“这个数接近 5000 吗？”“对！”

“这个数比 5000 多吗？”“不对！”

……

通过猜数的游戏，学生找到了解决问题的方法，很容易就认识了四位数。当然，游戏的设置教师也要把握好，不能整堂课上学生都在玩游戏，要给学生一些适当的提示。比如，玩这个猜数游戏的时候就给这个数一些限定，个位和十位都是 0，这样学生就不会盲目地去猜了。事实证明，当学生亲自参与感兴趣的活动时，就愿意主动学习，便会收到很好的教学效果。

二、要培养学生对数字的“感觉”，即数感

什么是“数感”呢？就是学生对数字的敏感度，学生能从一些问题中找到数学特征。数学是抽象的，数学的基本思想和学习数学的关键能力在数学核心素养中有所体现。史宁忠认为，数学发展依赖于三种基本思维——抽象、推理和模型，其中抽象是核心。

例如，学生刚学习认识 1~10 的数字时，我就利用多媒体课件展示几种可爱的小动物，让他们数一数，每种小动物各有多少只，从学生数的只数中抽象出要学习的数字。

教学课件——认识数字

现在的教学条件好了，班级里基本上都有“班班通”等设备，用多媒体进行教学非常方便。多媒体可以给学生创造一些生动活泼的生活场景，让学生在自

己熟悉的生活场景中产生对数的“感觉”。比如，在教授一年级下册《美丽的田园》这一课时，就可以充分利用多媒体，先让学生做一些计算题，为后面的学习做铺垫。

然后教师再出示情境图，让学生自己观察，图中可爱的小动物各有多少。

这时，教师千万不要“代劳”，不要直接告诉学生这个动物有多少只、那个动物有多少只，而要让学生自己去发现。学生自己数过以后，就会自然而然地产生对数字的感觉。然后，再让学生根据数字和情境图提问题，这样学生很容易就掌握了新知识。

三、把课堂还给学生，培养学生应用数学的意识，提升学生用多种方法解决问题的能力

让学生经历“问题情境建立与应用”的过程，带着明确的目的学习新知识、新技能，反过来再解决老问题。例如，在教学《卫星运行时间》时，我课前就让学生收集有关卫星运行的知识；在引入新课这个环节，我又用课件展示了我国第一颗人造地球卫星发射的情景图。

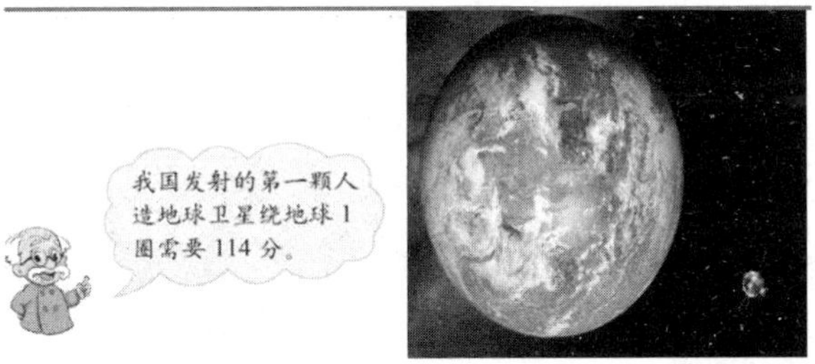

绕地球21圈需要多少时间？

114×21=

教学课件——情境图

让学生仔细看情境图，分析情境图提供的数学信息，然后提出一些数学问题。学生很自然就提出卫星绕地球轨道2圈、3圈、4圈……21圈需要多少时间。

解决第一个问题：估一估，绕地球21圈需要多长时间？与同伴交流你的想法。先让学生解决2圈、3圈、4圈……9圈各需要多长时间，再引出21圈需要多长时间，然后让学生独立列出算式114×21，交流列式的想法。引导学生了解算式的意义，再让学生进行估算（学生的估算答案不唯一，只要估算的过程和方法合理，表达清晰就可以）。

解决第二个问题：算一算，绕地球 21 圈需要多长时间？说说你是怎么算的。先组织学生独立学习，自主探索 114×21 的积。我建议的学习任务是：复习以前学过的东西，试一试自己的计算方法，告诉老师想法。

对于学习有困难的孩子，我会给予提示：能否根据算式的意义想思路？能不能把三位数乘两位数转换成三位数乘一位数？能否借助表格？能否根据两位数乘两位数的方法列竖式解决问题？

让学生小组交流，然后全班一起讨论。

教师根据学生回答，明确四种方法：

（1）拆分法：

114×20=2280　114×1=114　2280+114=2394

（2）转化法：

114×21=114×7×3=798×3=2394

（3）表格法：

114×21

×	100	10	4
20	2000	200	80
1	100	10	4

$$\begin{array}{r} 2280 \\ +\ 114 \\ \hline 2394 \end{array}$$

启发学生思考表格中数与数之间的关系。

（4）竖式计算法：

$$\begin{array}{rl} 114 & \\ \times\ 21 & \\ \hline 114 & \cdots\cdots 114\times 1\ （个位） \\ 228 & \cdots\cdots 114\times 20\ （十位） \\ \hline 2394 & \end{array}$$

学生计算出准确结果后，再与前面的估计值进行比较，算一算估算值与精确值间的误差，反思自己的估算方法，提升估算的意识和能力。

让学生比较各种算法的优缺点，通过比较，明确竖式计算三位数乘两位数比较简单。让学生比较哪些计算方法的思路是一致的，比如，第一种和第三种是一致的，通过学生自己的比较加深对竖式的理解。最后让学生谈谈计算过程，先算什么，再算什么，要注意什么，从而总结出竖式计算的步骤。

这节课，我让学生自己去发现、自己找解决数学问题的方法，让学生成为学习的主人。通过这节课的学习，学生的估算能力、用多种方法解决问题的能力、合作学习的能力等，都得到很大的提高。

小学数学教学的魂是小学数学核心素养，教师在实际的教学中，要尽可能创造机会，让学生的数学核心素养得到提高。只有这样，才能提高数学教学的质量。数学核心素质教育是以人为本的，要培养全面发展的学生，就必须提高学生的核心素养。在教学和研究的道路上提高学生的数学核心素养，是我们教育工作者的终身事业。

让数学教学立体起来

——小学数学教学中传统文化渗透教育研究

简　阅　重庆市合川区杨柳街小学副校长

教师作为学生一言一行的表率，应当贯彻、融入中国传统文化教育理念，同时还要与时俱进。首先，教师应多储备传统文化知识。教师不但要有学科理论知识与专业能力，还需要对中国传统文化有一定的了解，勇于传承中国优秀的传统文化。其次，教师要有渗透传统文化的意识。针对教学内容进行合理设计、认真备课，科学利用多媒体手段适度拓展补充与数学学科相关的传统文化知识，让学生在掌握数学基础知识和基本技能、积累基础活动经验的同时，熟悉传统文化。教师要积极开展传统文化内容的相关课题研究，相互交流，彼此分享教学经验，提高渗透传统文化的有效性。

一、充分利用教材资源渗透传统文化

我们发现：教材中编写了许多“你知道吗？”，这部分内容能让孩子们及时了解与该单元、该课时相关的课外知识，而且这些课外知识大多与传统文化相关。充分利用这一板块的内容，可以让孩子们更多地了解中国传统文化。比如，在教学年月日内容时就截取了二十四节气歌的部分内容，教师在教学这一内容的时候，可以事先让学生通过查找图书、上网查找资料的方式，了解二十四节气的由来和与二十四节气有关的小故事，使学生不仅对“年月日”的知识有初步的认识，而且加深对中国节气文化的了解。像这样传统节气文化的渗透，可以引领孩子从数学走向生活，再从生活回到数学，让孩子们在数学学习活动中爱上传统文化。

二、使用传统的学习工具渗透传统文化

（一）轴对称图形

中国人讲究对称，对称意寓圆满、团圆、和谐。无论是建筑、瓷器、书法、绘画，还是诗歌、楹联、图章等，都讲究对称。生活中处处可见对称美，丰富了数学课堂教学的资源。例如，轴对称图形的课前，教师可安排学生收集生活中的轴对称

图形，如建筑物、风筝、脸谱、窗花、折扇、汉字……课堂上，教师除了与学生一起欣赏这些图形或物体的对称之美、弘扬中国传统文化的悠久历史之外，还可设计动手操作的环节，如布置“我是小小设计师”的课堂活动，全员参与。课堂上，根据所教授的轴对称图形的特点，让学生动手绘画另一半脸谱，剪出对称的窗花。通过这些非物质文化遗产项目，让学生在操作中领悟中国传统文化的技艺，懂得传承和保护中国传统文化。只有结合学生在数学活动中的现有经验，才能使数学与传统文化密切相关，让学生感受到传统文化的魅力。

（二）计算工具

算盘作为我国的传统计算工具，是我国古代伟大的发明之一。随着科技的进步，最终计算器取代了算盘，学生对算盘这样的计算工具比较陌生。虽然教科书编写了“计算工具的认识”这一内容，但它只是简要介绍了计算工具的发展和算盘的相关知识。算盘在世界计数和计算工具史上做出了杰出的贡献，如果在课堂上对算盘的相关知识一带而过就错过了对传统文化深究的机会。于是，我让学生利用课余时间查阅、收集算盘的相关资料并进行研究。学生们发现，在两千多年前，也就是发明算盘之前，古人用一根根同等长度的小竹子或小木棍或骨头制成的算筹记数和计算；后来在一千多年前，古人发明了算盘，避免了算筹携带的麻烦和计算的不便利性，算盘主要用于计算和记数两个方面，在用算盘进行计算时，还有一些便利的口诀，这些朗朗上口的口诀应用于加减乘除计算，计算速度不亚于笔算。学生在从算筹到算盘的发明当中，感受到了中国古人的聪明才智和思维方式，有助于学生进一步亲近传统文化。

三、引经据典，渗透传统文化

（一）名人典故

上下五千年，中国数学文化史中有许多名人典故、名篇巨著，这些对学生喜爱数学会产生积极的影响。在数学课堂中，我们应该选择合适的机会向学生介绍中国数学家们刻苦钻研难题、为了追求真理越挫越勇的精神。帮助学生树立学好数学的理想，下定不怕错题、不怕困难的决心。例如，在教授“圆的周长”一课时，让学生计算圆的周长除以直径，通过对不同大小的圆的计算，发现结果总是 3 倍多一些，但是学生对这个商到底是不是固定值、具体是多少等问题是无法得知的。历史总是重演，学生此时遇到的学习问题正是伟大的数学家所面临的困难。当讨论无果之时，教师在这个合适的时机给出古代数学家祖冲之的解题方法。圆周率的发现，让学生的内心很激动，对数学家的钦佩之情油然而生。这样的例子很多，如刘徽首创割圆术、陈景润的哥德巴赫猜想、杨辉三角、田忌赛马等。只要教师下足功夫备课，有意识地利用教学资源加以创造，无论是古代名家故事，还是当代数学家成长的经历，都能让学生领略中国传统文化的魅力，通过不同的视角来学习课本知识，增加学习主动性，喜欢上数学这一学科。

（二）数学名题

在数学教材中，编排了许多历史流传下来的趣味数学。比如，四年级下册《数学广角》中“鸡兔同笼”问题，早在《孙子算经》中就有记载。这个问题在一千多年前漂洋过海，对中国传统文化的传播起到了积极的作用。这一课时的导入情境创设就可以这样利用课件展示：“在一千五百多年前，《孙子算经》中记载了一个有趣的数学问题——今有雉兔同笼，上有三十五头，下有九十四足，问雉兔各几何？”引起学生对古代数学趣味题的好奇心后，教师顺势展开新课，将数字化繁为简，引导孩子感受数学传统问题中蕴含的数学思想，学会用列表法与假设法解决数学问题的策略，激发学生的求知欲，把传统数学问题与课堂教学有机结合，增加了探索的乐趣。

总之，我们应该继续探索和总结教学实践的经验，找到适合学生的认知规律，适时渗透中国传统文化，让数学知识和传统文化碰撞的火花熠熠生辉，这样的数学课堂方能体现出教育的实际价值。

神奇的兴趣教学

——农村小学英语的创新尝试

王德贤　河北省张家口市怀来县瑞云观乡中心校副校长

中国古代伟大的教育家孔子曾说过："知之者不如好之者，好之者不如乐知者。"强调兴趣对学好一门功课的重要性。经过教学实践，我认为在英语教学中，兴趣的重要性显得尤为突出。因此，培养小学生对英语学习的兴趣是学好英语的先决条件。在这方面我校老师做了大量的创新尝试，具体做法如下。

一、创新教学模式，激发学生兴趣

学校的课堂教学是培养学生兴趣的主阵地。只有让学生在课堂上充分动起来，才能把枯燥的词句、文章学习变成学生感兴趣的活动，从而激活学生的语言习得技能，使学生在活动中思考、发现、创新，通过活动感悟语言和运用语言。

（一）让游戏带动思维

要在游戏中培养兴趣。兴趣是获得知识、开阔眼界、丰富心理活动的重要推动力。同时，游戏还可以启发学生的思维能力，让学生将过去被动的、任务式的学习习惯转变为主动学习。弗洛伊德说过："游戏是愉快原则促动的，它是满足的源泉。"活泼好动是孩子的天性，因而在教学中我经常引入 TPR 活动。通过看、听、表演、画、玩、做等多种形式训练学生的听和说。因此，游戏设计便是教师在课堂上为学生精心烹调的"风味大餐"。如教学人体部分的单词后，组织学生做 touching game，人人都乐于参与；学习了颜色词汇后，做 show、draw、colour 或 point 的游戏；学习了动词后，做 listen and act 的游戏。学生兴趣浓厚，都积极思考，争着做示范，使得课堂气氛热烈、欢笑声不断。

由此我们可以看出，游戏教学能激发儿童学习英语的兴趣，营造出愉快的气氛；游戏教学有助于深化旧知、拓展新知；游戏教学能促进孩子们交际能力的提高，促进孩子们记忆力的发展。

（二）让歌谣跳动魅力

儿童歌曲和歌谣因为朗朗上口，学生非常感兴趣，所以他们会在上学和放学的路上，在任何他们想起的时间和地点唱起歌谣，这是一种无意识的复习和巩固，不仅可以帮助学生记住学过的单词和句型，而且可以将课内的教学延伸到课外。小学生天真烂漫，往往音乐一起，便会高兴得手舞足蹈。利用歌曲、童谣让学生自然掌握单词、句子，不失为一种良好的教学方法。于是，我除了充分利用课本上的歌曲外，还利用旧曲填新词的方法，将学生难记忆的单词、句子，融入孩子们喜欢的歌曲中。比如，在教一年级新教材中的“What’s in the classroom? ”一课时，我将此句与本课重点单词 book、blackboard、desk 放入学生熟悉的童歌《两只老虎》中，教师问、学生答或学生互问互答，这样一来，既解决了学习中的难点，又激发了学生的学习兴趣，提高了学生的听力，还增强了学生的语感。寓思想教育、审美教育、知识教育于一体，可谓一举多得。

（三）让表演调动兴趣

现行的新课程将改变学生以往的学校生活，学校的学习环境正在努力适应学生，而不再是一味地让学生适应学校。英语的教学将由传统的、单一的、枯燥的、死记硬背的学习模式，转变为在主动的、愉快的、充满情趣的和语言交流的学习环境中进行。语言是表情达意的工具，让学生在英语课堂上进行角色表演，符合小学生善模仿、好表演的心理特点，也是小学生们所喜爱的一项活动。

为了使表演的效果更佳，我在课堂中充分利用眼神、表情、动作、姿势等肢体语言配合进行声情并茂的教学，让学生进行无意识的模仿。同时，除了真人表演对话外，我还准备了活泼可爱的面具、头饰、服装让学生选用，以便让学生利用玩具、木偶等自己喜欢的物品来表演木偶戏，自己帮着配音，这样效果也很好。如教 shopping 时，我给学生设计了一个较为真实的情境活动，让学生选择自己角色的服装，分别扮演 customers 和 shop keepers，并且设计了一个 competition，谁买的东西最多将会获得奖励。这种教学形式使学生在角色扮演中自如地运用语言，真正将课堂活动与社会生活联系起来，让学生带着浓厚的学习兴趣自主学习、自主发展。

二、创新多种方式进行情境创设

英语情境教学是指：在英语教学中运用交际的社会情境。脱离了社会情境，语言就难以恰当地表达，难以发挥其进行交际活动的本质作用。语言是交际的工具，所有有意义的语言交际活动都是在特定的情境中进行的。要创设丰富多彩的真实活动情境，让学生在活动中进行探究。正如美国阶梯英语老总所说："让孩子们浸泡在英语的氛围中，没有学不好英语的。"

（一）充分利用教材内容重现情境

当前，新课程背景下的教材，对学生的学习给予较多关注，在教材知识的背后隐藏着编写者对教学过程的思考。小学英语教材从学生的兴趣出发，本身蕴含着丰富的情境内容。比如，教科书全部采用彩色图画，情境会话贯穿全套教材；教材内容紧密结合儿童好新奇、爱活动、善模仿、爱说、爱唱、爱跳、爱表演的特点进行编排和设计。教材中安排了大量儿童喜闻乐见的歌曲、游戏以及一些浅显易懂的趣味故事等。我们可以充分挖掘教材内容、创设教学情境，如在展示新语言点时，我们能展示教材中的实物（不同的学习用具、食品、衣物、颜色等）或画出相应的简笔画，可以刺激学生大脑，使学生直接感受英语，激发学习兴趣，提高学习热情，强化求知欲望，并形成深刻的印象。

（二）充分运用现代媒体拓展情境

多媒体进一步把电视机具有的视听合一功能与计算机的交互功能融为一体，给教学提供了一种全新的、图文并茂、丰富多彩的人机交互平台。这种交互方式对于教学过程具有重要意义，它能有效地激发学生的学习兴趣，使学生产生强烈的学习欲望，从而形成学习动机。教师要灵活运用 TV、VCD、电脑、录像等各种电教手段，让教科书活起来、动起来、发出声音来，让"活"的教科书开发学生的智力，培养学生的创新能力，为学生提供真实自然的语言使用示范，使教学变得生动、活泼、感染力强，让学生置身于以英语为母语的环境中，体验英语的实际运用。例如，利用录音机、磁带来听纯正的英文，培养学生的听力、语感；利用 VCD、电视机来观看英文动画片，使教学内容直观明了，学生也感兴趣。运用电化教学手段，拓展了教学情境，多方面地调动学生的感官，让学生多渠道地获得信息，从而加大了课堂教学的密度。

（三）充分运用教法优化情境

苏联教育家赞科夫说："教学方法一旦触及学生的情绪和意志领域，触及学生的心理需要，这种教学就会变得高度有效。"因此我经常采用生动的、适合学生心理发展水平的教学方式，优化英语教学情境，激发学生的学习兴趣。比如，在课堂英语教学（尤其在起始阶段）中，我常常采用音乐教学（唱英语歌）、游戏教学、课前或课后猜谜语等教学方法来激发学生的学习兴趣。在平时的教学中，我常常用英语组织教学，开辟英语语言环境，再配以大量的感性材料和电化教学手段，多给学生提供英语对话、表演、朗读的机会和时间，组织科学的教学方式，优化教学情境，使学生在一定的语境中学好英语，始终保持浓厚的学习兴趣。比如，教学动物的单词时我就把几种动物，特别是学生熟悉的 dog、cat 等做成头饰，把它们的声音 wangwang、miaomiao 等录下来，然后编成一个故事。当要教授某一关于动物的单词时，就放录音听动物叫声，让戴头饰的学生上台，再继续讲故事。如此一来，学生既听了故事又学会了单词，心里自然很高兴，学习的积极性就会更高。英语语言学习是一个螺旋渐进的过程，适时进行课程融合，尽可能提供一切机会让学生所学知识能够及时有效迁移到后续学习中，不仅为学生大量接触目的语提供更多可能，而且也为学生在现实情境中运用和巩固语言提供更多更好的机会。

（四）充分运用积极鼓励唤醒情境

尝试关注学生情感，营造宽松、民主、和谐的教学氛围，为培养学生积极性和自主性提供良好的环境，从而实现师生共同参与。德国教育家第斯多惠曾经指出："教学的艺术不在于传授本领，而在于激励、唤醒和鼓舞。"的确如此，学生是有情感的，学生的情感直接影响到他们的学习兴趣及学习效果，只有积极、肯定的情感才能使学生的主体性、创造性得到发展，学生的思维才能更加活跃。比如，我在课堂上要求学生进行两人对话时，双手并排合拢，说："Pair work，please."每当学生紧张时，我会轻声地鼓励："Don't be afraid.""Never mind.""Try again."每当学生回答正确时，我便及时地说一声"Very good!""Well done!""Great!"等以示表扬。在每次表演对话结束后，我会对表演对话的学生给予适当的奖励。这样可以更加有效地提高学生学习英语的积极性，使他们敢说、乐说、善说，不断减轻学生学习英语的负担与压力。

（五）充分运用身体语言引导情境

在日常教学活动中，我们有经验的教师会有效地使用目光、手势、姿态的变化来与学生交流和沟通，控制课堂气氛，创设特定的情境，以此来集中学生的注意力，有效地传授知识内容。教师亲切而自信的目光、期待而专注的眼神可以使学生产生安全感，消除恐惧感，缩短教师与学生的感情距离；教师热情洋溢的微笑、友善慈祥的面容可以使学生获得最直观、最形象、最真切的感受；教师潇洒得体的身姿手势，无时不在感染着学生，可以使学生加深对知识点的理解、记忆，引导学生全身心地投入情境。

三、创新适当输入西方文化

人类的语言有丰富的文化内涵，接触和了解英语国家文化有益于对英语的理解和使用，有益于加深对本国文化的理解与认识，有益于培养世界意识。英语课程标准二级文化意识目标中明确，学生要知道英语中最简单的称谓语、问候语，对一般的赞扬、请求等做出适当的反应，了解英语国家中重要的节假日等。而且，学习一门外语的过程，也是了解和掌握该国家文化背景知识的过程。掌握其文化背景知识的程度直接影响语言知识的运用能力。所以在教学实践中，我们适当输入了一些西方文化中积极的方面。

（一）让学生在不同学习阶段学习不同的文化知识

因小学生的知识、经验有限，在课堂中融入的文化内容要符合学生的认知能力和接受范围，有些内容可以分层次地教学。比如，对五年级的学生可以简单地介绍中国和澳大利亚的地理位置及气候。在以后的教学过程中，还可以继续拓展地理位置和气候差异以外两个国家的其他区别。

（二）让学生在轻松愉快的环境中学会语言、拓展知识

要尽量将文化信息接收同日常教学结合起来。在小学英语教学中，英美文化渗透在教材的每个章节中。学习英语其实就是学习语言，同学习中文一样，这是一种语言工具，目的是更好地交流，使学生更好地提升世界观。这其中就包括了学习和了解与语言有关的风土人情、文化习俗和生活特点。

（三）让文化更好地融入情感教育

一节课学习完后让学生能够在情感上有所收获，以更好地将英语运用在实际生活中，能够更好地提升一节课的品质。因此教师要更擅长探寻课堂教学中对学生文化意识方面的培养。同时，让学生对英美文学产生兴趣，从而对英语产生好奇心，提高学生学习英语的动力。

总之，学生有了学习英语的兴趣，就会变被动学习为主动学习，从而喜欢上英语这门课程。要让我们的英语课堂充满活力，就一定要把它变成学生乐于学习的场所，让学生在课堂上充分“动”起来，学得有滋有味、有声有色，这才是真正意义上的英语课堂教学。小学英语教师要充分根据小学生的心理、生理发展规律和语言特点实施教学，提高自身组织课堂教学的能力，使学生学得自然、学得纯真，以适应将来的英语学习，使农村小学英语教学拥有真正的内涵。

如何做好小学生的书写功课

郭石平　云南省红河哈尼族彝族自治州泸西县旧城镇树勋小学校长
何　静　云南省红河哈尼族彝族自治州泸西县旧城镇树勋小学教师

时下很多老师抱怨学生写的字越来越差，卷面越来越脏，从而导致批改作业难，评阅试卷更难。那么，我们怎样才能提高学生的书写水平，让他们从小就能写出规范美观的字，从而让他们在考场上交出一份清秀而又整洁的卷面？我认为可从以下几方面尝试。

一、明确重要性——让学生从思想上有认识

可从两方面向学生阐述书写的重要性：其一，养成规范书写汉字的习惯，有利于学生的身心健康。原国家教委副主任柳斌同志说过："小学阶段，除了要打好思想道德素质、科学文化素质、心理素质、劳动素质的基础，还要打好书写规范汉字的基础，这是非常重要的。"1962 年，郭沫若先生为《人民教育》题词："我们从低段开始加强写字指导，不一定要人人都成为书法家，但总要把字写得合乎规格，比较端正、干净，容易认，这样养成了习惯有好处，能够使人细心，容易集中意志，善于体贴人。若草草了事，粗枝大叶，独断专行，是容易误事的。练习写字还可以逐渐免除这些毛病。"人可以写字，字可以显人，写字的意义远远超过练字本身。

现在的小学生书写姿势普遍不正确，在我曾任教的小学中高段班级学生中，每届 40 多个学生，其中戴眼镜的少则十几人，多则二三十人。当然，学生佩戴眼镜的原因有很多，但书写时姿势不正确一定是个不能排除的原因。同时，还出现了斜肩的、驼背的、偏头的学生，这无疑是不正确的书写姿势造成的后果，这还将导致学生的身体发育不良、身心不健康。教师可从这些方面告诫学生养成正确的书写姿势对于自己成长的重要性。

其二，教师还可以从审美的方面告诫学生，使学生认识到书写的重要性。比如，一个漂亮、美观、大方、得体的人站在你面前，回头率应该会高一些吧，此看法不论是男士还是女士都适用吧，毕竟爱美之心人皆有之。同样的道理，一份书写清

秀、整洁、规范的试卷摆在任何一个阅卷教师面前也应该会得到最大的关注。每次我们阅卷的时候，对于书写整齐美观的试卷，大家都会赞不绝口，甚至是停笔欣赏，心情也会格外舒畅，批改作文时也会看在考生态度端正的份上多给几分；一看到乱七八糟、书写歪歪扭扭、混乱不堪的试卷时，教师会不约而同地埋怨，甚至是放开喉咙责怪几句，总觉得考生态度不端正，不尊重阅卷教师，随之心情也会一落千丈，分数也会随着阅卷教师的笔尖直转而下。我们可以跟学生做个比较：同样的一篇作文，书写得好坏相差在十分左右。学生对此不以为然，认为这是危言耸听！我就跟他们说："今天语文老师上数学课，我们就来解答一道数学题。题目是：两篇同样内容的作文，老师阅后，本想给第一份试卷的作文 20 分，但由于该生的书写很认真，结果给了他 25 分；而另一篇同样内容的作文，老师阅后本想给他 20 分，但由于该生的书写潦草，结果老师给了他 15 分。请同学们算一算，两篇同样内容的作文，最后相差多少分？"学生们马上得出了结果 10 分，同时也得出了结论：要认真做好书写这门功课。当然，以上看法只是我个人的认识，可能有些偏颇，分数的差距也可能有夸张的成分在里面，但书写的好坏或多或少是会影响考生分数的。

二、弄清原因——让学生从源头找问题

医生医治病人，是从病人的症状判断病人的病情，从而开出能够医治好病人的良方。同样的道理，我认为要想纠正学生的书写，我们首先要弄明白学生的字写不好的原因。我归纳了一下，大概有以下几种情形：①学生书写姿势不端正，握笔不正确。②学生没弄清字形，比如有的学生把左右结构的字写成了上下结构，上下结构的字却写成了左右结构，这样一来，学生写出的字就会错位，肯定不会美观，甚至写成了错字；当然，还有半包围结构的字、全包围结构的字等，学生在认识上都会存在没有弄清楚字形的问题。③不会变笔，如土字，在做部首时就应该把它下面的一横变为一提，否则就会使字的间架脱节，从而造成字形不紧凑，甚至给人以变为两个字的错觉，当然像这样的例子还有很多。④学生不明白什么是"天头地脚"。⑤一部分学生还存在对字笔画的减写，比如，有的学生为了图快，将横折弯钩的笔画写成横折钩，写出来当然不好看。⑥还有学生对于笔画名称的理解不到位，比如，撇有横撇、竖撇之分，点有长点、短点之分。⑦还有学生不清楚笔画顺序的规则，也就会出现我们经常说的倒下笔画的现象。出现这样的现象好比我们建房子时，如果不按顺序建，那么房子就很难牢固。由此及彼，书写同样如此，倒下笔画写出来的字岂能稳固？所以我们在平时的教学中就应该注重笔顺规则的讲解：从左到右，从上到下，先中间后两边，先里头后封口，从内到外，从外到内等。多讲解

书写规则，学生耳濡目染，久而久之就会养成正确的书写习惯。

针对以上几点，我们只要在平时的教学过程中加以适当指导，学生的书写能力就会有所提高。

三、形式多样——让书写成为学生的兴趣

伟大的科学家爱因斯坦曾说过：“兴趣是最好的老师。”这就是说，一个人一旦对某事物有了浓厚的兴趣，就会主动去求知、去探索、去实践，并在求知、探索中得到提高。我想写字也是如此，因为练字原本是一件枯燥、无聊的事，我们要想方设法地培养学生练字的兴趣。那么，怎样培养学生练字的兴趣呢？

首先，形式的多样性是培养学生练字兴趣的最好办法。经过多年的教学实践，我认为可以采取教师带的形式进行，具体为：教师把当堂学习的生字、新词尽量采用规范的正楷字呈现在黑板上，然后让学生模仿抄写。当然，有的教师会说自己的字就不好看，又怎么给学生示范。其实这大可不必忧虑，我们只要督促学生学会一笔一画地书写，教师再把需要变笔的长点竖撇等的笔画用彩色粉笔标注出来，同时加上教师的提醒、讲解、对字形的剖析，久而久之学生的书写会越来越规范。这样做还有一个好处，就是让学生记住了当堂学习的生字、新词，可谓一举两得，何乐而不为？

其次，我们还可以让学生临摹一些书法家的字帖，这样做可以让学生在规范书写的基础上得到提升，使学生写出的字具有美感、可观赏性，这同时也解决了一部分教师的书写不能给学生做示范的问题。当然，采用这个办法时千万不要任由学生临摹，教师必须定期检查，比如在每天的写字课上检查，检查的时候教师还必须作出相应的指导。

再次，教师们还必须定期采用比赛的形式让学生对书写产生兴趣。比如，两个星期开展一次钢笔字比赛活动，耗时无须长，十分钟、二十分钟即可；可以书写词语、古诗词、文本里的精彩片段等内容，以及需要背诵的内容；方式上可独立完成，也可分组进行，还可展开男女生之间的较量。

复次，应要求学生在布局谋篇上有自己独到的见解。这样做同样也有它的多重好处：①规范学生的书写；②让学生也积累相关的内容；③让学生学会整体规划。一举三得，岂不美哉？当然老师们对学生完成的比赛结果必须给以公正、公开、客观的且具有指导意义的评价，让学生找到自己的缺点，提高书写水平。比如，有的学生是态度不端正，有的学生是笔画不到位，有的学生是为了省事、图快等。

最后，教师们还可以采用兵教兵、生带生的办法，因为无论做任何事情都存在有的学生领悟快、有的学生领悟慢的情况。我们可以让书写较好的学生带书写较差

的学生，最好是让他们自由选择自己喜欢的同学、自己喜欢的字帖观摩。具体做法是：先让书写好的学生一边书写、一边讲解，让书写不好的学生观摩、聆听。接着让观摩的学生通过学习现场提笔练习，再让示范的学生给予评价。这样做的好处是：①更加规范做示范学生的书写，毕竟他要做示范，在心理上存在自豪感和责任感；②让同龄人在一起相互学习相对容易，同时还让观摩的学生有了竞争意识，在心理上会产生不甘落后的思想。这样一来，教师通过丰富多彩的形式让学生练字，会使学生兴趣盎然地做好书写这门功课。

四、激励机制——让学生有竞争意识

虽然说激励机制是企业将远大理想转化为具体事实的手段，但教师也可适当采用相应的激励机制提高学生的书写水平。当然，激励机制应简单化和单纯化。具体分为两种：①口头激励。这也是教师们喜欢采用的一种激励办法。当学生的书写水平高时，教师们可以给予赞美，也可请他当讲解员，还可以把他的作品张贴在教室醒目的地方供大家欣赏；对有进步的学生同样如此。②实物激励。这种方式不宜经常采用。当学生的字书写得好、有进步或比赛获得相应名次时，我们可以奖励他一个大作文本，也可以为他制作一张奖状。我想，学生在这些激励机制的鼓舞下，竞争意识会有所增强，字也会越写越好。

总而言之，书写是小学生应该学好的一门功课。身为教师的我们应该在思想上让学生认识到书写的重要性，帮助学生弄清书写不好的原因，对症下药地给予指导；课堂上采用丰富多彩的形式，让学生爱上练字，提高他们的书写兴趣；采用适当的激励机制，增强学生的竞争意识。假以时日，学生的书写将越来越规范，卷面将越来越整洁。

心相连同筑教育路

——乡村教育开新花

探索幸福教育，成就幸福人生

——一个校长的幸福观和教育观

赵家林　云南省昆明市富民县永定中心小学原校长

在物质生活日益丰富的今天，许多教师对自己年复一年的工作倍感枯燥、乏味，产生职业倦怠，丧失工作热情，更谈不上教育的幸福感。在深化教育改革的今天，我们需要把一切教育工作与师生的幸福生活联系起来，特别是农村学校，要让每名教师真正成为教育的主人，怀着对教育本源的追求，尝试幸福教育，努力打开教育的幸福之门。

一、幸福的界定

幸福是什么？这是一个仁者见仁、智者见智的问题，不同的人有着不同的见解。幸福首先是一种主观的心理体验，是在一定条件下，使人心情舒畅的生活与境遇，它不是手段，也不是工具，而是人类生活的永恒追求。

幸福教育，是在科学的教育观指导下，使教师和学生获得幸福的感受，促使师生形成正确的幸福观，拥有自信心以及自主追求幸福的能力，从而逐步发展成为拥有幸福能力的生命主体。幸福教育是一种教育理想，也是一种教育实践。教师的最高境界是把教育当作幸福的事业。在幸福教育中，师生双方共同成长、相互感应，是一种共享幸福的内心体验。

二、幸福的目标

一是以科学、人文、艺术、体育等促进师生人格完善和潜能发挥，培养师生获得与感受幸福的能力；二是为师生建设美丽的校园、塑造健康的体魄，使其接受艺术的熏陶，使学生勇敢地走向社会接受一切挑战和困难；三是为师生有高尚的情操、艺术的修养、高雅的生活、幸福的家庭而实践幸福教育；四是让教师树立幸福从教理念，构建和谐教育，实现师生共享的幸福。

三、具体的措施

（一）正确理解幸福教育

幸福教育是对教育改革价值的反思，归根结底是对人才标准的重新制定。教育中的幸福，是把幸福当作教育过程中师生双方的情感体验，把教育当作一件幸福的事情来做，这样，“幸福教育”才称得上是“幸福地教、幸福地学”。

幸福教育，很大程度上源自教师热爱岗位、享受专业、超越自我的事业幸福观。教师们追求的是“培养真正的人，使每个从自己手里培养出来的人都能幸福地度过自己的一生”。通过精细化管理的学校特色文化，幸福教育强调教师要发挥自主性、释放创造性、追求和谐性，从而让学生真正地健康成长，让学校成为精神乐园。

（二）以专题活动来推动幸福教育

一是继续开展“书香校园”系列活动。比如，开展“教师的幸福”读书学习演讲比赛、“经典诵读教师大讲堂”活动，开展“书香校园”与教师的幸福人生以及经典诵读浸润心灵实践研究。二是开展“教师的幸福人生与专业成长”研究，进行“教师的幸福与专业化发展”交流体会活动等。三是开展家校牵手共建幸福的“感恩教育成就幸福家庭”活动。四是大力表彰爱岗敬业、热心幸福教育实践的先进典型，让幸福教育理念成为师生的共同愿景。

（三）着力打造“幸福课堂”

“幸福课堂”就是教师幸福地教、学生幸福地学。上好每节课，让学生、教师在课堂教学中共同成长、共享快乐，感受成功、感受幸福。教师和学生是活动的两个主体，教师希望通过教学活动实现人生价值，学生渴望在教师的引导下自己各方面的能力得到全面发展，这就决定了两个主体之间是一种合作关系，是一种相互依存关系。新课标提出的“以教师为主导，以学生为主体”的教学理念，要求我们教师要以三维目标（知识目标、能力目标和情感目标）为核心，努力做到课堂上的一切活动皆以学生的成长需要为根本目的。只有在教师能够提供学生成长所需的时候，师生双方才能够同时获得幸福的感觉。这也正是幸福教育的真正含义。

我们每位教师要树立欢乐课堂的观念，建立和谐的师生关系，采取多种方式调动学生学习的积极性，教给学生学习的方法，并将学习方法渗透在各个学科的教学中，形成“课内高效学、课外个性学、生活皆学习”的学习文化，全面达成知识与技能、过程与方法、情感态度与价值观的三维目标，实现学生有个性的全面发展。课堂中真正实现由“教”的课堂转变为“学”的课堂。在幸福的课堂里，实现“教师幸福地教，学生幸福地学”。

（四）重点培养学生养成良好的行为习惯

一是按时作息，不迟到，不早退；二是文明就餐，到餐厅不跑、不抢、不讲话、不浪费、不挑食、多喝水；三是整理好宿舍、教室、内务、卫生，个人物品摆放整齐，地面、洗漱台、镜面干净，卫生用具有序摆放；四是上好体育课，做好课间操、眼保健操，锻炼自己的身体，强化自己的精神；五是尊敬师长，关爱同学，遇到教师主动问好，学会宽容，学会忍让；六是仪表大方，举止文明，在校穿校服，不染发、不化妆、不戴首饰，不讲脏话、不大声喧哗，不乱扔垃圾，主动捡拾垃圾；七是爱护学校的一草一木，不乱写乱画，不乱动消防器材；八是遵规守纪，不打架、不吸烟喝酒，不将管制刀具、危险物品带入学校。

（五）努力培养人格自尊、行为自律、学习自主、生活自理、心理自强的新时代的小学生，抓实“一二三”工程

通过抓师生的德育教育，可以有力地推进学校的安全工作，保证师生安全；通过抓实德育工作，能够稳步提升教育教学质量。具体做法如下。

一是重视养成教育，促进校园文化建设。组织全体学生认真学习贯彻《小学生守则》《小学生日常行为规范》，在行为规范方面具体做到：不带零食进校园，不带废纸进教室，不扔杂物在场所；同学间团结友爱，不追逐打闹；推广礼貌用语与普通话。开展“校园之星”（礼仪之星、环保之星、安全之星、学习之星）评比宣传活动；及时检查反馈，发现问题及时指正。

二是抓好学校常规评比，创建积极向上校风。继续抓好一日常规评比工作，加强日常行为习惯的检查监督，提高值日质量，对红领巾监督岗和值日生的检查进行分工落实，加大检查力度，及时反馈，以检促进。在学校营造“学礼仪、讲文明、懂礼貌”的氛围，打造和谐校园环境。精心准备每周一的升旗仪式，争取每次升旗仪式都能使学生多受一次德育教育。

三是以活动为载体，注重体验，提高学生道德素养。充分利用重大节日、纪念日，如教师节、中秋节、国庆节、重阳节、建队节等节日，有计划地组织开展形式多样的系列主题教育活动，如开展“学雷锋”系列活动、“母亲节”感恩活动、庆“六一”活动、“教师节”感恩活动、庆“国庆”系列活动、新生入队活动等。

四是开展文明礼仪养成教育。结合我校情况，从学生的实际生活入手，切实加强学生的礼仪教育、理想情操教育，培养学生从一点一滴做起、一言一行抓起，突出德育教育的实效性，切实提高小学生文明礼仪素质，提升永定中心小学师生的文明形象，建设和谐的、团结向上的人文环境。

五是密切家校联系，构建三维德育网。加强学校、家庭、社会的联系，形成共同抓好德育工作的合力，有效提高德育教育效果。办好家长学校，构建家校互动格局。通过家庭教育讲座、家访、电访、网上联系平台（校讯通）等形式，使德育深入家庭。

（六）以“1234”为管理模式，做到安全工作警钟长鸣、常抓不懈

一是强化安全意识。学校每位教职工都要牢固树立“安全重于泰山”“师生安全无小事”“你的工作岗位就是你的安全责任范围”等意识，不论在哪个岗位，无论在校园的哪个角落或开展什么活动，都要尽可能地把安全工作考虑得细一点、抓得实一点。学校安全科要不断健全安全防范工作的长效机制，定期、不定期组织相关责任人排查安全隐患，发现问题，及时整改，把安全隐患消除在萌芽状态。

二是做实管制刀具、违禁物品收缴工作。学校要定期、不定期组织师生开展管制刀具、违禁物品收缴清查，杜绝学生带危险物品进入校园。做好防校园欺凌工作，加大排查力度，及时化解矛盾。

三是定期、不定期进行安全大排查。加大校园每日巡查力度，严格执行学校保安制度，杜绝不安全人员进入校园，实行出入登记制度。每天实时监控校园内及校园大门出入人员情况。

四是加强寄宿制学生安全管理。农村学校对住校生的管理尤为重要，必须实行进校、离校签名。星期天晚上召开住校生会，每晚清点人数，不定时查铺。对学生带入宿舍的物品进行检查，确保无违禁品进入宿舍。

（七）做一个积极向上、知足常乐的人，并经常进行自省自悟

在“幸福学校”里实施“幸福教育”，首先需要满足一个前提条件，就是每位教师都是幸福的人，不仅享受教师职业带来的幸福，而且享受个人生活的幸福。一个幸福的人必须觉得生活非常有乐趣，这个乐趣就是人生的意义。但乐趣不是靠索取、购买、乞求得到的，它需要人用心去感受、去体验、去追求才能获得。比如，一个正在盗窃作案的人、一个损人利己的人，即便成功了，他也只能窃喜。窃喜不是幸福，幸福是能够与人分享的快乐。因此，我们要多反思自己的所作所为和所思所想，做一个有正能量的人。

我们每位教师要把幸福教育当作学校的一种工作习惯，使其成为学校文化中的一种价值追求，以“踏石留印，抓铁有痕”的决心来领会幸福教育和幸福生活的精神实质，正确地认识自己，将自己的人生价值落脚到教育教学工作之中，落脚到提高教育教学质量中，以昂扬的斗志、奋进的姿态全身心投入工作，不断实现个人价值与集体事业的共赢，做最好的自己，做一名幸福的人民教师，共同实现我们的幸福教育和幸福生活。

办一所真正属于学生的学校

——民族学校拓展教育内涵的实践与探索

孟庆杰　黑龙江省齐齐哈尔市梅里斯区共和民族中心学校校长

“幸福都是奋斗出来的。”而奋斗本身就是一种幸福。我从贫困乡村考入师范学校，从农村教师成长为农村校长，从一个地地道道的贫穷的农村娃成为千万个农村娃的教师、校长。27 年间，我深深感受到农村孩子对学校和教师的企盼和依赖。

习近平总书记指出，扶贫必扶智。古人有“家贫子读书”的传统，把贫困地区孩子培养出来，这才是根本的扶贫之策。教育是每个农村娃走出农村成就人生的最主要途径，学校和教师是他们改变命运、提升生命质量的最主要助力，农村教育关系到乡村建设，关系到千千万万个农村孩子和家庭的发展，其作用是决定性的，是无可替代的！因而农村教育更需要培植、研究和付出。每思及此，总是倍感责任重大，不禁心焦意急，恨不能不眠不休。

16 年的校长生涯中，我在两所濒临危机的农村学校工作过，深深体会到农村教育面临的困境，农村孩子要想成才有多么难。经历了生源严重流失、优秀教师调离、教育变革冲击等巨大考验，一步一坎艰难迈进。从“摸着石头过河”到学校规范科学管理，我积累了很多的感悟和思考，“痛更快乐着”。

作为一个质朴的农村人，我心中一直有一个朴素的观念：农村校长这个词所代表的不是地位、权力，而是责任和使命，农村校长就应该竭尽全力，办出一所真正属于学生、真正助力学生全面发展、真正成就学生未来人生的学校，办出一所引领全体教师真心奉献、持续发展、感受职业幸福的学校。因此，2017 年，我校确定了“办一所真正属于学生的学校”的办学理念。我用这句最朴素的语言体现最根本的教育理念，表达农村教育工作者最质朴的情怀和最契合实际的追求，并确定以“孝诚、明理、尚美、快乐”为主体的一训三风，为学校内涵发展奠定基础。农村教育需要实干型校长，校长应该把对事业的奉献和赤诚写进整个人生。

为此，我多方筹措资金，改善办学条件，统一思想，确立办学理念，打造奉献型、研究型团队，构建起德育、教学、艺体等多个育人体系，普职融合、书香校园、家校共育、综合实践等特色教育蓬勃开展，全力满足学生发展和教师成长各种需求，助力他们的幸福人生，推动学校内涵式稳健发展。

一、补短板：资金投入给予学生公平优质上学条件

长期以来，农村偏远学校在基础建设和硬件方面相对滞后，与城镇学校存在很大差距，这也是农村学校师生流失的主要因素之一，广大的农村学生渴望获得阳光而公平的教育资源，为此我多方奔走、竭尽全力。

崭新的教学楼和齐全的教学设备

我校充分利用政策红利，协调多个部门，强化校园基础建设和文化建设，大力改善办学条件，仅 2017 年一年就投入 900 多万元。4 年间，政府为我校投入 1400 多万元资金，我们新建了教学楼、青少年宫、停车场、活动场地、各种功能室、运动场地，维修了取暖设施，实现了安保监控全覆盖，建成了校门前的水泥路，采购设备器材及软件花费 300 多万元，教师周转房即将动工，学校办学条件发生了翻天覆地的变化，从旧、破、乱变成新、洁、亮，我们的农村娃们拥有了堪比城市的学习环境。

本着“前人植树后人乘凉”的思想，每项工作我都亲自谋划，注重质量性、实用性、前瞻性，为现在和未来的师生挣下一份响当当的“家业”。新校舍、新教室、新场地，各类器材设施齐备、办公用品先进，师生在这里工作学习既满足又幸福。

二、破瓶颈：以“五个引领”为重点的队伍建设给予学生优质师资

2015 年 4 月，习近平总书记主持召开中央深改领导小组第十一次会议时指出，要把乡村教师队伍建设摆在优先发展的战略位置，多措并举，定向施策，精准发力。教育发展的关键在老师，队伍建设是重中之重。到任现职后，我开始了稳定人心、提振士气、凝聚力量、励精图治、改革创新的新尝试，把队伍建设放在了首位。

（一）思想引领

思想工作的作用是巨大的，世上最不容易的事之一就是把自己的思想装到别人的脑子里。我校树正气、铸师魂，激士气、奖先进，身先士卒，把思想引领和师德师风建设作为队伍建设的基础和首要工作常抓不懈。

多次做面向全体教师的理念思想性讲座，多次召开会议对教师进行引领，进行了几十次的分层次交流，与每位教师至少面对面谈话两次，引导全体教职工把思想和行动集中到教育教学工作中来；建立健全人事、劳动、教育教学等各种管理机制。用制度来管理，用真诚来关怀，用人格奉献来引领，用一腔赤诚血、满满正能量凝聚起全校师生力量，用科学公正、奖罚分明、朴素真心，很快得到广大教师的认可和拥护。半年后，领导班子和谐进取，中层领导努力向前，全体教职工认真负责，出现了事事有分工、处处有岗位、人人有担当、抱团苦干的感人局面，各方面工作均实现了规范和提升。2015 年底，我校实现华丽转身，稳定整顿工作取得全面胜利，一片欣欣向荣，给师生极大信心，全区领导和群众连声叫好。

队伍建设师德是关键。以“打造好人学校”“坚持农村班主任岗位 30 年表彰大会”等活动为载体，开展良心教育、奉献教育，引领全体教师强化仁爱、上进、大局、奉献之心。几年来，我校涌现出一大批“老黄牛”式的教师，如退休不退岗的班主任、59 岁的班主任坚守一线等，他们的事迹感动了社会，其中两人获市长、区长亲自颁奖。现在全体教职工上下一心，质朴奉献，凝结出“特别能坚守，特别讲奉献，特别肯吃苦，特别能打硬仗”的共和教育精神，获得了一致称赞。

（二）骨干教师引领

我校依托骨干教师自身优势，充分发挥其带头引领作用，促进广大教师业务能力的提升，推动学校教学质量的提升。成立骨干教师工作室，定期开展活动；定期开展学科示范课，并展开深入的研讨；骨干教师与青年教师结师徒互助对子，共备课、同上课，反复研究，加速青年教师成长；选择有代表性的骨干教师进行经验讲座研讨活动，立足实际现身说法引领全体教师业务能力提升。每个学期初，我都做两次专业讲座，以先进的教育理念和方法引领全体教师进步和提升。

（三）学科引领

我校数学、语文等部分学科在课堂教学改革等方面有明显优势，我们就以这些学科为重点，率先进行课堂教学改革，探索尝试新的课堂教学方法，通过示范性研修、示范性集体备课、示范性教学展示等方式，引领所有学科教师整体进步。

（四）研修引领

共和学校每年均有半数以上的教师外出学习，归来后均做二级培训，与校本研修结合引导教师实践；每周开展两次校本研修工作，教师们集体备课、交流、反思、研讨；开展课题研修，三年里，申请了一个国家级课题、两个国家级课题的子课题、两个省级课题，依托农村教育实际切实研究，形成了一系列研究报告和成果。三级研修科研引领给了教师良好的提升契机和巨大的发展空间。

（五）机制引领

为进一步深化教育体制机制改革，激发教师队伍工作热情和激情，给学生提供更优质的教育资源，我校作为全区唯一试点校，于 2019 年 11 月初完成了全区的“区管校聘”工作。最难的事就是人事和机制体制改革，我通过三次全体教职工大会统一思想、六次教师代表座谈会解读政策、多次与个别教师交流消除顾虑，让他们对改革充满希望；通过严格的组织程序平稳完成了此项工作，受到各方称赞，获得东北网牵头的全国 10 余家主流媒体记者团的采访报道和多家媒体转载，影响巨大。

我校以五个引领为重点，以考核激励机制为促进，为学生倾力打造了一支师德高尚、业务精良、积极向上的教师团队，让共和的孩子拥有优质的教育。

骨干教师的引领示范课

三、立德树人：“1234”德育建设体系培育学生高尚品行和良好习惯

千教万学，德育为首，品德培育亘古一理。我积极探索，带领学校树立大德育观，切实践行德育首要地位思想，以学生为本，以综合多元为原则，初步架构形成了“1234”德育建设体系，具体为：围绕一个目标，即做一个好人；以两个遵守（即遵守《守则》《规范》）为基本载体；根据学生年龄特点，科学设定低中高三个层次目标，1~3 年级为低年级、4~6 年级为中年级、7~9 年级为高年级；重点强化落实四个体系，即工作考评体系、课程开发体系、活动运行体系、总结提升体系。

德育现场会

我们健全德育评价机制，全方位考量评价学生成长，大力落实德育工作考评体系；围绕孝亲、明礼、文明、尚美等重点，初步建构并积极落实了“学科性课程、专题性课程、活动性课程、生活性课程”四位一体的学校德育课程开发体系，把学生一言一行一举一动均纳入德育课程体系，让德育无处不在，让引领实现显性与隐性结合、严格要求与潜移默化结合；把上级规定动作与自身创新动作相结合，开展文明礼仪、孝亲感恩、学习先优模范、建设好家风等各项德育主题活动和特色活动，强力落实德育活动运行体系；通过定期召开推进会议、展示交流研讨活动等着力落实德育总结提升体系。

四、聚焦课堂：“四模双主”教学模式给予学生科学的知识获得方式

时代在变，学生在变，所以教学方式必须变。基于自主互助思维，经过几年探索和实践检验，我校于 2014 年探索形成了“四模双主”教学模式，并不断完善成为课堂教学的主流和常态。“四模”，即“预”（集）、“展”、“疑”、“测”（练）四个前后衔接、环环相扣的学习模块。通过预习、展示、质疑、实践四个环节，锻炼学生思辨、合作、探究、交流表达等各项能力。“双主”，即教师主导、学生主体。四模环环相扣，双主贯穿始终；其精髓在于“四模”，其灵魂是学生为主体，其辅助是教师适时引导点拨。此模式大大提高了课堂上学生的参与度，提高了学生的学习兴趣，课堂教学质量有了明显提高，师生的综合素质有了质的飞跃。

全区课改成果展示

共和学校现场教师论坛

仅 2014 年、2015 年两年间，我校两次承担全市学科教研活动现场会，多次承担全区教研现场会，每次均有十几位教师成为市区骨干课改教师，为全区乃至全市同行上示范课。在全区各类教学大赛中，多次取得公开课特等奖、论坛一等奖、集体特等奖等优异成绩。教师们戏称：“只要您出手，大奖一定有。”2019 年 4 月，我校挂牌为齐齐哈尔市农村教学改革基地学校，全市仅三所。各学科教师全员做展示课，让所有市级教研专家惊讶，大家不断地重复：现在农村师生水平已经达到这

个程度了！同年11月末，全市实验教学现场会上，学生实验技能展示、教师教学展示和专业论坛、师生实验素养和综合素质让与会人员惊艳称奇。这些充分体现了共和学校课堂教学模式改革的优异成果。

我们给学生搭建起广阔而坚实的课堂主阵地，师生在这里摸爬滚打，知识逐渐丰富，能力逐步增强，快乐健康地教学相长。

五、抓特色：艺体培养、全面育人拓宽学生成长之路

曾几何时，农村学校因基础设施、师资、器材制约，艺术教育就是梦，体育教育就是玩。我任校长以来，坚持全面育人、特色发展，克服一切困难让艺术教育不缺失，体育教育不单一，以艺体课程、特色活动、社团活动等激发学生艺术兴趣，挖掘学生艺术潜力，培养学生特长。到任共和后，经过两年的探索，我们立足本地区、本校，研究制定完善了艺体教育的“1341”操作模式，让我们的孩子张口能唱、抬手能奏、举笔能画、运动场上健步如飞。

“1341”操作模式中，“1”指明确一个宗旨，即针对每个孩子的爱好和特长因“生”制宜，打造适合个体发展的艺体教育模式；“3”指开展三个活动，即在艺体课程质量不断提升的前提下，以各类社团活动为基石，以定期、不定期开展的多样化特色化比赛、展演等活动推动，以丰富多彩的校园文化艺术节系列活动集中展示；“4”指以达斡尔族民族文化为依托，搞好四个普及，即发展民族传统特色体育——“空竹”、发展民族特色美术教育——“手工麦秸画”、发展民族特色音乐教育——民族歌舞、发展民族特色体育项目教育——曲棍球；“1”就是让每个学生拥有至少一项艺术体育特长。同时，自学生小学入学起，建立学生特长档案，引导全体教师关注、发现学生爱好及特长，指导家长与学校配合，尊重并顺势培养学生特长。

通过推行“1341”体系和艺体教师的艰苦努力，我校艺术体育教育成果丰硕，特别是冰雪运动全国闻名。作为祖国版图最北端的学校，我们的孩子和冰雪有着不解之缘。我校每年浇筑冰场达2800平方米，画上漂亮的校徽图案和标准的滑道，创新研制了小型浇冰车、冰壶、雪爬犁等器械，开设了速滑和冰壶专业训练课程，开展了冰壶、冰上保龄球、冰上雪橇、冰尜等冰上趣味体育项目，开办雪雕节、冰上趣味运动会，开展雪上足球、冰上曲棍球等活动，学校冰雪活动的师生参与度达到了100%；每年承办的全区冰上运动会，吸引了市内外十几家单位和学校来咨询学习。自制教具冰壶、浇冰车已申请专利。我校于2018年被认定为黑龙江省冰雪特色学校，2019年被认定为全国青少年校园冰雪运动特色学校。仅艺体工作，每年就获得几十次市级以上主流媒体报道。

丰富多彩的艺体活动

在近日结束的全市庆“六一”美丽鹤城随手拍摄影比赛中，我校十几名学生获一等奖，官微展示的 15 份作品中我校占 8 份。在全区社会各界参与的摄影大赛中，我校学生与全区的教师、学者、干部甚至专业人士同台竞技，作为一所偏远的农村学校，我们居然获半数奖项，实在难能可贵！

六、求高效：信息技术给予师生现代化助力

信息技术课

十几年前，我就清晰预判到，信息技术可以使教育教学工作事半功倍，它将是学校现代化硬件建设的方向和重要组部分，更是新时代学生应该享有和渴求的教育资源。自 2014 年我到任伊始，就以业务学习、校本培训和团队研修等形式定期开展电子白板应用、课件制作、软件应用等信息技术应用培训，95% 的教师迅速熟练掌握了信息技术。当其他学校不知白板为何物时，我校安装了第一批 5 块电子白板，并在两年间普及 28 个教学班；当其他学校教师把白板当作摆设时，我校教师已白、黑板并用，完全融合、应用熟练了，电子白板以及后来的触控一体机的应用率超过 95%，录播教室、语音室排队使用，微机课一节不差。

七、重实践：实验教学提升学生实践创新能力

我校克服重重困难开齐开满小学科学、初中理化生等实验课程，大力加强实验室建设，用“五个抓”（即抓基础、抓课堂、抓课外、抓教研、抓督评）不断提升实验教学质量，在亲身探索中培养学生实践能力与创新素养，激发兴趣，提高成绩。2017 年，我校被确定为全区唯一一所实验教学示范校。2019 年上半年，全市

实验教学现场会在我校召开，全市 150 多人观摩，我做了题为《实验出真知，实验促提升》的经验介绍。

同时，我校开设生活类、德育类、知识类等各类实践性课程，培养学生动手能力，激发他们的探索热情。“自然之谜”“我能行”等已成为品牌实践活动，定期开展。

八、凝合力：家校共育给予学生发展最大助推力

新时代教育已经不再是学校单打独斗的教育，更需要家长的支持和配合，所以必须走家校共育之路。我带领全校紧扣朴实、粗暴、盲从、大撒手等农村家长特点，突出制度建设、队伍建设两个重点，落实与学校管理、与课程、与学校活动等结合，通过开发网络群 + 微信公众号、家长开放日 + 家长信箱、互动课堂 + 大讲堂 + 八课时、开展多项共育活动四大载体，大力凝聚家校合力，厉行共育策略，收获了五大成效，促进学生全面成长。亲子课堂、家校共育大讲堂、长期坚持的家长学校八课时等举措受到市、区教育局领导及与会人员的高度称赞。

全市实验教学共和学校现场会和展示活动

家校共育共和学校现场会——展示课

九、共读书：培养阅读习惯，奠定学生终身发展之基

“培养学生终身阅读习惯比传授知识更重要。”我一向这样认为。我为学生备下大量书籍，放置在学生触手可及处，将学生置于书的怀抱；学校建立候车书吧，设

定晨诵、午诵时间，鼓励学生把书带走，开展图书漂流，引领学生利用碎片化时间阅读；每周设一节阅读课，在阅读基础上进行交流、习写、新编等活动；开展“亲子读书”“读书评比”“我最喜爱的书”征文评比等活动，激发学生的读书兴趣，增加学生阅读量。经过长期的引领浸润，我校师生养成了爱读书的好习惯，随处可见津津有味读书的孩子。

读书月活动颁奖现场

十、拓途径：普职融合打开学生成才另一扇窗

农村学校必然会面临存在学困生的难题，我们也一样。但我从社会人才需求和学生生涯规划的角度早早就认识到，升入普通高中的孩子是人才，掌握专项技能的孩子也是人才，也会成就出彩人生。经过深思熟虑，我校于 2014 年起从学生职业生涯规划入手，探索实施了普职融合的办学模式，即从小学六年级开始职业生涯教育，与地方课程一样每两周一节生涯规划课程。在初三上学期，以自愿为原则进行分流，借助中职学校专业师资，对有学习技能意愿的学生增加技能课程，每天上一节优选出的计算机、农机汽修、美容美发等职业教育课程，让他们在初中毕业前即根据爱好和特长确定发展方向，希望所学专业能给学困生打开成长的另一扇窗。有一个学生特别不爱学习，上课就睡觉，但他爱劳动、爱钻研车，初三即分流去汽车修理，升入职业学校后，他竟成为学校学生会主席和实践队长。我校普职融合的做法曾被内参报道。

现在学校各项工作齐头并进，达斡尔族文化传承教育落地有声，传统美德、家风家训和文明礼仪教育形成品牌并实现小手拉大手辐射社会，校园安全周全严密，线上教育的社会满意率全区最高。

“爱我所爱，真情必得回报”，教育是爱的事业，没有爱就教不好学生，就管不好学校。农村教育尤其需要厚植真爱、厚诚奉献，让师生在教与学的互爱中获得幸福感。还记得 2014 年的深秋，放学后的孩子们都在大门口等候校车，乘坐第二趟校车的孩子要等一个多小时。因为教学楼离候车点很远，孩子们宁可在寒风中读书、游戏，也不回教室避寒。很多孩子不满十岁，小小的身躯站在地上，拖着大书包瑟瑟发抖，一个个流着长长的鼻涕、裸着通红的脸蛋儿、搓着通红的小手，蹲在门口读书。我心里很酸，想着自己根本不是一个好校长。3 天后在候车点附近，我腾出一间仓库，建成“候车书吧”，还搬来自家 48 寸电视，给不看书的孩子播放励志或科学类动画片。这是我到任后在这个学校做的第一件重要的事情。孩子们乐坏了，家长们感动了，同事们也很感动。现在，我校的教师都能做到“幼吾幼以及人之幼”，甚至“幼人幼”超过“幼吾幼”，学校也获得了空前的社会好评。

职普联教成果展示

同时，我知道，一所学校不仅属于学生，还应该是教师发展的平台和助力，要为教师的持续成长提供科学的引领、锻炼的机会、展示的舞台，激发他们积极向上的内生动力，引导他们感受忙碌的快乐、收获的自豪感和事业的幸福感，这就是对学校同人的爱。如何引领？对于教师这个知识分子群体来说，口头说说是无效的，就得靠行动、靠真心、靠增强教师自身的责任心，必须要全身心地付出，具有磊落的公正心、满满的正能量，让教师们信服、信赖。大家跟着我“5+2”“白 + 黑”，奋战五年，创建了这个处处欣欣向荣、蓬勃发展的“好集体”。而自身的提升和进步、学校的大幅发展又给了教师们前所未有的工作自信和热情，让他们更加积极主动、开拓创新、干劲十足，教师们每天很忙碌但很开心，真正获得了幸福感，学校的凝聚力空前增强。几年间，多位青年教师从连课都不愿意上的普通教师成长为能力突出、工作创新的全面负责并取得显著成绩的中层干部，走过了观望、信服、服从、主动、创新、周到、成熟的成长之路。

几年来，我和教师们取得了傲人的成绩，教育教学、队伍建设、均衡发展、艺体教育等工作均跻身全区前列。领导班子及教师队伍团结向上、朴素奉献，共和教育精神声名远播；多位教师成为全区教学改革名师，部分教师获市级、区委区政府表彰。学生知礼感恩，品行优良。

学校也因各项工作的全面提升而获得了国家级校园冰雪特色学校、省级冰雪特色学校、市文明单位、市教育系统纠风工作先进集体、市信息技术先进集体、市实验教学先进集体、市安全工作先进集体、区先进集体、区党建先进单位等三十多项荣誉，被确定为全市农村教学改革基地学校和大兴式农村学校建设试点校、全区唯一实验教学基地学校。

无私奉献，精心浇灌，梦想之花已悄然开放。共和的学生是幸福的，因为学校真正属于他们；共和的教师是幸福的，因为成绩属于他们。内涵式发展中的共和教育必将迎来更加辉煌的明天。

深耕红色资源，厚植红色底蕴

马忠明　中国工农红军青海西路军红光红军小学校长

一、学校简介

中国工农红军青海西路军红光红军小学，坐落于享有高原小江南美誉的青海省海东市循化撒拉族自治县查汗都斯乡红光上村，始建于 20 世纪 30 年代末（1937 年由在河西走廊被俘红西路军战士所建），当时取名古什群小学，新中国成立后更名赞卜乎小学，1987 年 4 月再次更名为红光小学。2011 年 11 月 17 日正式成为全国百所红军小学中的一员，后经与全国红军小学工程理事会办公室（以下简称红办）协商并通过，更名为青海西路军红光红军小学，简称西路军红军小学。同日，学校成为“全国校园级爱国主义教育基地”，也是目前全国唯一一所由当年被俘红西路军战士修建和以“西路军”命名的学校，是一所乡村完全小学。

阳光下的校门和冬季的校园

西路军红军小学距县城 23 公里，地处循化县最西端，与黄河、公伯峡水库、红光清真寺相邻。学校占地面积为 13000 平方米，教学楼三栋（包括幼儿园），总建筑面积 2900 平方米（教学楼 1200 平方米，红色功能楼 1300 平方米，幼儿园 400 平方米），各种大小功能室 11 间；学校目前共设七个教学班（包括幼儿园），在校生 198 名，其中女生 76 名；留守儿童 28 名，其中女孩 15 名；孤儿家庭 4 户共 7 名孤儿，其中女孩 5 名；智力缺陷儿童 1 名，为女孩；精准扶贫 32 户，涉及学生 23 名；教职员工 10 名，其中女性 6 名；党员 3 名；本科学历教师 5 名、大专学历教师 3 名、中专学历教师 2 名，均为男性；高级职称教师 2 名、中级职称教师 2 名、初级职称教师 2 名。学校服务半径为 1.5 公里，覆盖 386 户 1600 余人口，承担着红光上下 2 个行政村（园艺场）的教学任务，每年学生入学率、升学率、巩固率、控辍保学率均达 100%。

校园一角

学校自 2011 年 11 月正式成为全国校园级爱国主义教育基地以来，全体师生牢记党和国家领导人习近平总书记的指示精神，以红西路军不惧艰辛、勇往直前、气壮山河的大无畏精神，深耕红色资源，厚植红色底蕴，用实际行动在这片绽放民族团结之花、铸就血浓于水的军民鱼水之情的红色沃土上，以红军小学红色希望、红军小学红色品牌、红军小学红色引领、红军小学教育引领的建校宗旨和红军全心全意为人民服务的革命精神，开拓创新，砥砺奋进，用实际行动和高标准的要求努力创办 21 世纪民族地区人民满意的教育！

办学理念：利用红色资源　创办品牌学校
红军小学红色引领　红军小学教育引领

办学宗旨：深耕红色资源　厚植红色底蕴
不忘教书初心　牢记育人使命

校训：一颗红心　勤奋向上

校风：沐浴红色　重塑人生

教风：播种希望　实现理想

学风：勤奋好学　立志成才

校歌：《红军小学之歌》

校花：红军杏花

校徽：

二、开展的工作

（一）红军精神重燃光芒

为传承和发扬红军精神，保护红色文化资源，建立民族地区校园级爱国主义教育基地，西路军红军小学全体师生从 2011 年 3 月 10 日开始，发扬红军无私无畏的奉献精神，克服眼前的资金不定、资源匮乏、人员短缺等种种困难，全力以赴投入挖掘和保护红色文化的实际工作中。先后自制 35 块展板，墙面绘制有关红军长征、西征等图案 220 平方米，树立校园旧址石碑两处，安放刻字黄河巨石 15 块，制作学校简介 PPT 5 个。更名各班级中队名称，以西路军红军小学红 ×× 中队命名，大队部更名为西路军红军小学“我是红色接班人大队部”，开展以红军为载体的各种形式多样的活动，拉近红军与孩子们间的距离，践行了传承红色基因的决心和斗志。设立了简易红色遗物展览室，收集散落在百姓手中的红色实物，走访红光村 12 位耄耋之年的见证者和循化县最后一位 87 岁老红军战士邵明先，聆听和整理那段撒拉族百姓与红军战士间发生的刻骨铭心、可歌可泣的感人故事，编写《红色故事集》，传承、续写有关被俘西路红军战士 6 年多的苦难岁月及在红光村这片红色的土地上经历的艰难历程。

校园里的红色印记

学校组织部分师生编排了《我是红色接班人》《红军小学红色希望》情景剧，再现了当年红军战士在中国共产党领导下，在革命经历最黑暗的逆境中第一次与撒拉族群众从相斥到相处再到相吸和融入的过程，在社会上引起了强烈反响，也让撒拉族“小红军”加深了对祖国更强烈的归属感和荣誉感。我们还抓住每年开学第一次国旗下讲话、少先队活动课、班会、五四青年节、六一儿童节、国庆节、“12·9”纪念日、元旦等节日的契机，结合学校实际开展了以红色为主线，以爱国主义教育为引领，以感党恩、听党话、跟党走为主题的系列活动和实践课。红色文化与传统文化相结合、红色文化与民族文化相结合、红色文化与现代文化相结合，如校园巨石镶刻的孔子传统文化内容、楼道现代文化和民族文化的呈现等。自此，校园文化活动逐步步入正轨，内容跟进时代要求，社会主义核心价值观和道德素养相辅相成，师生精神面貌焕然一新。

主题教育活动剪影

原兰州军区、青海省军区、青海省教育厅、海东军分区等先后援建了 1200 平方米的教学楼、1300 平方米的教育改薄项目——红色功能楼、100 平方米的水厕、95 平方米的食堂以及教师餐厅、储物室等，学校面貌焕然一新，各种功能室增加到 11 个，所有教室均配备电子白板和远程授课设备，使农村的孩子与大城市的孩子共享优质教学资源。

红色功能楼

2013 年 9 月，学校红色校史馆建成并投入使用，全体教师成为全国各地到此接受爱国主义教育人士的义务讲解员。八年来共接待 30 万人次，义务讲解上万场。2019 年春，青海省委省政府把红光村、西路军红军小学特定为“不忘初心　牢记使命”接受主题教育示范点，各界人士来这里接受爱国主义教育、民族团结教育、社会主义核心价值观教育、军人核心价值素养教育等。红军小学的教师义务讲解，用实际行动传承红色基因，并决心代代传下去！

红色校史馆

（二）创建民族团结示范点

自学校成为全国校园级爱国主义教育基地以来，以发扬红军精神、传承红色基因、高举民族团结之花为己任，开展“五个认同”“三个离不开”“三史”的教育，使全体师生进一步加深了对中华人民共和国民族政策的深度理解，有助于全面贯彻落实党和国家的民族政策及深入开展民族团结进步宣传教育活动，不断巩固和发展各民族平等、团结、互助、和谐的社会主义民族关系，进一步营造各民族团结友爱、荣辱与共、共同进步的良好校园氛围。

西路军红军小学紧紧围绕弘扬红军精神、促进民族团结这一时代主题和主旋律，组建了“西路军红军小学爱心文艺宣传队”，以红色教育宣讲、宣传和慰问演出为建队宗旨，力求每位队员成为“小小红色讲解员”“小小红色舞蹈家”“小小红色宣传员”“小小红色公益人”等。我们开展了一系列促进民族团结进步宣讲、慰问、宣传等活动，如学校红色校史馆、红光清真寺、红色广场的宣讲，又如慰问藏区孩子、特殊学校学生、空巢孤寡老人、孤儿、留守儿童，再如到兄弟学校演出、慰问等，各类活动涵盖人数达上万人，演出上百场次。

另外，学校专门开设了民族团结课，让所有“小红军”对我国 56 个民族有更多的了解，对党的民族政策解读进行更广泛的学习。在重大节日里，有针对性地举行具有特色的民族教育活动课、开展专题研讨会、观看影片等，与江苏无锡不同民族的孩子进行网络交流和书信来往。先后获得青海省和海东市青少年创建民族团结示范点、红领巾示范学校等殊荣。

（三）红军小学，教育引领

学校历经九年风风雨雨，从循化县最偏远最落后的一所学校，从一所不起眼的乡下学校逐步走向市级、省级乃至全国，校园文化氛围厚重了，校园建设如日中天，可与城里的学校相媲美。教育成为与传承红色文化双管齐下的首要任务，三年规划、五年目标、八年成就提上了校委会议事日程，各功能室率先行动，发挥优势。全体教职员工用红军长征精神和全心全意为人民服务的理念，转变观念、转化方法、转而奋进。教学质量显著提升，为了习近平总书记那句“红军小学就是一面红色的旗帜！”，我们要引领民族地区教育与时俱进、与时代同步，在当地树立红军小学红色教育品牌的良好形象。

三、取得的成果

西路军红军小学在党中央、全国红办的领导下，在青海省、海东市、循化县委县政府及教育厅局等单位正确引导下，如一只羽翼丰满的小鸟，引得社会各界高度称赞和认可，知名度不断提高，成为青海省海东市循化县一个红色品牌的学习窗口。

2011 年 11 月 17 日，我校被中共中央党校、团中央、中国延安精神研究会、全国红军小学建设工程理事会等部门授予“中国工农红军青海西路军红光红军小学”之名，并设为“全国红军小学建设工程爱国主义教育基地”，成为全国 117 所红军小学中的第 87 所，并被授予习近平等中央领导题词牌匾和由 232 位老革命及红军后代亲笔签名的中国工农红军军旗及全国爱国主义教育基地牌匾，使这座被历史长河湮没了 80 多年的珍贵红色历史遗迹重见天日。循化撒拉族自治县高度重视这一红色资源，把红光红军小学从原来的撤并学校归入保留学校的行列，对宝贵精神财富加以保护。

红色留守儿童活动室

2013 年 11 月，学校获得习近平总书记“托起明天的太阳”题词。先后被定为全国五星级红军小学、全国优秀少先大队部、周恩来优秀（班）集体、青海省优秀留守儿童之家、青海省创建民族团结示范点、青海省红领巾示范学校等。先后成为原兰州军区、青海省军区、共青团青海省委、新华社青海分社、人民日报社青海分社、青海省委党校、青基会、青海银监局、青海省国税局、西宁海关、青海社科院、南开大学、西安外国语大学、西安交通大学、青海师范大学、青海民族大学、青海大学、青海民族文化促进会、青海省卫生学院、武警海东支队等单位和部门党委、团委开展红色爱国主义教育的主要基地和研学基地。北京航空航天大学与我校合作建立了教育教学实习实践基地，天安门国旗护卫队为学校赠送了一面 2017 年中国人民解放军建军 90 周年时编号为 0118 的天安门专用国旗，并与我校合作建立革命老区爱国主义教育实践基地。新华社、中国共产党网、人民网、中央电视台七频道、青海卫视等媒体多次头条报道。

天安门国旗护卫队赠予学校“专用国旗”

荣誉属于过去，奋斗将要继续。西路军红军小学全体师生遵照习近平总书记指示精神：红军小学定要把“红色资源利用好、红军精神发扬好、红色基因传承好”，“红军小学的同学们，希望你们多了解中国革命、建设、改革的历史知识，多向英雄模范人物学习，热爱党、热爱人民，用实际行动把红色基因一代代相传下去！”，“讲好红军的故事、讲好西路军的故事”……将结合学校实际，利用红色资源，进一步发挥优势，开展歌颂党、歌颂祖国、歌颂社会主义、歌颂民族大团结等各种活动。深耕红色资源，厚植红色底蕴，构建和谐校园，培育有用人才，牢记初心使命，以崭新的面貌、饱满的热情和昂扬的斗志，感党恩、听党话、跟党走，用实际行动把红色基因代代相传！

基于农村小规模学校毕业季感恩教育探索

马治平　甘肃省天水市张家川回族自治县恭门镇古土小学校长

《左传》有云：礼，经国家，定社稷，序民人，利后嗣。古诗文网解释道：遵守礼制，可使国家长久，使社稷安定，让人们尊卑有别，上下有序，对后代是有益处的。

在孩子们的眼里，生日和节日是一年仅有一次的难得日子，这一天的仪式感非常重要。回族小姑娘艾米尔，从过完 5 岁的生日后，就一直吵嚷着啥时候过 6 岁的生日，尤其是临近生日的 2 个月里，有时候在睡梦中都能喊出过生日的只言片语。更有趣的是过完公历生日，还要过农历生日。同样地，对于幼儿园和小学生来说，六一国际儿童节简直就是他们的狂欢日。而小学生毕业季对一名即将毕业的小学生而言非常重要，有仪式感的毕业季更是锦上添花。

因此，“仪式是一件很重要的事”。大到一个国家，小到一个家庭，都必须要有仪式感，学校也不例外。

由表 1 可以看出偏远山区的六年级学生对自己毕业季的期待，足以说明仪式感对于毕业季的意义。教育是什么？教育就是一棵树摇动另一棵树，一朵云推动另一朵云，一个灵魂召唤另一个灵魂。在不多的学生毕业之前的时间里，做了六年的班主任，有太多的不舍，更有太多的教育和教导理念渗透到即将毕业的这些时段里。我准备每天播放 PPT《我们一起走过的日子》的一小节，陪伴孩子们度过充实而有内涵的每一天。

表 1　古土小学六年级毕业季期待度调查表

毕业季情况调查	非常期待	一般期待	随大流	与己无关	合计
调查样本（人）	22	4	0	0	26
百分比（%）	84.62	15.38	0	0	100

公开课，头饰不错吧

一、忆生活碎片，感恩怀念教育

开场：带着六月的槐花，披着六月的暖阳，伴着六月的柳絮，洋洋洒洒，忙忙碌碌，你们即将走完小学生活，祝贺你们，顺利毕业！

忆："古土娃上学记：2011 年 8 月 25 日早上十点一刻，爸爸妈妈、爷爷奶奶带着懵懂的你们，怯生生地来到了古土小学，如惊吓的雏鹰，如刚离窝的小鸡，如离群的小羔羊，古土小学欢迎你！"（第一天入学报名、开班会的情景，学校的旧大门，墙周围大量的宣传标语）

"第一次公开课，好紧张啊！我们戴的是爸爸妈妈一起制作的各种动物头饰。"（第一次参加公开课，呆头呆脑的样子，很萌很萌）

"一颗红心向着党。"（第一次入选少先队员，面对少年先锋队队旗宣誓的情景）

"哈哈，我们只用一丁点儿力气就获奖了，嘘！低调点！"（第一次个别学生获奖了，站在领奖台上的自豪感和羞涩感）

"我就是那个获奖发言的小姑娘！"（马社社同学代表全校学生做获奖学生代表发言，那是多么光彩夺目的一天！）

我光荣地加入了少年先锋队

"第一次参加团体操表演'七彩阳光'。"（第一次团体操表演，荣获一等奖，全体学生的付出，真的很赞啊！）

"我的梦，中国梦！"（老羊山上，我们全校师生躺在大山上，由我亲自组织、策划，摆出了"中国梦"300 平方米的大字，在山上我拿着扩音喇叭，给你们讲"中国梦"的含义，你们也是争破喉咙地吵嚷着，为实现伟大的中国梦而奋斗！当时我的眼角湿润）

"想当年，我们也是中国风，英俊少年，翩翩花儿。"（我们一起排练了回族舞蹈《花儿与少年》、街舞《追风的少年》，家长们沸腾了，竖起大拇指夸赞我们班的节目是压轴戏）

"崔老师，马老师，毛老师，我们都很想念你们。"（显示以前调离学校的三位教师的照片，怀念故人，潜移默化地渗透“我们要吃水不忘挖井人”）

第一次参加学校的防震演练

“跑！”（每年的“5·12”全国防灾减灾日，我们都要做一次演练活动，目的就是缅怀那些逝去的最可爱的士兵和无辜的人们。我们唯有重视科学地防灾减灾，才能自保和自救，以及保护家人和他人，不给国家和他人添麻烦）

“五人六腿，我们是女汉子。2 个人背部运球比赛。”（参加学校组织的趣味运动会，大家齐心协力，最终夺冠，那种吃苦耐劳、顽强拼搏的精神值得同学们一直保持下去，更重要的是体会团结协作是多么重要，这样的品质必将伴随你们一生，而且能让你们在生活中出人头地）

“讨厌的家长会，回家又要挨训了。”（每学期坚持召开家长会，力求家校共育，发现问题，及时整改问题）

“诗歌朗诵，大放异彩！”（腹有诗书气自华，我们学校这六年来养成的书香浸校园的优良传统不能丢，牢记北京作家周莹提出的，用书喂大的孩子不会叛逆，为师希望你们在求学的路上永远不会叛逆）

“家乡的春天乍寒乍暖，一次说走就走的春游，GO！”（每年的 4 月左右，我们都要搞一次春游，或踏青，或赏花，或野炊……不负岁月，愿你们在今后的日子里除了学习，还有诗和远方）

第一次参加学校组织的春游

“桥顶山下来了一群维吾尔族小姑娘，桥顶山来了一群蒙古族小伙子”（前年的 6 月参加校际文艺会演，婀娜多姿、青春活泼是你们的代名词。受到当地村民的一致好评）

“这个寒假有点长。”（我们师生一起经历这次新冠肺炎疫情，一次铭记终生的“禁足”，破天荒地给你们当了主播，我们在微信群里打卡，在钉钉群里嘘寒问暖，一起借助“一扇窗看世界”，果真是大开了眼界，我们师生的关系比以前更加亲密了）

还有每年的植树节咱们一起栽树、种花、种菜，那次野炊你们给我煮的饭菜，是我吃过最香的饭菜；那个市级美德少年，你乐于助人的好品质一定要坚持下去。

最后，班主任寄语：小伙伴们，我不求你们大富大贵，只要你们清清白白做人，认认真真做事！

二、感谢恩师，回馈学校教育

法国著名教育家让—雅克·卢梭在他的著作《爱弥儿》里就反复提到，跟孩子讲道理是最无效的教育。我们只口口声声说如何感恩、为何感恩，收效往往微乎其微甚至适得其反，只有身体力行，才是通往孩子内心有效的通道。要启发学生用实际行动做一件感恩老师或者学校的事。比如，主动给学校的花卉浇水，主动给教师打扫卫生，给学校的小菜园除草，等等。正如大教育家叶圣陶所说的，教育的宗旨不是别的，就是让受教育者学会“做人”。这也是我们的教育目的：毕业之时怀有一颗感恩的心，做一个知恩图报的人。

参加学雷锋活动——为残疾家庭刘喜满家打扫庭院

我们开设了毕业季信箱话吧和电子邮箱话吧，号召毕业生把在校六年的点点滴滴用文字的形式记录下来。如自己对学校的看法、期许，对教师想说的心里话，或者师生之间产生的误会，或者对教师教学上的建议，都可以敞开心扉、畅所欲言。

借助少年先锋队这样一个组织，自发地开展一些积极向上的活动。用海报的形式展现毕业班学生的风采；也可以向小师妹、小师弟传授自己在学习上的独门秘籍或说说知心话；还可以写下自己的感受，劝慰校园里一些不求上进的学生，如何珍惜时光等，都是不错的举动。

三、毕业之际，助力适应中学生活教育

我们是一所乡镇以下村级完全小学，全校总共十多个教师、一百多名学生。这

些学生在这里学习六年，对学校里的一草一木都如数家珍。马上就要到乡镇或者县城几千人的大学府上初中了，孩子们的心里还有一些忐忑。

由表 2 可以看出，环境对一个人是有一定影响的，其中有 30.8% 的学生对于陌生环境有惧怕心理，尤其是女生。集中询问，可归纳为：对陌生环境有些害怕，包括出行甚至晚自习；学业上的压力大、功课多，竞争激烈；同学关系的处理；生活上给家里人增加负担；等等。

表 2　古土小学六年级毕业学生步入中学心理状态情况调查表

步入中学情况调查	轻松愉悦	一般期待	心里没底	心里惧怕	合计
调查样本（人）	2	14	2	8	26
百分比（%）	7.7	53.8	7.7	30.8	100

一个陌生的环境能反映出孩子是否做好了充分的准备。准备充分的学生，立刻就能融入新的环境、熟悉新同学，建立和谐的同学关系，如鱼得水。相反，准备不充分的学生，就表现得无所适从，也不喜欢说话，看起来总是闷闷不乐，久而久之，就会感到自卑，甚至导致厌学。因此，作为老师，我们有责任开展进入中学的心理辅导，和家长商议，组织学生到中学去熟悉一下环境。

读万卷书，行万里路

——研学旅行促学生健康成长

乔　伟　黑龙江省齐齐哈尔市梅里斯达斡尔族区雅尔塞中学

首先，我认为研学旅行继承和发展了我国传统游学的教育理念和人文精神，也就是“读万卷书，行万里路”。2014 年 4 月 19 日，时任教育部基础教育一司司长王定华在第十二届全国基础教育学校论坛上发表了题为《我国基础教育新形势与蒲公英行动计划》的主题演讲，首次提出了研学旅行的定义。他还针对研学旅行的特点提出了“两不算，两才算”，在一定情况下，应该有对抗演练、逃生演练，应该出点力、流点汗，乃至经风雨、见世面。

下面就我校研学旅行经验从三个方面谈一谈自己的看法。

一、谋定后动，行且坚毅

因为初一新生每年 6 月 1 日都想过六一国际儿童节，学生想过、家长提意见、教师想办法、领导研究，多次召开会议研究路线、方案和内容，所以我们在 2009 年就提出了远足的想法——走进我们家乡哈位新村看看，因为该村是以达斡尔族为主体的民族新村，建筑设计风格独特又自成格局。全村分四个小区，现有综合文化站、民族风情园、民族饭店、民族商店，有哈拉古城、达斡尔族旧居等景点，是一个很好的社会教育实践活动基地，可以让学生走出学校去看看，感受家乡的变化。这次活动的开展带来了意想不到的收获。所以，每年 6 月我校组织一两个年级段的学生去达斡尔族第一村——哈拉新村和达斡尔族人民过库木勒节。2014 年 4 月 19 日，国家教育部基础教育一司司长王定华提出研学旅行的定义，以及 2016 年 12 月 19 日，教育部等 11 部门发布推进中小学生研学旅行的意见后，我们的研学旅行内容也由单一的参观、学习，扩展到安全实践，重温入团，参观达斡尔族民俗，学习达斡尔族礼仪，举行拔河、陶力棒比赛，开展保护家乡母亲河“嫩江”及演出活动等。

走出校园，发现世界

二、收获满满，心有所悟

第一，安全排首位，学校研学不是几人，也不是几十人，而是几百人边走边学，对哪所中学来说都不是一件小事情。研学旅行中的人身安全、财产安全、交通安全、运动风险、餐饮，每个环节都牵动着几百个家庭。所以我们经过反复论证后，选出两条最佳路线。同时，在研学旅行中采取教师跟班制，师生比达到 1∶10。“研学旅行必须把安全排在首位，这需要在出发前做足准备”。所有细节都要做到无缝对接。10 年来，累计参加学生约 2200 人、教师 240 人次，每次来回 7 公里左右步行，无一次安全事故。

第二，通过这次研学之旅，学生们不仅知道了家乡发展的变化，而且学到了一些达斡尔族的文化知识，更重要的是，同学与同学之间、同学与教师之间的那种浓浓的爱和集体主义观念得到了进一步加深。研学之旅还可以磨砺学生意志，增强学生体质，培养学生吃苦精神和团队协作精神，强化学生集体意识。对学生进行爱国、爱家乡、爱传统文化教育以及江河保护教育，向社会展示梅里斯达斡尔族区雅尔塞民族中学师生良好的精神风貌，宣传我校素质教育成果。

第三，研学远足是对学生的一次体能考验，使他们能深刻体会红军长征的艰辛，体会党和红军几经挫折而不断奋起、历尽苦难而淬火成钢，也能体会我们党领导红军长征，谱写出的豪情万丈的英雄史诗。让学生真正明白习主席说的：“伟大的长征精神是中国共产党人革命风范的生动反映，我们要不断结合新的实际传承好、弘扬好。推进中国特色社会主义事业的新长征要持续接力、长期进行，我们每代人都要走好自己的长征路。”让学生树立人无精神则不立，国无精神则不强的理念。

三、无限可能，关于研学活动的建议与思考

首先，我们所有师生要从思想上明白，一是研学旅行是培育和践行社会主义核心价值观的重要载体；二是研学旅行是全面推进中小学素质教育的重要途径；三是研学旅行是学校教育与校外教育相结合的重要组成部分。

其次，研学旅行不一定远或近，而是有组织、有目的、有意识地作用于学生身心变化的教育活动，而且是集体活动，或以年级为单位，或以班为单位，乃至以学校为单位，同学们在教师或者辅导员的带领下一起活动，一起动手，相互研讨，共同体验。

再次，活动的方案要详细，特别是活动要适合学生，应急预案要周密。安全无小事，想得多一些，没有坏处。

最后，鼓励家长参与其中，告诉家长研学旅行既是亲子教育，也是家校共育，让家长参与学校活动，感受学校教育、家庭教育、社会教育三育合一的重要性。

愉快的校外活动

教育是“春蚕”的事业，应该懂得奉献；教育是“育花”的事业，应该懂得呵护。全体雅中人有追求，有梦想，善思考，勇实践，随着光阴的流逝，我们在成长，我们会成功。我们将坚持自我完善、不断进步、开拓创新，我们将坚持精益求精、严谨务实的工作态度，为丰富学生课余生活、提供给学生更精彩的活动而努力。我们坚信，梦想有多大，舞台就有多大！我们将团结一心，奋力进取，为祖国和家乡的教育事业再续新的篇章！

灿若格桑，心中向善

——若尔盖县中学“若善”文化特色定位

格日扎西　四川省阿坝州若尔盖县中学校长

若尔盖县中学建于 1963 年，是若尔盖地区有史以来第一所进行中等教育的学校。50 多年来，经过建校初期的朝气蓬勃，到现在的锐意改革、励精图治，若尔盖县中学迅速发展壮大起来，成为若尔盖地区的门面学校，备受领导和社会的关注。若尔盖县中学通过“文化寻根—文化建构—文化治校”，创建了“若善”文化体系，走出了一条特色发展之路。

一、文化寻根：从“若善”文化找到学校发展的突破口

若尔盖县中学一路发展，捷报连连。但学校作为社会的文化阵地，仅有教学成绩是远远不够的，必须要提炼出学校的精神内涵，形成强大的文化力量，让师生在文化的浸润中走向更美好的明天。学校直面问题，认真梳理历史，发动全体师生进行调研，并引入专家团队，希望找到学校发展的突破口，以达成文化立校的发展目标。

通过对学校原有文化、现实情况、教育教学、地域文化等方面的全面梳理，将若尔盖县中学的文化主题着眼于“善”字上。一直以来，依从善、选择善都是若尔盖县中学的精神指引，而“若善”一词完美诠释了这一思想，且具有专属性。经过全体师生和专家组的激烈研讨，最终将若尔盖县中学的文化理念定位为“若善文化”。

若，依从。若，顺也（《尔雅·释名》）。若，引申为选择，如《晋语》：秦穆公曰：夫晋国之乱，吾谁使先若夫二公子而立之，以为朝夕之急。若，应允，后作“诺”，如《上林赋》：步骑之所蹂若。

善，从羊从言。本义为高兴，羊气上出为丵，羊取其“人人”之意；其言为人人上出之气为善，与义、仪、美同源，做动词用有“擅长、修治、羡慕”等意。

若善，依从善、选择善、崇尚善，即是教育师生要向善、修善、为善。

二、文化建构：创建“若善”文化体系，让文化流淌于学校血脉中

文化是教育的血脉，有了“若善”的文化主题，怎样构建若善文化丰满的理念骨架，并将这种理念融会贯通于学校的各个方面呢？学校教师与专家团队首先对“若善”文化进行了拓展和延展，形成了学校理念、一训三风及形象宣传语，建构了“若善”文化的基本体系。“办适合牧区学生发展的现代教育”是若尔盖县中学几十年办学所积淀的优秀教育理念。该办学理念与经济社会发展同频共振，紧扣教育发展脉搏，且扎根于牧区现实生活。“办适合牧区学生发展的现代教育”主要蕴含了全面而现代的教育观，即要求教师用先进的教育模式培养全面发展的人。随着若尔盖县中学的不断发展，“办适合牧区学生发展的现代教育”理念内涵不断丰富、完善，其思想精髓已成为若尔盖县中学的精神符号。

学校的校训为“卓尔善群，责行天下”。卓尔，《论语·子罕》中有“如有所立卓尔”，意指卓越和杰出。卓越是若尔盖县中学的集体追求，教师力求成为“卓尔之师”，学生力求成为“卓尔之人”，学校力求“卓尔立校”，在追求卓越的道路上，若中人从未止步。“善群”，即是在与人相处中互相理解、互相关心，以达成和谐共处的融洽状态。对于若尔盖县中学而言，“善群”一是指民族团结，和谐共处；二是指学校与学生之间、学校与教师之间、学生与教师之间的心领神会，和谐融洽；三是指对学生社会适应能力的培养。“责行天下”，即有责任、有担当。“责行天下”要求学生、教师乃至学校培养自身的责任意识、责任情感和责任能力；说负责的话，做负责的事，成为负责任的人。

学校的校风为“上善若水，中正笃行”。黄河九曲第一湾便在若尔盖，这也增添了若尔盖人对水的特殊情怀。水有七德，守拙、齐心、坚忍、博大、灵活、纯净、公正。与水齐德，涵养中正之气，培养君子人格，走人间正道，是若中人对自身的要求，也是学校力图为师生营造的良好氛围。

学校的教风为“敬业善教，修身敦行”。“敬业善教”是对教师工作态度和专业的要求，期望教师铭记教师职责，不断夯实专业基础，给学生最好的教育。“修身敦行”是对教师道德及职业理想提出的要求，要求教师要树立远大的职业理想，加强自身的道德修养，以身示范，为学生做好榜样。

学校的学风是“好学善思，品正力行”。好学，即喜爱学习，在学习中找到乐趣。“学而不思则罔”，思考在学习中起着至关重要的作用，教师要引导学生养成思考的好习惯。“品正力行”是对学生道德的要求，一个学生只是成绩优秀是远远不够的，品学兼优、学德并进才能称得上是真正的优秀。

同时，学校教师与专家团队梳理了学校的形象宣传语“灿若格桑，心中向善”。格桑花又称格桑梅朵，在藏语中，“格桑”是“美好时光”或“幸福”的意思。格

桑花长期以来一直寄托着藏族人民期盼幸福吉祥的美好情感，是藏族人民的精神象征，因此选其作为形象语具有丰富的意义。同时“向善”又道出了学校文化主题，整个形象语连贯有致，朗朗上口，短小精悍，传播性很强。

学校在打造“若善”文化的形式上，创新性地从德能两方面进行铺排，让学生感受到多元的若善文化，让若善文化浸润心灵，内化成习惯和气质。若善文化的德育塑造分为四个阶段，即崇善—向善—行善—至善，如此从小到大，循序渐进。在能力建设方面，也是把学习行为分为善学—善思—善问—善行四个阶段，让学生养成良好的学习习惯，学行和德行并进，把学生培养成德才兼备的优秀之人。

经过多方努力，若尔盖县中学的“若善”文化在体系和内涵上得以丰满、在形式上得以创新，让“若善”文化全面化、立体化，让“若善”文化成为一股清流，流淌在校园的每个角落，与若尔盖县中学的发展血脉相承，一路向前！

三、文化治校：化文化的无形于有形的人本管理中，让文化尽显张力

（一）目标建设：以善正人　全面发展

让充满生机的校园里处处洋溢着“若善”文化的浓厚气息，让全体师生存善心、有善念、行善举、做善事、成善人。存善心，是指具备一颗善良之心，相信我心本善、善心永驻；有善念，是指拥有善的信念，不为名利所动、不被功利所驱；行善举，是指躬身行善的举止，一言一行、待人接物应避恶从善；做善事，是指多做善的事情，不以恶小而为之，不以善小而不为；成善人，是指以古今善者为榜样，成就仁爱之心，成为厚道之人。

善不仅要体现在学生身上，在学校领导、教师、家长身上更要体现出善的思想、善的行为和善的文化。学校对学生的善提出四个层次的含义：一是不做坏事；二是做好该做的事；三是经常做善事；四是制止别人做坏事，帮助其改正。同时，对教师提出“善点”，对家长提出“善导”，对学生还提出学习上的“善学”，对每个人提出“善孝、善待、善行”的教育理念。善点，即善于点拨、点化、点燃。教师应用教育智慧点拨学生知识、点化学生行为思想、点燃学生成功人生。善学，即让学生培养预习的习惯和自主学习能力，并且能与同学进行有效的合作学习，提高学习效率。善导，即善于引导、教导。家长对孩子要循循善诱，以正确的行为引导孩子，以正确的思想教导孩子，拒绝怒骂、体罚等粗暴教育方式。善孝，百善孝为先。孝除了回报父母的养育之恩、对父母的付出给予肯定、遵从父母的指令意愿行事之外，还要做好自己，立身扬名。善待，善待别人就是善待自己，要善待同学、善待亲人、善待自己，善待每个人，善待生命，善待大自然。善行，即日行一善，善行一生。让所有的学生、教师、家长能日日做一件小小善事，日月积累，使人心

存善念，与人为善，善行一生。

（二）课程建设：创新课程　善育英才

20 世纪 80 年代中期，学校探索实践双语“并存、并重、并举”的教学体系。后来，根据高考体制改革精神，学校及时提出“学好本民族语文，面向民族地区；学好汉语文，面向全国；学好外语，面向世界”的三语教学。藏区学生首先学好汉语文，同时学好本民族语言，更要学好英语，以利于升学深造。学校实行“三语”教学体制，既继承和发展了本民族传统语言与文化，又使学生掌握了我国主体民族的语言文字，还可以让学生走向世界，从而更有利于直接吸收现代文明发展的一切优秀成果。“三语”教学体制也成为藏区教育的突破口，并取得了良好的学习效果。若尔盖地域文化丰富，其中不乏许多优秀的民族文化，学校作为传播文化的基地，理应让学生了解自己的民族文化，热爱自己的民族文化，并把它发扬光大。鉴于此，学校专门开设了有关地域文化的校本课程，系统地、深入浅出地梳理了具有特色的民族文化，并与实践活动相结合，培养学生对本民族文化的兴趣和热爱。

（三）队伍建设：立足现实　善教善育

学校的长足发展必须有一支对教育教学专、精、优的教师队伍做支持，培养教师也一直是若尔盖县中学的重要工作。学校为此建设了类型多样的学习型团队，既有管理团队、年级组、教研组等固定团队，也有赛课磨课、课题研究、文化共建等项目团队。教师们在学习型团队中，同伴互助、研究问题、讨论学术、磨砺课程，激活了专业发展动力，推动了各学科教学质量建设。学校与区外学校牵手联动，采取“走出去、引进来”的发展模式，派骨干教师到知名学校学习观摩，请教育专家到校亲自指点教学工作。功夫不负有心人，学校经过一系列探索和努力，取得了丰硕的成果，教学成绩在区域内名列前茅。若尔盖中学将在“若善”文化中不断汲取丰富的养料，走出一条具有自身特色的康庄大道。

心手相牵，家校共育

——寄宿制小学“家校共育”活动案例分析

李富胜　青海省门源县泉口镇寄宿制小学副校长

一、活动背景

一年之计在于春，含着春的气息、伴着春的温暖，泉口镇寄宿制小学针对部分农村孩子家长只重视学业而忽视孩子全面发展的陈旧思想，探索全面育人的路子，打破全封闭式管理模式，加强家校之间的交流与合作，让更多家长了解学校、支持学校。

二、设计理念

把更好的教育带进更多有需要的家庭。

（1）转变观念：为发挥育人效果，借助寄宿制小学每半个月放假一次的机会，每轮第三天、第五天，以家委会、家长会、家长开放日、致家长的一封信、家访等形式，通过家长、学生、教师、后勤职工、学校领导班子五方会谈，互动强化家校联系，形成教育合力。

（2）改变方法：主要是指导家长如何正确地引导教育孩子、赏识孩子，与孩子进行有效的沟通；让家长走进孩子的内心，潜移默化地影响和改变孩子。

（3）查漏补缺：让孩子可以快速提升成绩，培养好的自学习惯，促进好习惯的养成与培养。

（4）坚持发挥家委会、家长开放日、家长会的引领作用，不断探索家校合作方式。

（5）更好地增进亲子关系，陪伴孩子成长不掉线。

（6）延长孩子学习的兴趣，挖掘孩子的潜力，让孩子能持续保持好的学习态度。

（7）通过家校共育见证孩子的改变，让孩子变得更优秀。

三、前期准备

（1）致家长的一封信，内容包含对学生针对性的学情分析及综合表现评奖。

（2）以人为本，通过微信、QQ 等现代信息技术工具，在每轮第三天、第五天，要求全校 29 个班级把一至六年级学生家长分年级请进学校开展活动。

（3）调查问卷（调查家长们关心的问题）。

（4）布置会谈场所（采取方形围坐的方式，便于讨论）。

（5）每次家长发言人员的选择以及发言内容的沟通。

（6）每次学生代表的选择以及发言内容的准备。

（7）每次学校领导发言人的选择以及内容的沟通。

（8）每次教师发言人的选择以及内容的沟通。

（9）教师授课情况的展示。

（10）学校少年宫负责人做好学校社团活动成果的展示及汇报。

（11）学生宿舍、餐厅管理汇报。

四、预期目标

（1）使家长全方位了解学生在校学习生活情况。

（2）解开家长在教育中的困惑。

（3）对家长在家庭教育方式上有所启发。

（4）使家长在学习方面得到针对性的指导。

（5）加强家校沟通与合作，不断完善学校、家庭、社会三位一体的教育体系，为学生的健康成长创造良好的教育环境，争取更多的家长参与教育教学，分享学生成长的喜悦。

五、活动过程

环节一：学校值班领导和值班教师带领家长走进学校，召开会议，讲解活动目的及意义；然后，家长与学生零距离接触，家长们走进课堂更好地认识辛勤工作的教师，与孩子们一起听教师讲课。由授课教师向家长汇报学生的学习、生活情况，并寻找到每个孩子的闪光点，给予学生鼓励；教师播放学生在校园活动、班队活动、班级生活中的照片，确保让每个与会的家长都能够看到自己孩子在校生活的影子；介绍在校生活的同时，教师要及时地进行点评，师生配合，共同谈活动中以及学习生活中的感受；让家长查看孩子的作业，了解孩子的学习情况。

设计意图：多方位、多角度地向家长展现学生的校园学习生活。

召开家长会

环节二：值班教师带领家长观摩校园文化、班级文化、楼道文化建设，向家长讲解师生优秀作品，让家长看到学校校园文化建设中师生的辛勤付出。同时，引导家长懂得：一个家庭好比一个池塘，孩子是鱼，家长是水。现在鱼生病了，不吃食物，状态越来越差，不能仅从鱼身上下功夫，还要改善水质，否则治标不治本。在家庭中，父母是原件，孩子是复印件，父母要解决孩子的问题，就要从自身出发，明白懂得教育的父母对孩子来讲受用一生的道理！

设计意图：每个孩子都非常优秀，优秀取决于家校的合作！

参观学校 1

参观学校 2

环节三：值班人员带领家长，与学校质检员一起查验供货商进货，共同努力让每个孩子、每个教职工吃绿色食品，品快乐生活！学校餐厅管理员讲解后勤人员操作流程、留样消毒、验货及师生食材搭配、餐厅等情况，宣传惠民政策，让家长感受党和政府的关怀。

设计意图：让家长和教师共同教育孩子学会感恩，努力学习，以优异的成绩报答祖国！

查验食堂供货质量

环节四：家长与师生共用午餐。进餐过程中，餐厅管理员向家长介绍营养餐、助学金、生活补助等情况，并在餐厅召开座谈会，从农村孩子的家庭生活、家庭教育等方面开展座谈，让每个家长明白：爱是一种本能，但高质量的爱，需要永不停息地自我成长。家长和教师只有懂得了四两拨千斤，懂得了润物细无声，懂得了因势利导，懂得了共情与尊重，才能让每个孩子健康成长。

设计意图：感恩的同时，要学会教育和付出，更需要家校共育！

家长与师生共用午餐

环节五：家长进学生宿舍了解住宿情况。由生活指导教师讲解宿舍基本情况和学生卫生、作息等情况，并向家长介绍孩子帮助教师叠被、打扫宿舍卫生情况，希望孩子在假日里帮助家长多干家务活，培养好习惯。

设计意图：加强学生实践能力培养，使其养成良好的生活习惯。

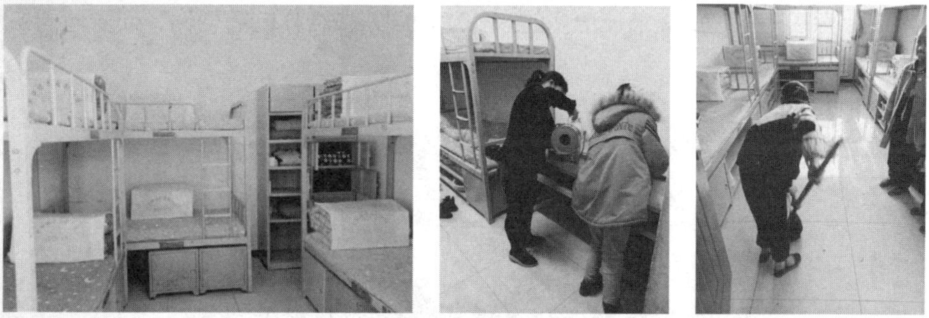

家长参观学生宿舍

环节六：值班人员带领家长进美术室欣赏师生作品，进 17 个功能室，了解硬件设施设备配置情况，观摩舞蹈、古筝、二胡、笛子、电子琴等社团活动。由社团指导教师讲解社团活动情况，并向家长介绍孩子最精彩的一面，与家长进行交流，强调家长要用正确的方法引导孩子独立、主动思考，这样培养出来的孩子就会越来越优秀！为什么现在很多孩子越来越叛逆了、跟家长动手了，更严重的不去学校、离家出走、去网吧，甚至出现自杀行为等，其实都是家庭教育失败所导致的。好的家教可以影响孩子的一生，而失败的家教很有可能就害了孩子的一生！

设计意图：没有家庭教育的学校教育和没有学校教育的家庭教育，都不可能完成培养人这样一个极其细致的任务。

家长开放日

环节七：组织家长召开座谈会。由学校领导就学校管理、课堂教学、师生食宿、社团活动开展情况向家长做说明，并结合事例详细讲解广大教职工付出的艰苦努力。同时，殷切期望家长配合学校共同教育孩子，希望家长对学校管理、食宿及教育教学方面提出宝贵意见和建议，也真诚地期待家长与学校合作，办好教育。再让家长代表介绍家校活动情况，并谈谈自己在活动中的感受，营造一个大家积极参与教育的氛围。由学生、家长、教师集体讨论下一步如何更加有效地开展家校合作，如何使更多的家长有机会参与学生的教育活动。

设计意图：通过此环节让更多的家长意识到家校合作的重要性，促使他们积极参与到活动中来。

召开家长座谈会

环节八：做好综合指导。根据每次调查问卷的反馈和座谈会上提出的意见、建议，针对家长们想要了解的问题或者感到困惑的地方进行解答。同时，请与会的家长或学生谈谈对该问题的看法，营造多元参与、民主和谐的家长会氛围，并根据提出的问题制定下一次活动的工作计划。最后，下发前期准备的《致家长的一封信》，内容包括学生成绩及对学生的建议。

设计意图：体现服务意识、民主精神，将学生及家长的声音纳入家校共育，并根据家长的需求制定下一阶段的工作计划。

六、家校共育收获

活动后，家长朋友大都认为：学校管理严谨，工作井然有序，教师尽职尽责，教育教学活动丰富多彩，学校面貌焕然一新，从校园文化建设、养成教育、课堂教学、社团活动、劳动实践、后勤服务、校园安全等方面都可以看出，校园充满生机与活力，办学成效显著，把孩子交给这样的学校，家长很放心。

通过“家校共育”活动，家长明白了“家庭教育”和“家校共育”的重要性，认为一味地把安全责任和教育任务推给学校是不公平的，家庭、学校、社会是教育的重要组成部分，家长也要承担应该承担的责任，尽应尽的义务，要多理解和支持学校。家长还建议教师们以后放下思想包袱、抛开顾虑，胆子再大一些，敢管、敢说，尤其要加强爱惜粮食、勤俭节约和德行教育方面的工作，家长会鼎力支持！

孩子们看到爸爸妈妈、爷爷奶奶来学校，与他们一同听课、一同活动、一同品尝饭菜，听他们的心里话，看他们精彩的表现，了解他们的喜怒哀乐，感受到了家长的关心、体贴和亲情的温暖，找回了自信，脸上洋溢着满满的幸福感！

“家校共育”活动在家庭和学校之间架起了一座相互沟通和了解的桥梁。学校定期分批邀请家长进入校园，通过参观校园文化、深入课堂听课、查看孩子作业、与教师交流、观摩社团活动、陪孩子就餐、参加亲子活动和家长座谈会等活动，全面了解了学校繁忙而有序的日常工作，目睹了孩子的成长与快乐，零距离感受到了广大教职员工的责任与艰辛，看到了孩子的进步与不足……通过“看、听、思、尝、说”等过程，谈了自己的所见、所闻、所思、所想，并提出了建设性的意见，表达了家长们对学校的期待和展望。同时，活动参与者群策群力、建言献策，为办好农村寄宿制学校注入了新的活力。

追求教育事业上的“匠人之心”

——记我与寄宿制学校的不解之缘

才仁闹布　青海省玉树州囊谦县第二民族寄宿制藏文中学副校长

参加工作已经20多年了，自己一直都与寄宿制学校分不开，不管是村级小学、乡级小学、县城小学还是县城中学，自己从事的教育工作都在寄宿制学校，而且都是全寄宿制的，因此我自己觉得与寄宿制学校有着一种很深的感情。这些年来，我一次次地承受着工作带来的劳累，也不断地品尝着成功带来的喜悦。

记得21年前刚参加工作时被分配到囊谦县海拔最高（约4500米）的一所牧区村小，虽然离县城只有七八十公里，但由于交通不便，坐车足足要七八个小时，年少气盛的我抱着一种新鲜、好奇的心态来到了学校。

那时正值3月，山谷间的小溪结冰还未融化，想着自己将要在这群山环绕、基本与外界隔绝的优永村与同伴并肩从事工作真的有点激动。虽然天气很冷，但对于刚从事教育工作的我来说，还真有一种说不出的喜悦和自豪感。当初在玉树州民族师范学校就读时，教学楼上的“为人师表”四个字深深地铭刻在我心中。当时自己对“教育”这个词的概念还有点模糊，只想着全身心地给孩子们“灌输”知识，没有考虑过“育人”这么大的概念。

记得开学前，村委会要对村里的适龄儿童进行抽签，抽到签的家庭就要让孩子去学校读书。当时刚步入社会，对于村里送子女上学的情况还不了解，不明白为什么要抽签，当时觉得抽到签的家庭很幸运。可是后来才知道，参与抽签的家庭不过是为了完成村委会的硬性要求，抽到签的家庭并非自愿送子女上学。更令我意外的是，一些条件好一点的家庭想方设法不让自己的孩子上学。对于当时的牧民来说，他们认为牛羊是家里的一切收入来源，自己和上一辈都是靠放牧来维持生计，自己的下一代也只能靠放牧来维持生计，送子女上学的意识基本没有。

在这样一个环境里，村委会需要做的工作力度是很大的。我在与村支部书记的交谈中也了解了当时的一些情况，村支部书记以外紧内松、抽签的方式让一部分孩子接受了教育，真的很不容易。由于村里的孩子很少见到陌生人，突然一下子被几个陌生人管理，既害怕又好奇，一双双天真、纯朴的眼睛每天看着你。在之后的学生住宿和教学过程中，一切都要从零开始——从晨起、晨练、洗漱、整理内务到用早餐、上下课都得手把手地教。一周后，孩子们就基本适应了。慢慢地，孩子们跟教师的距离也拉近了，教师也对每个孩子有所了解了。就这样，我与寄宿制学校结下了不解之缘——1999 年在村级小学、2007 年到乡级小学、2013 年到县城小学、2019 年到中学，这 21 年来我始终与寄宿制学校密不可分。接下来就谈谈自己在寄宿制学校从教 21 年的一些感悟。

囊谦县着晓乡中心寄宿学校学生的洗漱（海拔 4400 米）

囊谦县阳光福利学校的孩子们的清晨洗漱和晚自习后洗脚

一、做一名有责任心、有爱心的教师

刚开始步入这所村校，学校里除了崭新的教室、宿舍和围墙圈起来的校园外什么都没有，在这样的环境里，我既要当好一名传授知识的好教师，也要学会扮演孩子们的父母、医生、厨师、朋友等多个角色。在孩子们想家的时候安慰他们或想办法做一些好吃的，让他们感受到家的温暖；孩子们生病的时候带他们看病、喂他们吃药，告诉他们要坚强；下课时与他们一起踢足球、唱歌跳舞、交心……这些事是我们在当时的情况下必须做的，也是一定要做好的。哪怕是在现在这么优越的学校环境里，寄宿制学校的教师依旧还在做这些工作。虽然现在一些寄宿制学校里配了校医、厨师和专业教师，但在偏远的县乡村学校，专业教师缺乏，校医就更不用说了。这些地方的教师都应该具备这些技能，而且这样的教师也很受学生的喜欢。

记得刚开始参加工作时，村里的孩子基本没见过篮球、足球，更不会跳舞，在村小的几年时间里，我们不时地带着学生在学校门前的天然足球场里踢足球，教孩子们跳舞。当时不仅要教学生舞蹈，还要教村里的年轻人，我们还成立了校级舞蹈队、村级舞蹈队、乡级舞蹈队，并参加了囊谦县首届县庆。有一年，玉树多次遭遇大范围的降雪，全州一市五县遭受不同程度的雪灾。学校贫困学生丁增加措生病了，他常年和年迈的爷爷生活在一起，没有亲人可以送他前往医院医治，而纷飞的大雪又阻断了交通，孩子的病情越来越严重，再拖下去后果不堪设想。就在风雪暂停的间隙，寄宿学校的教师骑摩托车走了近两小时的路程将丁增加措送到乡镇卫生院，才使病情得到控制。

囊谦县着晓乡优永村小学的天然足球场（海拔 4440 米）

在寄宿制学校，当学生疲惫不堪时，我希望教师就是他心中的阳光和动力；当学生伤痕累累时，我希望教师就是愈合他伤口的药剂；当学生悲观失望时，我就坚定地告诉他：乐观的人，在绝望中仍然有希望，悲观的人，在希望中还是绝望。

二、做一名有担当、有创新的教师

任何学校的教师都要有担当、有创新，寄宿制学校的教师更要如此，特别是偏远乡村学校的教师，对于学校的校园文化、教学方法、后勤管理等，都要以主人翁的心态去管理、去教学，不能一味地等领导安排，有些时候自己要主动请缨，以“你无我有、你有我优、你优我新”的心态投入学校工作，当一名学校里有活力、有动力的教师。

囊谦县着晓乡中心寄宿学校的学生第一次接触电脑（爱心人士捐赠的笔记本电脑）

玉树地震期间，囊谦县着晓乡中心寄宿学校的学生在上观影课（爱心人士捐赠）

由于地方财政薄弱、学校编制紧张且代课教师待遇过低，教师的流动性很大。一人多班、一人多科的教学现象很普遍。教师疲于应付上课，强内功的机会较少，用于钻研教学的时间更是少之又少。这几年，随着学校条件的改善、教师待遇的提高，以及支援西部教育优惠政策的实施，教师队伍比较稳定了，我们与发达地区的教育教学研讨联系也多了，可以利用网络视频教学改善专业教师缺乏的状况。之前在阳光福利学校，首次利用网络视频教学，将东部优秀教师请进西部课堂，开设了远程英语课、乐器课和绘本阅读教学课。通过在线上课和千里之外的教师视频直播，开展互动教学，有效地弥补了西部教师专业单一和不足的短板。

三、做一名爱学习、不耻下问的教师

步入 21 世纪，不管是寄宿制还是非寄宿制学校，随着乡镇学校布局调整力度的加大，国家对寄宿制学校的硬件设施不断改善，寄宿制学生的生活补助不断提高，特别是对边远山区教育的投入不断加大，各级各类学校都发生了翻天覆地的变化。现在，无论到哪里，学校都是一道亮丽的风景线，特别是近几年国家对薄弱学校改革项目及义务教育均衡的实施，极大地改善了偏远山区学校硬件条件。作为新时代的教师，我们必须要“顺应时势，立足稳健”，既要当好一名“教”者，也要当好一名“学”者，更要以“不耻下问”的心态去请教，去学习。

2016 年参加中国贫困山区优秀校长国际领导力奖学金项目结业照和学员证

2016 年，我有幸参加了由中国国际民间组织合作促进会举办的“中国贫困山区优秀校长国际领导力奖学金项目”的培训，当时参训的有来自全国各地的 16 名山区校长，其间向举办方聘请的名师和参训校长学习，彼此交流，收获颇多。他们的教学方法、管理理念、对教育的态度等都是在书本里学不到的。之前我参加过的一些培训理论知识太多，有些内容跟自己的工作不沾边，再加上有些教授从上课到下课就是一个表情或从头到尾把准备的材料念一遍就完了，没有实际效果。但此次培训的收获很大，培训结束回到学校的我觉得自己像变了一个人。在工作中，我不时地拿出本次培训的笔记，将一些适合自己学校的管理经验、教学方法等运用到工作中，真的很有帮助！

囊谦县阳光福利学校的观影课（格桑花项目）

囊谦县着晓乡中心寄宿学校购买燃料

四、做一名深入一线的校领导

作为一名校领导，特别是一把手，一定要深入教学一线和后勤一线。虽然有分管副校长及各处室主任，但我觉得一把手应当多到一线去看看，这样既能了解老师的授课情况、后勤人员的工作情况，也能更好地对自己安排的工作进行督促检查，更重要的是会发现一些自己安排工作时没有考虑到的情况，从而找到更好的方法解决存在的问题。后勤工作是寄宿制学校的命脉，学校里有 70% 的工作都是由后勤工作来支撑的，只要学校师生的生活环境能得到优化，教师和学生就能安心从事教与学，特别是学生在就寝时或就餐时，更要多去看看、多去听听，这对于后勤工作的改善有很大的帮助。

五、做一名“教与育”相结合的教师

刚参加工作时，我对于“教育”两个字的理解有点模糊，觉得教育就是给孩子传授知识；但是经过在教育环境里的不断磨炼成长，我对“教育”这两个字有了更深的理解。

党的十八大以来，以习近平同志为核心的党中央高度重视教育事业。在全国教育大会上，习近平总书记提出的“九个坚持”，深刻地为教育工作者回答了“培养什么人、怎样培养人、为谁培养人”这一教育的根本问题。他强调坚持把立德树人作为中心环节，把思想政治工作贯穿于教育教学全过程，实现全程育人、全方位育人，努力开创我国教育事业发展的新局面。

作为 21 世纪的教师，我们一定要秉承党的教育方针，坚持把立德树人作为教育的根本任务。常言道，“立人先立德，树人先树品”。作为一名教师，首先自己要立德，再去树人，教育自己的学生要立德。苏联教育家加里宁说过，“教师在任何一个时候都不能忘记自己不单单是一个传授知识的教师，而应当是一个教育家，是人类灵魂的工程师”。只有这样，你才能成为一名学生心中的好教师。

寄宿制学校的工作是教育行业里最辛苦的，校领导、教师和后勤人员的工作量都相当大，他们不仅要在体力、脑力上付出，精神上的付出更多。虽然累、虽然辛苦，但还是有这样一群教育工作者在默默地为之付出。“寄宿制”就是改变我们人生价值观的一本书，对于一段新征程的开启，我们肩负的责任更大。我想，热爱、执着、创新、提升等关键词将一直伴随着我的成长之路，定能收获属于我自己的一份精彩！

囊谦县着晓乡中心寄宿学校的学生合影

浅谈东乡民族地区小学生学习数学的消极心理及其消除对策

马祥得　甘肃省临夏州东乡族自治县苏孟学校校长

数学作为自然科学最基础的学科，是小学教育必不可少的基础学科，对发展学生智力、培养学生能力，“特别是在培养人的思维方面，具有其他任何一门学科都无法替代的特殊功能”。我们研究小学生学习数学的消极心理与消除对策的原因如下：

（1）针对我们民族地区理科基础较薄弱的现状，避免一些学生由于产生厌学情绪进而想放弃数学单道启程的偏科弊端，进行较为全面系统的回顾和反思，以总结经验、找准问题、纠正错误、发扬成绩。

（2）针对我县每年高考文理科考生数量比例差距悬殊问题，为缩小这一差距、弥补我县理科缺乏进而影响我县科技领域经济发展的短板，从基础抓起、从现在抓起，努力提高数学课程教学的质量和效益。

（3）力求探讨影响数学教学质量的环境因素、内在潜能和与教育相悖的有关问题，使数学学科价值能够在教育过程中得到充分展现和有效发挥，更好地为实施“教育立县”战略和东乡的建设服务。

小学生学习数学的消极心理，是指影响、制约、阻碍小学生积极主动和持久有效地学习数学知识、训练创造性思维、发展智力、培养数学自学能力和自学习惯的一种消极心理现象。

一、小学生学习数学消极心理的主要表现

（一）依赖教师心理

依赖心理在数学教学中呈现最为广泛的是在课堂上，教师惯用注入式教学，以师为中心，教师全包全揽课堂。课前不布置学生预习教材，上课不要求学生阅读教材，课后也不布置学生复习教材；习惯于一块黑板、一道例题和演算几道练习题。在这种方式的引导下，学生普遍对教师存有依赖心理，一是期望教师对数学问题进

行归纳概括并分门别类地一一讲述，突出重点，习惯硬性记忆；二是期望教师提供详尽的解题示范，习惯于一步一步地模仿硬套。长此以往，学生的钻研精神被压抑，创造潜能遭扼杀，学习的积极性和主动性逐渐丧失。事实上，我们不少数学教师也乐于此道。

（二）自我贪玩心理

学生为节省时间去玩、看小说、玩手机等，力求压缩学习时间，急功近利，急于求成，盲目下笔，导致解题出错。一是未弄清题意，未认真读题、审题，没弄清哪些是已知条件、哪些是未知条件，哪些是直接条件、哪些是间接条件，需要回答什么问题等；二是未经过大脑思考，习惯于将别人的劳动成果搬来自用，蒙骗完成学习任务，长此以往，在无形中扼杀了学生动脑、动手的天赋，使学生慢慢丧失学习的信心；三是忽视对数学问题解题后的整体思考、回顾和反思，包括“该数学问题解题方案是否正确、是否最佳、能否推广和做到智能迁移等”。

（三）依靠家庭溺爱心理

家庭是学生温馨的港湾，也是孩子全面成长的摇篮，父母是学生的第一任老师，家庭环境具有比学校更为重要的地位。首先，学生的学习需要家长督促、帮助，有条件的聘请家教、送进补习班补习功课。可是，我们东乡地区山大沟深，家长大多是文盲，不会过问学生的学习情况。其次，学习要靠学校和家长双方努力，通过对孩子进行开导、鼓励、施压等促进孩子学习，而目前仅有学校孤军奋战。最后，有些家庭不仅不给学生学习时间，反而还给学生每天安排家务，这严重影响学生坚持每天学习的信心和兴趣，学生借此开始偷懒，长此以往就有了厌学情绪。这严重阻碍了学生学习的良好发展势头，使其产生消极心理、自谅心理、迷惘心理、厌学心理、封闭心理等。这些心理障碍都不同程度地影响、制约、阻碍着学生学习数学的积极性和主动性，使数学教学效益降低，教学质量得不到应有的提高。

（四）注重结论

偏重数学结论而忽视数学过程，这是数学教学过程中长期存在的问题。从学生方面来讲，同学间的相互交流也仅是对答案、比分数，很少见同学间有对数学问题的深层次讨论和对解题方法的创造性研究，至于思维变式、问题变式更难见涉及。从教师方面来讲，也存在自觉不自觉地忽视数学问题的解决过程，忽视结论的形成过程，忽视解题方法的探索，对学生的评价一般也只看“结论”评分，很少顾及“数学过程”。从家长方面来讲，更是注重结论和分数，从不过问“过程”。教师、家长的这些做法无疑助长了小学生数学学习的偏重结论心理，小学生思维的方法和习惯得不到训练和养成，观察、分析、综合等能力得不到提高。

小学生产生数学学习心理障碍的原因是复杂的，既有教师、家长、社会方面的因素，也有小学生自身的因素。具体来讲，存在如下三个影响因素：

（1）受“应试教育”大气候影响，片面追求升学率、题海战术使得教师和学生都疲于应付。

（2）对素质教育缺乏科学全面的理解，教育质量评估体系和标准有待于进一步完善。

（3）教法单调死板，缺乏针对性、趣味性和灵活性；学法指导不够，学生学习方法不对；等等。

二、如何引导小学生克服学习数学的消极心理，增强数学教学的吸引力

“引导小学生克服学习数学的消极心理，增强数学教学的吸引力”是我们这个地区数学教法研究的重要课题。我认为，首先必须转变教学观念，密切联系家长，建立与家长齐抓共严的联防机制；其次应从“应试教育”转到素质教育的轨道上来，坚持“三讲、四开发”；最后要把握学生的心理状态，培养学生的兴趣，调动学生学习数学的积极性和创造性，使学生真正领悟和体会到学习数学的无穷乐趣，进而做到爱学、乐学、学好。

（一）“三讲”：讲实际、讲过程、讲方法

1. 讲实际

首先，教师要深入学生中多做调查研究，了解学生实际情况，包括学生学习、生活、家庭环境、兴趣爱好、特长优势、学习策略和水平等；其次，数学教学内容要尽量联系生产生活实际，尽量列举学生比较熟悉的事物，比如学习三角形稳定性时让学生观看家里的屋顶横梁、护栏等，学习圆时让学生多看看饭碗、茶杯等，要加强实践，使学生在理论学习过程中初步体验到数学的实用价值。

2. 讲过程

学生利用“数学过程”来学习方法和训练技能，较之掌握知识本身具有更重要的意义。一是要揭示数学问题的提出或产生过程；二是要揭示新旧知识的衔接、联系和区别；三是要揭示解决问题的思维过程和思维方法；四是要对解题思路、解题方法、解题规律进行概括和总结。总之，要“以启发诱导”为基础，“通过学生自己的活动来揭示获取数学知识的思维过程，进而达到发展学生能力的目的”。

3. 讲方法

数学方法是在数学活动中解决数学问题的具体途径、手段和方式的总称。所谓讲方法，一是要重视教法研究，既要有利于学生接受理解，又不包办代替，让学生充分动脑、动口、动手，掌握数学知识，掌握数学过程，掌握解题方法；二是要重视学法指导，即重视数学方法教学。数学学法指导范围广泛，内容丰富，包括指导学生阅读数学教材，审题答题，进行知识体系的概括总结，进行自我检查和自我评定，对解题过程和数学知识体系、技能训练进行回顾和反思，等等。

（二）“四开发”：环境开发、兴趣开发、爱心开发、奖励机制开发

1. 环境开发

建立良好的家庭配合支持机制，加强校风、班风和学风建设，优化各种学习环境。首先，建立家庭机制，密切与家长的联系，加强家访尤其是边远山区的家访活动，了解家长的想法并征求家长的意见和要求，让家长多做孩子学习的思想动员和鼓励工作，并要求家长尽量少给孩子安排家务，有条件的家庭在节假日让孩子参加一些数学补习班，给孩子充充电，使学生有一个“关心互助、理解、鼓励”的良好的家庭学习环境。其次，在班内组织开展“一帮一”“互助互学”活动，成立学习兴趣小组，建立所有活动由成员参与、小组长领导、教师指导的帮助联动机制，开展各种竞赛活动，建立竞争机制，促使学生自觉抵制和排除不健康的心理因素，比、学、赶、帮、争先进。在数学知识教学、能力训练的同时，要进行数学思维方法、学习方法、解题方法等的指导。

2. 兴趣开发

首先是开发学生兴趣。教师要做一名关爱学生、理解学生、帮助学生、善待学生的良师益友，走进学生的心里，倾听学生的心声，让学生喜欢教师、善于与教师交谈，进而喜欢教师所教的学科。其次是问题激趣。问题具有相当难度，但并非高不可攀；经努力可以克服困难，但并非轻而易举；可以创造条件寻求解决问题的途径，但并非一蹴而就。最后是情景激趣，把教学内容和学生实际结合起来，创设生动形象、直观典型的情景，激起学生的学习兴趣。此外，还有语言激趣、变式激趣、新异激趣、迁移激趣、活动激趣等。

3. 爱心开发

向学生奉献爱心，真正做到想学生所想、想学生所疑、想学生所难、想学生所错、想学生所忘、想学生所会、想学生所乐；用自己的思路引导学生的思路，用自己的智慧启迪学生的智慧，用自己的情感激发学生的情感，用自己的意志调节学生

的意志，用自己的个性影响学生的个性，用自己的心灵召唤学生的心灵，特别是对于数学成绩较差的学生和民族意识浓厚的学生，教师更应主动关心他们，征询他们的意见，想方设法让他们体验到学数学的乐趣，向他们奉献一片挚诚的爱心。要面向全体学生，使优等生、中等生和后进生都有前进的目标和努力的方向。其目标要既有长期性的又有短期性的，既有总体性的又有阶段性的，既有现实性的又有超前性的。对于学生个体，特别是后进生和尖子生，要努力通过“暗示”和“个别交谈”使他们明确目标，给他们加油鼓劲。最终使师生心心相印、肝胆相照，使课堂成为一个相容而微妙的世界，使教学成为一种赏心悦目、最富有创造性、最激动人心的“精神解放”运动。

4. 奖励机制开发

在一双双稚嫩、天真的慧眼中，物质奖励与精神奖励一样具有鼓励性、启发性和吸引力。所以设立健全、有效、长期的奖励机制势在必行。首先，应在班内建立奖励机制，两周做一次测验并进行小组奖励，给予学习用具类的小型奖励，在月考中给予书本奖励，以鼓舞学生学习数学的信心和兴趣。其次，在学校应建立联动基金奖励机制，在每次期中、期末考试中进行 200~400 元的基金奖励，将基金奖励作为学生的学习动力。

总之，小学生学习数学的消极心理是多方面的，其消极作用是显而易见的，产生的原因也是复杂的。与此相应，引导小学生克服消极心理的方法也应是多样的，没有固定模式。特别是在像我们东乡族集聚的民族地区，数学教师要不断加强教育理论的学习，及时准确地掌握学生的思想状况，改进教学方法，引导学生自觉消除学习数学的消极心理因素，使他们真正成为数学学习的主人，让素质教育在数学教学这块园地中开出鲜艳的花朵、结出丰硕的果实。

长大后我就成了你

——一名山村教师的心路历程

马奋魁　甘肃省临夏回族自治州积石山县关家川学区宁家小学校长

我是 1992 年 8 月在原临夏师范学校毕业后参加小学教育工作的，2012 年被评为小学高级教师。28 年来，我一直奋战在积石山的基层乡村小学，以自己满腔的热忱从事党的教育事业，扎根山村，钻研教材，精心呵护每位乡村儿童，深得学生喜爱和社区群众拥护。现将我教学生涯中自己觉得有意思的事分享给大家。

教育是这个世界上最光辉、最神圣的事业。作为一名教育人，有什么样的教育情怀，就会产生什么样的教育影响。从一名山村儿童到一名山村教育人，我在自己的音乐故事中成长，在自己从事的音乐教育中摸索，在对音乐的挚爱中既完善了自己，又影响着别人！

在我的教育生涯中，音乐课是我 28 年来的师魂所在。神奇的音乐可以把我一下子拉回我的童年。

送教到家

音乐是我这辈子想上学的原动力，我不止一次在孩子们的音乐课堂讲过这个故事：在那遥远的积石山某个山村低矮的破瓦房教室里，一个留着长长的辫子的高个子、俊俏无比的女知青（她叫马玉秀），正以百灵鸟般的歌喉教孩子们唱一首歌（一条大河波浪宽……）。这声音如天籁之音，把一个当初只有四岁的孩子（跟着哥哥到学校玩）迷住了，也震撼了！那是 1976 年的我，从此，在那个缺吃少穿的年代，我不怕吃不饱、不愁穿不上，一心只想能早点上学，有人教我这首能让人忘记饥饿的歌曲。后来我才知道这首歌的歌名为《我的祖国》。

后来，我带着对音乐的无限美好憧憬入学了，直到我上小学四年级时，有个男老师终于教我们唱了这首至今还让我魂牵梦绕的歌曲——《我的祖国》！于是，田间地头、山村荒野，你经常会听到一个童音在尽心演绎那首沁人心脾的歌……

动员辍学儿童

再后来，我以优异的成绩考入了临夏师范学校，毕业后正式成为一名小学教师，步入教师的行列。我曾一度教高年级语文课，曾多次以百分之百的及格率拿过学区的第一名，但我特别想说的还是我的音乐课！记得那是1993年，我用自己183.50元工资中的120元买了一台“宝石花”牌录音机，就是为了转录歌曲，然后教给学生们。记得那时我还没有结婚，有时睡觉还抱着那台录音机呢！我当时教了学生《长城长》《长大后我就成了你》《笑脸》等好多首歌，自己也陶醉在孩子们的歌声里。多少年后，一个成年男人突然在人流如潮的大街上一下子抓住了我的手：“马老师，您是我的音乐老师，我是您在牟家小学时的学生，您教过我们《美丽的临夏我的家》。我在打工时、挖虫草时、后来当老板时，一直记着您的歌和您给我们讲的人生哲理。”

多么感动的一刻啊！此刻作为一名小学音乐老师，我觉得值了！

和孩子们在一起

值得庆幸的是，2018年我的大儿子凭借音乐特长考入甘肃陇南师专音乐舞蹈学院音乐教育专业。我自己一辈子扎根在乡村教育这片田地，希望儿子能有大作为，能考到城市的中学做个音乐教师。可是我儿子对我说：“爸，我是山里的孩子，我还是喜欢大山、小河、家乡的小树林啊！喝山泉，采蘑菇，追野鸡，这些生活是我的梦……”听了孩子的话，我忽然耳边响起一句歌词：“接过雷锋的枪，雷锋是我们的好榜样……”是啊，当你满怀希望地设计孩子的未来，当你是律师而孩子偏偏要做航海探险旅行家“鲁滨逊”时，你是多么无计可施啊！当你只给孩子爱和教育，真情和感染，不强求孩子做什么，孩子却默默地追求你一生挚爱的事业时，你也会觉得，你是这个世界上最幸福的人！

前几日，儿子发了一个朋友圈——他到一所小学见习，给孩子们上音乐课时课堂精彩瞬间！我被儿子置身孩子中的快乐感动得老泪纵横！

我长大后成了你，你长大后又悄悄地成了我。我的事业后继有人，我们国家的教育后继有人，我是多么地感动啊！

多年以前，我多么羡慕教师这个工作，童年记忆中那个长辫子的女知青教师就像我梦想中的女神；多年以后，我竟然真的成了一名领着小鸟快乐飞翔的教师，我知道命运之神厚爱了我！

长大后我就成了你。我亲爱的孩子们，你们长大后也能成为我吗？

她力量提升她影响

——巾帼突围谋新篇

从黑土地到天涯海角

——一位引进校长眼中的海南乡村基础教育

杨　慧　海南省琼中县新进中心小学校长

“在离开黑土地的列车开动的那一刻，我强忍的泪水还是流了下来。再见了，我的黑土地；再见了，我的家人、同事、同学和朋友；我会带着你们的祝福启程；远在天涯海角的我，即将开启一段新的人生旅程；我也会带着你们的祝福在教育工作中一切顺利，旗开得胜！能做出这个决定很艰难，但是既然选择了远方，我便无惧风雨，勇往直前！”在去往海南的路上，我发表了这样一篇朋友圈文章，满脸泪水的我心里满满离别的乡愁……

工作照

我叫杨慧，内蒙古呼伦贝尔人，大学本科毕业，高级教师。2018 年 8 月，我通过参加海南省面向全国引进优秀校长招聘考试，被成功引进到海南省琼中黎族苗族自治县并受聘担任新进中心小学校长。2018 年 8 月 26 日，我走进了新进中心小学校园，映入眼帘的景象让我非常吃惊——残破脏乱的校园里，课间时大部分的孩子光着脚或穿着拖鞋玩耍，有的教师跑到校外喝茶，也有的教师在校外买彩票，还有的教师在办公室聊天。飞机落地海南那刻，扑面而来的是清新的空气，车辆行驶在高速公路上，闻到的是满满的负氧离子的气息，看到的路边景象都是郁郁葱葱的森林公园，这里是花的世界，这里是树的海洋，我被这里得天独厚的自然环境所吸引；而走到我的学校，却为这里落后的教育现状而深深地担忧。

一、我和孩子们的故事

（一）爱如春雨润童心

新进中心小学有一个男孩子，名叫小杰，他性格内向，不爱学习，不喜欢和同学们一起玩耍，也拒绝跟教师沟通，是教师们心中的一个老大难学生。他唯一的爱好就是踢足球，是新进中心小学男子足球队的一员。每天的训练时间，就是他最快乐的时光。在训练场上，他从来不怕苦、不怕累，总是认真训练，乐在其中，踢球水平自然也是很棒的。转眼到了比赛的时节，在比赛开始前的那天晚上大约21：30，我像往常一样，结束了对晚修的例行检查，正准备回宿舍，突然发现漆黑的校园里闪过一个孩子的身影。“谁在那里？快出来！”我大声喊道。黑夜深处却不见回应。“快出来吧，我看到你了！”在我反复的呼喊中，小杰才赤脚从树后怯怯地走了出来。“这么晚了，你怎么不回家？”小杰说：“我姑姑说明天早晨七点参加足球比赛太早了，她没时间送我，我担心耽误比赛，就赶回学校，今晚准备睡在校园的石凳上。这样，明天一早就能准时参加比赛了。”他西瓜太郎的小盖头儿下掩映着一张黝黑的面庞，大大的眼睛像星星一样闪亮。从他的身上，我看到了梦想的力量。我立即打通了小杰姑姑的电话，告知小杰的情况，然后把孩子带回了我的宿舍。当我把自己亲手做的晚饭端到小杰的面前，看着他狼吞虎咽地吃起来，我的内心升腾起从未有过的欣慰感。

那天晚上，我让小杰留在了我的宿舍，和他聊了很多。原来小杰的父母都在外地打工，只能将他寄养在姑姑家里。窘迫的生活让姑姑不得不投身到繁重的劳作中，除了能给他做口饭吃，基本上不能给予他学习上的辅导和情感上的温暖。没有父母监管的小杰孤独又自卑，慢慢失去了学习的兴趣，也渐渐不再喜欢和人交流。他唯一的快乐就是足球，所以，哪怕是不能回家，在石凳上睡一晚，他也不想错过足球比赛。这个孩子，孤独得让人心疼，可他对足球的热爱又让人深深地感动。我温声细语地和他聊了一个晚上，跟他讲父母的不容易和姑姑的无奈；跟他讲，要想实现足球梦想，也要有深厚的文化基础；跟他讲，教师和同学们一样，都喜欢和他这样有梦想的孩子做朋友……这个晚上，小杰在我丰瑞宿舍里度过了一个有人陪伴的幸福的夜晚。第二天，我早早地准备好早餐，和小杰一起吃过之后送他去足球队集合。那天的赛场上，小杰是最耀眼的明星。

自那之后，教师们都说小杰变了，变得爱笑了，变得爱和同学们玩闹了，学习也一点儿一点儿有了起色。我以春雨一般温柔细腻的爱，滋润了一个渴望理解和陪伴的孩子的心，让他找到了自信，也找到了努力的方向。从此，小杰每次看到我都亲切地称我为“校长妈妈”。

（二）为了天使的微笑

到小仪家做家访

每个孩子都是天使，而那些不幸的残疾孩子就是折翼的天使。家住槟榔根村的残疾儿童小仪，是一个先天智力、肢体双重残疾的儿童，13 岁的她身高只有 80 厘米，目光呆滞、面无表情，吃饭只能吃流食，自己不会大小便，完全没有生活自理能力。小仪的母亲无法接受这样的现实，心灰意冷，抛下孩子后离家出走了。小杰的家庭极度贫困，她的父亲面对着这样一个孩子，也看不到生活的希望，终日以泪洗面。我了解此事之后，通过村干部主动找到孩子的家里，把小仪纳入学校教育中来，为小仪发放国家贫困补助，安排学校专任教师每月按时送教上门。

从此，小仪的生活中，有了更多的爱和温暖。尽管送教上门的过程无比艰辛，但几个月后的一天，当小仪看到我又一次走进她家时，居然露出了可爱的笑容，那笑容如一缕阳光，融化了冰雪，照进了每个人的心中。小仪的爸爸，这个不善言谈、被生活折磨得失去了希望的糙汉子，忍不住流下了喜悦的热泪，疲惫不堪的我也从这天使般的微笑中得到了安慰。那一刻，一切努力都有了回报。将小仪纳入学校教育中来，让这个家庭享受国家贫困补助，不但让这个可怜的孩子感受到了幸福，也拯救了这个不幸的家庭，让他们重新拾起生活的信心和希望。

（三）一个都不能少

六年级一班小宇，父母常年在外地打工，留下姐姐和小宇由年迈的外公照顾，是典型的留守儿童。因为缺少监管，姐姐很早就辍学了。小宇本人也性情顽劣，抽烟、喝酒、打架、玩游戏。长期厌学导致他经常旷课，家里的亲戚朋友无人问津。我得知此事后，带上李苏珍副校长，三番五次到小宇家里了解情况、进行劝说，但劝返工作并不顺利，孩子和家长都不理解。“孩子不想念书就算了，你们没必要今天来明天来的。”小宇的外公以这样的口气表达他的不满情绪。“我自己不想上学了，你们别再来叫我了！”小宇也坚持不回来。面对孩子和家长的抵触，我没有放弃，耐心地向小宇的外公讲解国家《义务教育法》，打电话给小宇远在外地的父母

看望小宇

做思想工作，找小宇谈心，给他讲知识改变命运的道理。功夫不负有心人，最终，也许是我锲而不舍的精神感动了小宇，他把头发染回黑色、穿上鞋子、穿上校服，同我一起返回了校园。

（四）同在一片蓝天下

经过了解，海南中部山区经济欠发达、交通闭塞，家长的思想观念落后，对子女入学接受教育不够重视。许多山区家长认为，孩子入学读书是学校的事情，自己只负责孩子的吃饭和穿衣等生活保障，却忽视了对孩子的精神陪伴与心灵呵护。一旦孩子的学习成绩不好，就倾向于让孩子辍学，或者出去找个工作，或者帮助家里务农。海南乡村学校的学生存在各种各样的情况，贫困、单亲、孤儿、残疾、留守儿童等，这些学生的家庭教育严重缺失，甚至在学习和生活上都没有足够的资源和支持。乡村教育最缺乏的还是优质的教师资源，而乡村学校各方面条件的艰苦和教学设施的严重缺失也导致了优质的教师资源不会流向乡村。

来到海南两年来，我淡泊名利、廉洁自律、殚精竭虑、艰苦创业，带领广大师生使新进中心小学发生了翻天覆地的变化，花园似的校园里，新建四层综合实验楼拔地而起，先后建成图书室、阅览室、心理咨询室、书法教室、美术教室、美术画室、音乐教室、电子琴教室、舞蹈教室、多功能教室、科学实验室、科学教室、仪器室、灼吧教室、单簧管教室等22个功能室并投入使用，全校办学条件和师生面貌的显著改善赢得了社会各界、教育同人和黎苗山区父老的一致好评。

教学楼

二、振兴乡村教育再思考

以上三个教育故事只是列举了诸多现实教育工作中的几个我真实经历的事例。这里的教育环境和我的家乡呼伦贝尔有着巨大的差异，孩子们那一双双渴望知识的眼睛一次次刺痛我的心，我希望通过我们多年不断的努力，能让海南山区的孩子和城市里的孩子同在一片蓝天下，充分享受教育公平。具体想法如下。

一是保持相对办学规模，改善教育设施。随着城镇化进程的不断加快，乡村学校生源流失明显，究其原因，主要是乡村学校规模小，教学设施配备不足，师资力量薄弱，加之自然环境比较差，导致乡村教育质量也普遍较差。所以，要下大力气改善乡村教育硬件建设和软件配套。

和孩子们在一起

二是补充年轻教师，促进教学改革。呼吁教育主管部门多措并举，建立一些激励性的制度机制，鼓励和支持一些年轻的、专业的教师主动积极前往乡村学校任教。通过年轻、专业的教师的带动和影响，并利用现代教学设备进行辅助教学，提高原有教师的专业素质，转变单一的教育教学方式，激发学生学习的兴趣，以丰富多彩的教学手段提升乡村学校的教学质量，促进乡村学校全面发展。

三是规范管理制度，提高教学水平。通过科学有效的制度管理，既使每名学生在校期间的言行举止都有规范、有要求、有约束，也使每位教师的工作有标准、有评价、有奖惩。从根本上改变单一的评价机制，从只重视教学成绩评价转向注重综合素质的评价，真正达到向管理要质量的现代学校科学建设目标。

四是强化留守儿童心理辅导，增加乡村教育温度。学校要发动教师加强学生的心理辅导，适时开展留守儿童关爱活动，减轻他们的心理压力，用师者的热情关爱让他们在一个开心、轻松的环境下接受学习、感受温暖，并不感到被歧视。这也是教育扶贫的一个重点领域，乡村教育工作者都有责任做好该项工作。

小学教育是所有教育的基础。根据山区乡村学校教育的现状，我们应该做到具体问题具体分析，视情况逐个解决乡村学校教育工作中存在的问题，改善办学条件，弥补教育短板，强化学校管理，建设师资队伍，全面提升乡村学校教育质量，推动乡村学校在乡村振兴的大潮中再次实现跨越式发展。

“捧着一颗心来，不带半根草去。”我这个从城市里走出来的女校长，从与海南结缘的那天开始，便一头扎进琼岛中部贫困山区的乡村学校，开始了无怨无悔的坚守。虽然我深知自己选择的这条路有多艰难，但我从未向任何困难低过头。虽然我是一个女同志，但我会一如既往，坚定理想信念，牢记“为天地立心，为生民立命，为往圣继绝学，为万世开太平”的铮铮誓言，团结带领我的同事们，走进课堂、走进黎村苗寨、走进学生家庭，走进每个山区学生的心里，在孩子们心中播撒下爱和知识的种子，引领他们走出贫困、走出愚昧、走向更加美好的未来。以巾帼不让须眉之志筑琼岛乡村教育振兴梦！

庄严宣誓

立足乡土，做有根的教育

——探寻校园里的药用植物活动记录

冯海燕　陕西省宝鸡市高新区马营镇燃灯寺小学校长

如何立足乡土，做有根的教育？近年来，我开始对学校课程规划进行思考。我觉得，开发乡土课程是乡村小学发展的一个重要途径，乡村可以挖掘的课程非常丰富，只要敢于去想、去挖掘，就能找到乡村教育改变的突破口。

在缺乏关于“乡土课程”理论指导的情况下，如何开展课程规划？我认为，首先，可以找到一两门课程试着做起来（我们计划先做中草药），在做的过程中不断发现问题、解决问题，认真做过一轮课程之后，一定会对课程有更加系统的认识。其次，作为校长，必须先行动，然后逐步带领学校教师都参与进来，只有教师都参与，课程才会更有价值、更持久。另外，还需要边做边学习，赋予课程丰富的内涵，善于思考和总结，让课程的内容越来越充实。

学生在校园里观察植物

一、课程资源

经过我们的考察，我校开发乡土课程可挖掘的相关资源有：自然资源（秦岭山脉植物资源——中草药），以及人文资源（青铜器和石鼓文）。

二、课程内容

我决定先从校园做起——探究校园里的药用植物。

探究前，我带着学生们玩了一个热身游戏——看图找植物。学生分组领取植物图片，去校园里找到它们，初步认识了校园里的药用植物。

接下来，进入正式的实践探索，找到并了解了几种植物。过程记录如下：

（一）虎杖

【地点：中央花坛】

1. 现场观察植物特征

（1）它的茎像竹节一样。谷雨到立夏时节长得非常快（每天能长几十厘米）。

（2）茎的颜色是绿红相间的。

（3）茎是空心的。

（4）尝：吃起来酸酸的，水分很大。

（5）繁殖能力极强。

2. 看图识药材

看图片，认识它的入药部位和做成药材之后的样子。

3. 手机查询

了解虎杖的功能、主治。

4. 提出问题

为什么叫“虎杖”？

（1）猜一猜名字的来历。

（2）查一查关于虎杖的传说，进而了解孙思邈。

发现虎杖

（二）茜草

【地点：西北花坛】

1. 现场观察植物特征

（1）茎上长满了倒刺，叶子背面也是。用手触摸或者放到衣服上感受一下“倒刺”。

（2）茎的形状很特别，是四棱方形的。

（3）叶序为轮生，一般为四片，或者更多。

2. 手机查询

了解茜草的功能、主治。

3. 提出问题

它为什么会长这么多刺？

学生讨论、发言：一般有很多植物长刺是为了保护自己或者自己的果实。

4. 看图识药材

出示茜草的果实（暗红色）。学生纷纷说以前都见过，还尝过它的果实。

5. 生成问题

（1）此药可以治尿结石，什么是尿结石？

（2）尿结石是尿里面有石头吗？尿结石的症状是什么？

建议孩子们回家请家长讲讲他们对“结石”的了解。

发现神奇的茜草

（三）千里光

【地点：西南花坛】

1. 现场观察植物特征

（1）叶子的形状长得很特别。

（2）和茜草的生长方式很像，藤蔓会长得很长。

2. 提出问题

猜一猜，它的名字叫“千里光”，那么它有什么功效（眼睛）？

3. 手机查询

（1）了解千里光的功能、主治。

（2）它属于菊科植物。

4. 生成问题

（1）千里光的功效中有清肝明目，肝和目有什么关系？

（2）它可以当菜吃吗？（提出这个问题的原因是，其中有的孩子在观察过程中都会偷偷尝尝它们的味道）

5. 看图识药材

出示千里光开花的图片（黄花）。

探究植物奥秘

（四）酸模

【地点：校门口西侧】

1. 现场观察植物特征

（1）叶子宽大。

（2）嫩草贴地面丛生，成熟的植株可以长到一米高。

（3）开的花很特别（专门近距离观察以后发现的）。

（4）种子生长的地方和方式很特别（花瓣中间）。

2. 手机查询

了解酸模的功能、主治。

探秘酸模

（五）车前草

【地点：校门南水渠边】

1. 现场观察植物特征

（1）丛生。

（2）叶脉很明显。

（3）花和种子长得挺漂亮的。

2. 手机查询

了解车前草的功能、主治、入药部位（全草）。

3. 提出问题

（1）为什么叫车前草？（讲解车前草的传说，加

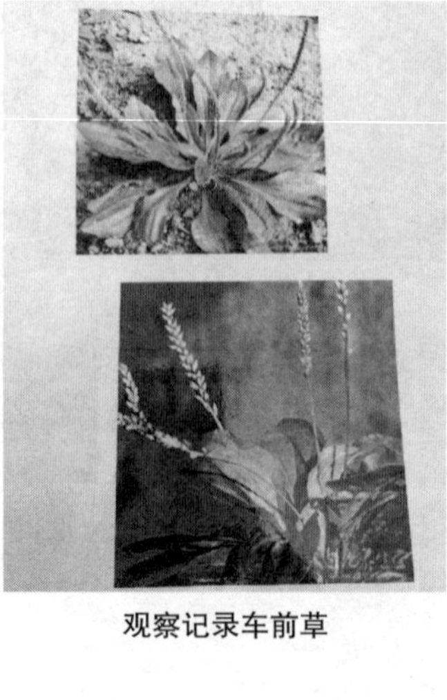

观察记录车前草

深对它的功效的认识）

（2）是否可以食用？（嫩草可以煮熟食用）

（六）窃衣

【地点：校门口东侧】

1. 现场观察植物特征

（1）叶子和胡萝卜、香菜的叶子很像。

（2）种子上长满了钩刺，很容易粘到人或者动物身上。

大自然中的窃衣

2. 名称、别名

说说你们平时把它叫作什么？你喜欢叫它什么名字？

3. 手机查询

了解窃衣的功能、主治。

4. 生成问题（种子的传播方式）

种子长成这样的好处是什么？（利于种子传播，繁殖后代）

经过一轮比较深入的探究以后，我们都收获了很多。

三、活动成果

（一）汇报

1. 汇报学习方式

（1）看（观察植物整体特征）。

（2）摸（感受植物不同的茎和叶）。

（3）尝（味道）。

（4）问（问老师，问家长，问医生，获取信息）。

（5）查（书籍、上网查询）。

（6）分析讨论（深入探讨）。

2. 发表感悟

（1）万物皆是药，是药三分毒。平时不可随便尝不了解的植物。

（2）自然界的很多草都是药，有治疗疾病的功效，但是一般不单独使用，要跟其他药材互相搭配才能发挥出它的功效。

（3）多了解一些植物，了解人们在受伤、生病、饥饿时都可以用植物来解决。人与自然的关系密不可分。

（4）我们的先辈们尝百草、济苍生，真的太伟大了！

（5）中药的搭配治病原理就像人类一样，只有共同合作才能发挥出更大作用。

（6）用心探究，原来每种草都很美、都有用。就像我们人类一样，每个人都有自己的作用。

（二）提出改进计划

（1）随着季节变化，我们将逐步把这些植物做成可以入药的样子。

（2）制作出一本《家乡的中草药》图谱。

（3）拍摄短视频，由学生做讲解员，对每种草药进行讲解。

（三）完成作品

（1）完成了一本《家乡的中草药》图谱及说明书。包含以上探究的植物，以后再逐步补充。

（2）端午节，孩子们自己在校园、操场挖出了茜草的根，作为染料，亲手煮了红鸡蛋来品尝。兴趣浓厚，收获颇丰。

孩子们用自己挖出的茜草根作为染料煮鸡蛋

未来，我们将以“家乡的中草药”为校本课程，结合节气活动，带领孩子们从我做起，从身边做起，让教育生发。做有根的教育，做有根的中国人！

先进理念和特色管理不可偏废

马　芹　山东省临清市民族实验中学校长

临清市民族实验中学源于1755年的清源书院，是一所百年老校，著名诗人臧克家、学者吴秋辉以及书画家赵望云、施佩秋等名家曾在此执教，民族英雄张自忠、知名人士黑伯理以及国画大师黑伯龙、张彦青等英贤曾在此求学……百年老校传续不衰，书写了临清教育发展史上辉煌的篇章。

百年风雨洗礼，经过数代师生的共同努力，民族实验中学的发展在新时代又取得了令人瞩目的新辉煌。近年来，学校先后入选“全国民族教育先进集体”“全国民族中学示范校”“全国艺术教育先进单位”“全国尝试教学先进单位”“山东省省级规范化学校”“山东省首批教学示范校”“山东省绿色学校”“山东省楹联教育基地”“聊城市素质教育领军学校”“聊城市‘第一届市级文明校园’”“聊城市德育工作先进集体”“聊城市文明单位”“聊城市教育科研示范校”等，获近百项荣誉称号。

一、潜心恒守创新理念

学校秉承百年历史的优良传统和丰厚的文化积淀，牢固树立“办更好的教育”的办学宗旨，坚持“让每一个学生都获得成功，使每一个学生都有一个智慧的人生；让每位教师享受教育的幸福，让每一个学生体验学校的快乐”的办学理念，恪守“笃志、博学、质朴、方正”（笃志创伟业、博学炼真才、质朴修高德、方正律言行）的校训。努力将学校建设成为一所有人性、有温度、有故事、有美感的新样态学校。

二、匠心凝聚实干力量

学校按照“一三五七十”教师成长规律（1年合格教师—3年教坛新秀—5年骨干教师—7年学科带头人—10年成名师），对不同阶段的教师

初三毕业典礼和入党仪式

在专业发展中提出不同的要求。实施名师培养工程，以教师素质的提高来增强学校的竞争力。

学校不断致力于师资队伍建设，加强师训模式的创新。充分发挥名师示范、引领作用，通过“名师讲堂”、师带徒的“青蓝工程”活动、“教研组研讨”、“全员听课”、“说课比赛”、“微课制作比赛”、“专题培训”等多元化的校本管理手段，提高教师业务能力，促进教师群体专业化发展。在班主任培养上，采取举行优秀教师经验交流报告会形式，召开“讲述班级故事，分享班级管理方法”“班主任主题班会观摩”等方式进行落地的校本培训，不断提高教师发展内驱力，造就了一支充满教学生命力的班主任队伍。出于对教育的热爱，为给孩子们提供更优质的教育，在耕耘的路上，我们的教师们不忘初心、继续前进！

教师研讨和表彰活动

三、高效课堂精心打造

在课堂教学上，学校推行学校、学科、课型三级教学模式，“导入预习、导学互动、当堂训练”三流程，“预习（前置）—交流（充分）—突破（精当）—拓展（到位）—归纳（条理）—（当堂）达标”六环节，通过“三流程 · 六环节”模式让知识之河在学生心中奔涌不息。

在公立学校不能分快慢班的前提下，为从全局上“防差、转差、促优”，大面积提高教学质量，我们采取变“分层分班”为“班内分层”的分层互动小组合作学习模式。我们坚持尊重学生、师生磋商、动态分层的原则，分层设计教学、分层布置学习任务、分层设计提问问题、分层提出奋斗目标、分层布置作业与进行评价，对不同层次的学生提出不同的教学要求，体现“不同的人得到不同的发展”的新课程理念。

高效的课堂教学

四、阳光读写亮点突出

学校重视语文大阅读，使“阳光读写”工程扎根落地。每周固定两节阅读课，每周五为阅读展示课或随笔展示课，形成了学校“读写讲一体化”的语文教学特色，“读是基础”“写是中心”“讲是升华”，助力书香校园。学校进行“读本阅读、名著阅读、个性阅读”三级台阶式阅读，构建起“基础阅读课·阅读交流课·随笔展示课”三种常态课型，留存“学生阅读笔记《书海拾贝》、学生随笔本《心灵驿站》、教师读书笔记《书院咀华》”三本阅读足迹。学校印制了《天天积累》，编撰出《晨读暮诵》，为实现“每天进步一点点，三年语文灿年华”的阅读目标提供了适用、实用的有效载体。“中华魂”经典诵读比赛、“说临清故事”比赛、“朗读者”比赛、“臧克家杯”作文大赛、汉字书写大赛等给学生提供

读写作品表彰和展示

了充分展示的舞台。在全国青少年爱国主义读书教育演讲比赛中，我校王昊晨同学代表山东省参加比赛，获得全国中学组一等奖第一名。

五、社团活动丰富多彩

学生社团活动是培养学生综合素质的重要载体，是课堂教学的延伸，是实施全面发展素质教育的重要途径。它能丰富学生的课余文化生活，发展学生的个性特长，激发学生的无限潜能。学校高度重视学生的课外兴趣培养，注重学生的个性、自主发展。进行新生军训，设立了华罗庚数学社团、英语天地社团、理化生兴趣小组、篮球社团、“棋乐无穷”社团、志愿者服务队等，开展了京剧进校园、柔力球进校园、“小小讲解员”等活动。校园社团活动是校园文化的浓缩，丰富了校园生活，优化了育人环境，给学生搭建了成长的平台，必将推进素质教育向纵深发展。在这些舞台上同学们挥洒青春的活力，散发出耀眼的光彩，同时陶冶了学生情操，提升了学生的综合能力，必将全面提升学校的教育教学质量。

教师研讨和表彰活动

六、初心坚定，策马筑梦

做有情怀的教师、育有梦想的学生、办有温度的教育，学校提出了“育有梦想的学生”的育人原则，形成了“初一放飞梦想、初二坚持梦想、初三冲刺梦想”的德育工作新思路。

我们初中三个年级的德育侧重点不同：初一，学校对影响人生的最重要的行为习惯进行规范，引导学生对未来进行简单规划和憧憬，希望为学生未来做好铺垫；初二，通过一系列主题班会等活动形式，培养学生不抛弃、不放弃的精神，对可能遇到的问题进行提前点拨，让其从容地应对学习生活；初三面临升学，学校开发一系列校本课程、毕业课程进行励志教育，助力中考。

我们在认真研究学生的心理需要、学习动机和发展要求的基础上，总结并形成了我们特有的“德育教育模式”。一是强调德育教育的“六个结合”（即德育教育与课堂教学相结合、与理想教育相结合、与环境教育相结合、与法制教育相结合、与养成教育相结合、与家庭教育相结合），拓宽思想教育的主渠道，真正把德育教育落到了实处。二是“四种激励”，开辟了问题生转化的新途径。情感激励，多给问题生以关爱；赞扬激励，多给问题生以赞扬；群体激励，用班集体力量去帮助问题生；成功激励，为问题生搭建成功的平台。

教师研讨和表彰活动

这是一所朝气蓬勃的学校，这是一所名师辈出的学校，这是一所值得期待的学校，它汲取了百年老书院的精华，不畏困难继续创造新的辉煌，全体民实人正向着“美好教育”奋力进发！

文化是立校之本

——试谈学校文化的凝练与打造

刘玉莉　山东省临清市京华附属小学校长

文化是立校之本，它是学校发展创新的硬核。优美的育人环境和良好的文化氛围，会让师生终身受益匪浅。

以我校为例，我们以“美”为切入点。“美”源于“天地有大美而不言，四时有明法而不议，万物有成理而不说”(《庄子，知北游》)。崇尚自然界中的“大美”是庄子学说中的一个重要命题，如“君子成人之美，不成人之恶”“美本乎天者也，本乎天自有之美也”等，也就是从顺应人的天性的美好到人的心灵、精神的美好，而人的精神美好是人的生活美好的集中体现。

为此，学校立足“自信”与“最美”的视角，确定以构建“美”为核心的学校文化为统领，以“行厚德之风，铸美丽人生”为办学目标，以“让每一位师生都成为美好生活的缔造者”为宗旨，确立“践行美的教育，奠基美好人生”的办学理念。美的教育是关注儿童自然天性的教育，它求真；美的教育是关注儿童生命成长的教育，它求善；美的教育是关注儿童幸福生活的教育，它求美；美的教育，就是让每个人都成为身心愉悦的感受者和美好生活的创造者。由此，学校文化可以概括为两个“维度”和五种“心”。

一、第一维度

创建环境美，以美正心

美国教育家布莱森曾言：“任何一所学校的环境都在默默地对孩子发表演说，而且孩子们的确会注意它，并在不知不觉中接受熏陶和影响。”作为专门培养人、教育人的地方，学校不仅是学习场所，也是一种环境、一种氛围。

首先，我们在外部环境上营造“美”。临清素有“繁华压两京，富庶甲齐郡”之称。我们把校园文化定位为：走出临清，走向中国，面向世界，成为具有家国情怀、国际视野的中国人。基于此，深入社区进行访谈、调研，从本土出发，挖掘古运河文化，提炼、开发出了“临清美——美在名人”“临清美——美在名胜”“临清美——美在民俗”及由齐鲁大地至华夏中国的“传统文化美”“国学经典美”“自然风景美”及当今世界的“现代科技美”等。让学生了解家乡，为家乡美而自豪，从而爱家乡、爱祖国，并且与绿化、美化相映衬，以“春风化雨，润物无声”的方式，给师生视觉和心灵上美的熏陶。其次，每个班级和每间办公室都根据年级、学科等特点，设计出个性鲜明的室内文化，学校每学期都要评比、量化。这些不经意的小细节，处处彰显了以人为本的理念，让学校成为师生喜欢的地方。

外部凸显的“校园文化”只是“学校文化”的外延，而“学校文化”的内涵则是学校在发展进程中逐渐演化凝练出的一种具有独特价值的观念，被师生共同认可传承下来，涵盖管理理念、规章制度、教学方式、系列活动、课程设置等。

二、第二维度

（一）体验活动美，以美凝心

把握好时间节点，利用活动课程对学生进行教育。比如，精心策划开学典礼，让开学成为师生期盼的日子。一年一度的六一儿童节，孩子们在教师指导下准备节目，邀请部分家长参加，校园成为孩子们欢乐的海洋，笑声歌声融为一体，儿童的真性情得以流露。学校将元旦确定为“教师放飞日”，每年元旦，大家欢聚一堂，以年级组为单位，登台表演，以各种形式全面展示才艺，让新年过出味道、过得温馨。大家从讲台到舞台，用另外一种方式表达自我、联结同事，此时人心得以温暖、力量得以凝聚，职业的幸福感和成就感满满。每周一举行升旗仪式，让每位学生对升国旗唱国歌都有一种仪式感和敬畏感。每学期开展朗读者、讲故事、唱班歌等活动，还进行拔河比赛。学生在活动中树立自信，提升素养。师生共同打造的阳光大课间，学生每天在朝阳中嘴角上扬，在微风中舒展肢体……这一系列“360 度无死角”的活动，让师生逐渐养成了“笃学、善思、能群、尚美”的学风和“知书明理、团结进取”的校风。

（二）创新课程美，以美润心

课程是学校文化不可或缺的部分。在不折不扣落实好国家课程的基础上，为了提升学生的综合素质和创新能力，学校根据学生身心发展的特点，集思广益，对课程进行了有机整合。融合临清本土文化、学校和师生个人特点，不断挖掘社区、家长及志愿者等资源，发挥教师的科学思维潜力。我校研发的一套集人文、科学素养、健康艺术、社会交往等 35 门课程为一体的校本教材，已在全校推广使用，开设的课程取名为童心课程。每周五下午，孩子们兴致勃勃，按照学期初的选课计划安排，走进自己心仪的课堂。丰富多彩的课程文化，给了孩子们无穷的趣味和无限发展的空间，孩子们体味到多样化课程带来的快乐和自由，提升了展示自我的信心。教师们在多样化的课程教学中也逐步形成严谨、博学、务实、创新的教风，师生精神面貌焕然一新。

（三）感受课堂美，以美育心

课堂是育人的主阵地，要突破学科育人的壁垒，需要教科研引领。“科研出名师，名师强科研”。根据我校青年教师较多的实际情况，定期组织以下活动：①“三笔一话”历练基本功；②开展以“深研课程标准”“反复研磨教材”“共同商讨教法”为主题的教研活动，提升教师教学掌控能力；③通过各种“晒课”和“赛课”，提高各科教师驾驭课堂的能力；④开展“青蓝工程”，即以老带新活动。积极为青年教师引路子、搭台子、架梯子，力求青年教师三至五年内成长为骨干教师。

全体教师在以“美”为核心的学校文化浸润下，以课题研究为载体，对课堂教学的现状从目标设计、教学流程、师生合作、方法运用、教学辅导五个方面进行了分类。其中，高效图式课堂教学注重激发学生的创新思维，在各科教学中，思维导图已被师生运用得出神入化，包括教师的板书、教学计划、总结及学生的读书笔记等，全部以思维导图的方式呈现；单元整合阅读教学模式在一段时间内，让孩子们在同一主题的引领下，围绕着一个主题阅读各种不同题材、不同体裁、不同构思、不同写法的文章，形成特定的语言环境和情感环境，使学生在比较中学习和体会。这样把课外阅读放到课内，既能增加孩子阅读的数量和质量，又能达到帮助孩子培养良好阅读习惯的目的，一举两得。

孩子身临其境求知的过程，就是探索世界真善美的过程，让教育实实在在发生，是我们的终极目标。

（四）营造合作美，以美暖心

学校教育与家庭教育“和而不同”。探索学校、家庭、社会一体化办学模式，我们一直在路上。通过校长接待日、家庭教育讲座、家长开放日以及最美家长评选、我和爸爸比童年等活动，让大部分家长做到：以家庭生活为基本资源，在家风、家训、家庭风俗等因素的熏染下，让孩子逐步懂得待人处世的基本道理与行为准则；以家庭生活为中心，由近及远、由此及彼，推己及人，以小见大，逐步扩展行为锻炼的实践圈——以家庭生活为基本环境，在与家庭之外的各种环境互动中逐步实现人的社会化。因此，创建一支和美的家长队伍尤为重要。

“一切为了孩子，为了孩子一切，为了一切孩子”不仅要挂在嘴上、写在墙上，更要悄无声息地体现于教育的细节中，和风细雨地融入孩子们的生命里。它是人与人、人与物、物与物的融合共存，和谐共处。它有显性的一面，也有隐性的一面，如我们目之所及的生活环境就是外在的，我们的制度文化、教师的发展、学生的成长等都是内在的。以良好的文化氛围点燃师生对理想的追求，让学校成为每个人的归属，教育力量在此集中和凝聚，师生性情中的真善美得以展现，人格得以健全，从外在的形式美到内在的涵养美，直至达到真善美的和谐统一，才是我们不懈的追求。

习近平总书记在2019年学校思想政治理论课教师座谈会上强调，青少年阶段是人生的“拔节孕穗期”，最需要精心引导和栽培。作为校长，每走一步，都应该不断地反思：优质教育是何种样态？它虽然可以从多方面考量，但是最重要的标准一定来自孩子，为了孩子生命的蓬勃发展，适合的才是最好的。

展望未来，站在新的历史起点上，我们始终牢记办学的初心和使命。踏踏实实干好工作，认认真真抓好落实，不弛于空想，不骛于虚声，不断丰富学校文化内涵，坚定不移地走以特色建设为核心的内涵发展之路，是我们教育人永恒的追求。

乡村教育发展的“深淘滩”和“低作堰”

吴天书　四川省成都市龙泉驿区第四小学校党支部副书记、
副校长（主持工作）

我曾去过被誉为“世界水利文化鼻祖”的都江堰，不禁感慨：到底是什么原因让岷江水不淤不堵，流淌千年，至今依然发挥着它的作用，滋养着天府之国？当我看到嵌刻在二王庙石壁上的“深淘滩，低作堰”六个字时，便找到了答案。

“深淘滩，低作堰”是秦朝蜀郡太守李冰父子主持修建都江堰水利工程时留下的。“深淘滩”就是指每年都要将淤积的泥沙淘到一定的深度，以储备足够的水量保证灌溉；“低作堰”是将堤坝作低，便于排洪排沙，减少水灾。这六个字是根据都江堰特殊的水文环境提出的治水策略，立足实际，有效有用，是治水箴言，也是管理智慧，任正非曾用它阐述过华为公司的管理哲学。对于一个乡村教育经历者来说，对于乡村教育越办越小、越办越不好的问题，对于乡村教育定位不准、照抄照搬城市教育，导致乡村教育与乡村振兴的分离等问题，我想，“深淘滩，低作堰”也应是具有很好的启示意义的。

一、“深淘”：向内的发现与挖掘

无论是新农村建设，还是乡村振兴工程，国家明确并强调乡村教育“为农服务”的价值和使命，要“望得见山、看得见水、记得住乡愁”。但在实际工作中，乡村教育和乡村建设分离现象严重。其一，办学模式脱离山区实际环境，一味模仿城市学校。乡村学校不再有“农忙假”，孩子只管学习、不参与劳动实践。校园也不让村民随意进入，教师与村民没有亲近感，学校与乡村的鱼水关系一去不复返。其二，学校培养目标只关注考得好不好、升学率高不高，培养升学型人才。“长于智、疏于德、弱于体美、缺于劳”。孩子或疏于礼仪，或不喜劳作，或缺失基本审美能力。其三，价值引领鼓励学生“脱农皮”“跳出农门”，离开农村走向城市，形成了“县城不如省城、国内不如国外”的观念，使人走进离家越远越成功的误区。

乡村教育应立足乡村本土谈发展，坚持因地制宜，实事求是办学。“办农村学生需要的学校，让学校既美丽又有温度。”这是四川省广元市利州区宝轮镇范家村范家小学张平原校长的话。像范家小学这样的小规模学校是“撤点并校”浪潮中的幸存者，他们服务着农村最困难、没有能力进城的儿童。学校将学习与生活、生产、游戏相结合，大自然是课堂，风俗民情是课程。师生到地里种菜、丈量土地计算面积、收集民歌民谣，每天运动 1.5 小时，没有一个孩子戴眼镜。学校挖掘身边的资源办学，调整课程结构，重视乡土教材的开发和使用，传承和发扬乡村文化，改良乡村风俗。

“没有最好的教育，只有最合适的教育。”像范家小学这样的乡村小学，当初也面临着生源流失、资金不足、“留守儿童”增多、优秀师资向城市聚集等多重困难。但是，他们并没有慌张地向外张望，也没去照抄照搬城市学校的做法，而是找到了深挖潜力、不断清淤、历久弥新的“深淘滩”力量，立足本土大有作为。从一株植物到万物相连、从一类认知到跨学科体验，大自然的空间呈现全学习生态系统，让一切自然场景成为教育可发生的地方。这样，乡村教育和乡村社会发展紧密联结，才真正凸显了新时代乡村教育振兴乡村的重要功能。

二、“低作”：向外的关联与融合

送教下乡经验交流会

如果说“深淘”是蓄势，是向内的发现与挖掘，那么“低作”就是开放，是向外的关联与融合。

我们要打开门办教育。我原工作的通江县实验小学是一所百年老校，虽然办学条件、师资力量、教学质量等要比农村学校好得多，但是规模大、班额大、课程单一等问题也较突出。于是，我们“两条腿”走路：一方面送教、支教下乡搞帮扶，为教育均衡发展添力量；另一方面对外合作，引进优质资源服务师生。学校与 6 所城区学校成立“城区小学教学改革联盟”，与 6 所乡村学校结成帮扶联盟校，对 45 所小学进行了义务送教，近十年累计送课达230 余堂、300 余人次。学校先后引进北大元培项目、中澳电子琴试验项目，与成都市泡桐树小学等 3 所省城学校成为联盟学校，更新观念，寻找差距。

而最有意义的是，通江县实验小学在“低作堰”对外帮扶的同时，还完成了乡土资源的收集整理工作，丰富了校本课程。通过几年的送教、支教，我们把实物融入课堂。比如，利用各种形状的卵石、各种植物的种子、色彩鲜艳的花朵、多层次多纹理的树皮……利用松树的果实编成课例《松果变变变》，利用农村拆房的瓦片和砖块编成课例《瓦片画》和《刻在砖上的故事》，利用树叶编成课例《树叶的创想》，还将最新的材料材质与本土文化相结合，形成了《超轻黏土画武将》《青花瓷》课例，有机结合了现代与传统。我们把历史融入课堂。我们以通江县红军文化中的石刻标语作为突破点，让学生体验书写标语、錾刻标语，回顾艰苦卓绝的战斗历史，形成课例《悬崖上的记忆》《家乡的历史之红军石刻标语》，学生通过画、撕、剪、贴的表现方法，完成长卷作品《赤化全川》。我们把遗产融入课堂。利用乡村古建筑编成课例《家乡的老房子——毛浴古镇》，让学生了解老房子的历史，感悟毛浴古镇经受的战争洗礼，增强对红色文化的了解与认识。2015 年 4 月，我们的课题“乡土课程资源融入小学美术教学中的价值及对策研究”立项为省级课题。

游中学，学中游

另外，乡村学校在完善学校治理上也要有“低作堰”的智慧，降低门槛，让更多人走进来。一方面，学校要从单一行政管理走向多元合作管理。让更多利益相关方参与学校治理，建立由校长、教师、学生、家长代表参与的多元合作治理框架，使家校关系立于共生、达于和合。这样做的另一个意义在于无形之中学校也带动了村民整体素质的提高，改良传统乡村风俗，构建和谐、健康、丰富的乡村社会生活。另一方面，学校要引进多元的专业治理。如大数据信息化、法治化等第三方专业化治理工具，为教师建立数字教学资源库，为孩子建立完备的电子成长档案，通过“小手拉大手”活动让家长与孩子一起学法、懂法、用法，提高乡村法治水平等，让管理走向现代化。

三、“防洪”：心灵的关照与引领

乡村教育的难点在于家庭教育的严重缺位，这就需要学校付出更多。在劳动资源为城市建设做出巨大贡献的同时，也为教育带来无尽的“伤痛”，“留守儿童”问题至今仍是教育的一个突出问题。乡村孩子的主要问题不是贫穷，而是情感上的缺失或封闭。随着一次又一次的别离和留守，孩子们心中的安全感和信任感日益下降，有了心事和烦恼无法及时倾诉。他们将心门的“堰”作高，渐渐变得孤僻、敏感、叛逆、自卑，甚至沾染一些坏习惯。所以，培养孩子健全的人格、积极的心理品质和树立正确的人生观是乡村教育最紧迫的事情。如果教师只注重知识的传授而忽视心灵的关照和价值的引领，和水利工程用“高作堰”这种急功近利的方式在枯水季节增加进水量，一旦洪水来临就会形成堰塞湖是一个道理。

一个班级只有一个孩子

对于贫困和留守高度重叠的乡村来说，教育最该打响的是“心理扶贫战”。走近孩子，倾听孩子，陪伴他们唱、跳、飞、跑，还原孩子们的童年样态。淘去孩子心里孤独和郁闷的泥沙，让孩子放下戒备打开封闭的心门，让幸福和快乐注满心田。让孩子学会爱，学会理解父母，爱上家人，爱上学校，爱上家乡的山山水水。让孩子们从小认识家乡、爱家乡，长大建设家乡、恋家乡，培养出得去也回得来的最美家乡人。

乡村教育的发展、管理和育人之路，无论是“深淘”，还是“低作”，都应走出一条联系生活、根植乡村、与时俱进的适合自身发展之路。

“3+X”阳光治校实践

——浅谈如何落实学校党支部的职责

戴宏燕　新疆维吾尔自治区和布克赛尔县第一小学（原城关小学）党支部书记

和布克赛尔县位于准噶尔盆地西北边缘，地处塔城、克拉玛依、阿勒泰三区中心，辖区总面积3.06万平方公里，总人口5.3万，由蒙古族、汉族、哈萨克族、维吾尔族、塔塔尔族等19个民族组成。

第一小学（原城关小学）是目前县城所在地唯一一所完全小学，现有教职工202人，其中党员50人；教学班61个，在校学生2498人，其中少数民族（蒙古族、哈萨克族等13个民族）学生2180人。在边疆民族地区，全面落实党支部领导下的校长负责制是规范学校管理、提升阳光治校水平的关键。学校党支部以“让孩子在阳光下快乐成长”为办学理念，通过实施“3+X”阳光工程，全面落实党的教育方针。

“3+X”阳光工程是学校党支部建设现代化小学的一项系统工程。“3”指党支部在党建、管理、队伍等方面加强教师、学生培养的三大工程；“X”指学校党支部管理学校的各项具体工作；“阳光”指学校管理公开透明，同时也包含着“阳光育人”的办学理念。

“各族党员闹元宵”党小组活动日

一、“3”项基础工程

（一）党建工程

学校党支部围绕“两强化一发展”目标，扎实做好党建工作。“两强化”是指强化组织建设和领导班子建设。首先，强化组织建设。根据《党支部工作条例》规范党组织建设，把党小组建到年级组、教研组，实现党组织建到基层。党小组加强组织学习，提高党员思想政治觉悟，每个党员都把为学生服务的意识自觉落实在教育教学具体工作中。学校充分发挥党员先锋模范作用，以党员带教师、教师带学生，推动学校各项工作顺利开展。其次，强化领导班子建设。支部成员都是教育教学方面的行家里手，党支部副书记由党员骨干教师担任，支部委员均从学科带头人、骨干教师、年级组长、教研组长中产生，实行支部委员分包年级的管理体制，加强党对教育教学工作的领导。“一发展”指发展党员。党支部严把政治标准，严格按照程序，规范党员发展，成熟一名发展一名，为铸魂育人队伍不断充实力量。

（二）管理工程

党支部通过组建党支委、校务委、教工委、少先队组织，召开四级会议（支委会、校委会、教代会、少代会），在学校实施“三纵四横”网格化管理模式。通过这些组织，召开各种会议，贯彻党的意志，集中群众智慧，落实各项管理措施，从而实施管理育人。

校委会团建活动

党员听评课日

（三）队伍工程

党支部抓好党员、骨干教师、少先队委三支队伍建设，设立党员先锋岗、教师示范岗、红领巾监督岗，在全校营造奋发向上的良好氛围。党支部在全体党员中开展“三亮三比三评”活动，树立“一个党员就是一面旗帜”的信念，发挥党员示范带动作用。坚持实施“双培养”机制，把名师、学科带头人、骨干教师作为入党对象悉心培养，使他们尽早加入党组织；同时，在业务上有意识地把党员培养成骨干教师、学科带头人、名师，为学校打造了一支过硬的教书育人队伍。实行在职党员包联退休党员制度，加强退休党员管理，从政治、思想、生活等方面关心照顾他们。

二、“X”即在党的建设旗帜下做好学校各项工作

学校党支部统领我校思想政治、教育教学等各项工作，推进学校管理制度化、教育规范化等各项建设，实现学校立德树人的总目标。为了实现这一目标，学校党支部始终抓住三个工程建设不放松，发挥党员模范引领作用，做好学校各项工作。

思想政治课课堂教学大赛

（一）思想政治教育工作

学校党支部紧抓党员教育不放松，对他们进行党史、国史、形势政策教育，提高他们的政治觉悟。另外，着力建设一支又红又专的思品课教师队伍，派骨干教师出去培训，请外校优秀教师来校做报告，给教师们派任务、压担子，使他们得到迅速成长。思品课教师以《道德与法治》《品德与社会》课为切入点，全面开展“忠心向党、童心向阳”的育人工作。学校举行班主任工作座谈会、学科渗透思想政治教育创新会，开展未成年人思想政治教育工作研究，把思想政治教育渗透到学科教学当中，推进学校全员、全方位、全过程育人工作开展。

（二）校园文化建设工作

结合民族风俗习惯和学生身心特点，融合优秀传统文化、养成文化、红色文化，打造全新的有着民族特色的校园文化，以先进文化占领学校教育阵地，实施文化育人。

学校的校园文化体系可以概括为“一徽一训一歌一舞一长廊”。我们发动全校师生，集中群众智慧，制作了校徽、校训，创作了校歌、校园舞，建设了校园长廊，形成了我校文化特色。在学校醒目的地方，展示校园文化最核心的内容。校园橱窗定期更换，以中华传统文化、中国梦、安全教育、科普知识等宣传内容为主，对学生进行思想教育。校园的墙壁走廊、角角落落，处处散发着浓厚的文化气息，先进文化在学生心中渐渐扎根。

学校党支部充分发挥环境育人的作用，弘扬民族正气，引领时代风尚，培养良好品行，学生精神面貌焕然一新。

（三）课程体系建设工作

在学校党支部的指导下，教务处以培养学生主体意识、促进学生自主发展为目标，组织骨干教师，拟订方案，构建了学校德育课程、基础学科课程、特色课程、兴趣活动课程等课程体系，为实施课程育人提供了保障。

特色课程——哈萨克族冬布拉弹唱

（四）学生评价工作

学校党支部统筹学校各部门，制定了“七彩阳光之星”评价办法。全校教师用七色“阳光币”对学生在德智体美劳各方面进行认定，及时发放“阳光币”。学生积累一定量的“阳光币”，可以到学校“阳光超市”兑换奖品，通过这样一个过程来激励学生。这种评价教师全员参与，改变了过去班主任单一性评价模式；它的评价及时、全面，能引导孩子向上、向善、向美、向健发展，帮助他们扣好人生第一粒扣子，从而形成正确的人生观。

（五）阳光大课间工作

学校党支部注重学生身心健康，协调教务、后勤、少先队等部门，开展阳光大课间建设，实施活动育人。各种活动分时进行，富有特色。每天第一时段以广播体操、沙吾尔登舞、武术操、手语操为规定动作；第二时段将跑步、跳绳、足球、呼啦圈作为活动项目，学生任选；第三时段为自由活动，学生可以打沙包、跳皮筋、踢毽子等。现在，学生由以前“被运动”变为“想运动”“要运动”，阳光大课间成为他们的最爱。在运动中，孩子们感受到快乐和幸福。

大课间班级特色活动——球操

（六）特色教学工作

学校党支部非常注重特色课程建设，多次组织教务处、教科室开会，立足本地，联系学校实际，开发出系列特色教学“1+X”课程，实施实践育人。“1”是基础学科，“X”是在基础学科基础上开发出的相关子课程。这些子课程实践性很强。到目前，我校已开发出六门特色课程。

三年级诵读展示

“语文＋经典诵读”课程。通过课上课下诵读经典，学生接触了一定量的浅显古诗文，一定程度上提高了少数民族孩子学习文言诗文的能力。

“数学＋益智游戏”课程。利用校本课程时间，一至六年级分别开设磁力拼板、花样翻绳、智力魔珠、魔尺、魔方、象棋等游戏，通过这些游戏，开发学生智力，培养学生数学思维。

“英语＋口语交际”课程。每周上一节英语口语课，提高少数民族学生的英语口头表达能力。

“美术＋简笔画”课程。在美术常规教学中加入简笔画内容，化繁为简，提高学生形象思维与抽象思维的转换能力。

“音乐＋小乐器”课程。在常规教学中加入竖笛或手风琴学习，教会学生一种简单乐器的吹奏技巧，提升他们的识谱能力。

“体育＋足球”课程。在体育常规教学中加入足球训练，让学生了解足球，培养兴趣，提高身体素质。

特色教学的开展，开发了学生智力，培养了他们的艺术素养，强健了他们的体魄，促进了他们身心全面发展，使学生受益匪浅。

一年来，通过实施“3+X”阳光治校工程，学校各项工作取得了显著成绩，学生快乐感显著增强，家长满意度普遍提升。

我们深深感到，做好边疆地区学校教育工作，学校党支部一定要加强领导，落实好支部委员的工作职责，校务公开，阳光操作，充分发挥党员先锋模范作用，统筹各方面力量，围绕立德树人的根本宗旨，全面落实各项教育措施，只有这样，才能让每个学生健康快乐地成长，才能办让人民满意的教育。

寻找乡村教师专业成长的春天

——上模小学青年教师“4+1”专业成长模式探究

匡小兰　江西省吉安市泰和县上模乡中心小学

一、乡村青年教师专业成长缺少什么

江西省吉安市泰和县上模乡中心小学位于县城的边远山区，是一所边远乡村学校。学校除了中心小学，还有5个教学点。学校现有教职工46人，其中拥有大专学历的有20人、拥有本科学历的有18人；一线教师42人，以中青年教师为主。在现有的教师中，仅有一人是省级学科带头人，其他教师均为普通教师，他们虽然有着较高的学历，但教学经验不足，教学能力和管理水平都有待提高。尤其是学校教学点的年轻特岗教师，他们都很年轻，只有20岁出头，但是在教学方面他们得不到任何提高。因为，学校仅有两到三位教师，只能互相听听课，或从网上学习，没有像样的指导培训。培训时间也没有保障，农村学校的教师都是超负荷工作，只要一个教师外出学习，学校的教学工作就无法正常开展。学校离县城较远，因此，青年教师主动提升自我专业化水平的意识淡薄，教师队伍的整体素质还有待进一步提升。

乡村教师中有80%是年轻的教师，这些青年教师将成为乡村教育的一支主力军，成为乡村教育的中流砥柱。他们住校，有大量空闲时间，但是没有专业的引领，没有专业的成长方向，因而对未来感到迷惘。如何引领这批青年教师专业成长，是教育亟须解决的问题。

基于我国基础教育课程改革的需要以及新课程对于教师的职业素养提出的要求，只有进一步推进教师专业化成长才是一所学校的立足之本。我们上模乡中心小学根据实际情况，以“促进乡村小学青年教师专业化成长策略的研究”作为一项重要的课题进行研究，总结探索出一套提升乡村青年教师专业成长的策略与方法，逐步提高了全乡青年教师的专业综合素养。

二、乡村青年教师专业成长难在哪里

（一）乡村青年教师专业成长存在的问题

我国是农业大国，乡村教师数量多，不同地域之间乡村教育的条件和基础设施差别大。同时，随着教育功能的无限放大和教师工作负担的无限量累加，一线的教师，特别是欠发达地区的中小学教师们，不少人在繁杂的事务中迷失了自己，迷失了教师的本分和专业成长的方向。现阶段乡村教师专业成长还存在很多问题，如专业成长意识淡薄，专业知识水平普遍低下，信息化教学能力不强，利用信息技术提高自己教学效果的意识较弱。

（二）影响乡村青年教师专业成长的因素

1. 乡村教师职业倦怠使其缺乏职业规划与设计，对专业成长的认识不够

乡村教师所处环境相对特殊，教师厌教、弃教现象严重，许多教师也只是将“教书”作为谋生的手段和副业，而非一项事业。乡村教师人生发展的重心严重偏离教师专业，对专业成长的认识是模糊的，缺乏人生职业规划与设计，当然也谈不上专业成长。

2. 乡村青年教师人才流失的现象非常严重

对整个乡村学校而言，不只是流失了优秀的师资力量，而是从根本上动摇了其他教师扎根乡村教育事业的信念，使留下的教师也是“身在曹营心在汉”。一方面，他们失去了亲身观察体会和观摩学习经验丰富的优秀教师的专业发展机会；另一方面，他们会感叹自己的命运，悲观失望，缺乏工作积极性，消极应付课堂教学，因而形成乡村学校教学的恶性循环。

总之，出于种种原因，乡村教师专业成长现状令人担忧，不少教师专业成长没有意识、方向不明、动力不足，有意提升专业素质的教师常常找不到“吹糠见米”的捷径。所以，促进乡村教师专业成长的策略研究已成燃眉之急。

三、乡村青年教师专业成长的重要性是什么

“加强教师队伍建设，重点提高乡村教师素质”是中国教师队伍建设的新时代主题。中国目前有普通中小学教师 1000 多万人，其中 80% 以上的教师在乡村地区任教。这一客观事实决定了乡村教师专业成长的程度高低成为衡量教师整体专业发展水平的重要指标，不仅关系到乡村教育发展，而且关系到整个教育事业发展和全民族素质的提高。

随着“十三五”的召开，国家更加重视教育尤其是乡村教育的发展。国务院办公厅印发了《乡村教师支持计划（2015—2020年）》（以下简称《计划》），全面部署乡村教师队伍建设工作。《计划》指出，到2020年全面建成小康社会、基本实现教育现代化，然而，薄弱环节和短板在乡村。发展乡村教育，帮助乡村孩子学习成才，阻止贫困现象代际传递，是功在当代、利在千秋的大事。发展乡村教育，教师是关键，必须把乡村教师队伍建设摆在优先发展的战略地位。

四、乡村青年教师专业成长的内涵是什么

鸡蛋从外打破是食物，从内打破是生命。教师的专业成长是一种内在的驱动力，是一种生命的成长。“教师专业成长”有两个基本含义：一是指教师个体的专业成长；二是指教师群体的专业成长。它是一个“动态”发展的过程，教师个人的情感态度、价值观、知识技能和种种行为表现会不断变化。结合学校教师实际情况，探索出适合学校教师专业成长的有效策略，使学校教师逐渐成为专业化较强的教师，将有助于提高学校教育教学整体质量。

五、乡村青年教师专业成长的策略有哪些

我们学校根据校情，建立了“阅读、实践、反思、写作”加“一颗教育情怀”的“4+1”乡村青年教师专业成长模式。

（一）不停地阅读，用阅读助力成长

人们常说，读万卷书，行万里路。哲学家告诉我们，人类获得认识的途径只有两条：一是间接经验，二是直接经验。对于广大普通教师来说，读书注定成为教师获得广博的资源、实现自身专业成长最根本的途径。阅读是最美的姿态，阅读是教师专业成长必经之路。教师的专业成长，需要大量阅读的积淀，作为教师，不管是教书育人，还是修身养性，都应该是最爱读书的人群。特级教师窦桂梅说：“读书，使精神高贵而丰富，亦使生命深刻而阔远。读书，让我们在有限的从教时间内，实现自身的无限。因而，读书，是我心灵的振翅；读书，是我精神的呼吸。”通过读书，教师可以让自己走进更广阔的天地，让自己的灵魂在大千世界里畅游，让自己的眼光更长远、更犀利，让自己的教育思想更加科学、更加进步。从表面上看，也许现在的自己和从前的自己没有什么两样，但实际上随着阅读数量的不断增加和阅读质量的不断提升，不知不觉中，爱阅读的你已经超越原来的自己，走在同行前列了。

教师阅读的样子

在教师阅读方面，学校首先推崇专业阅读。朱永新教授说，所谓专业阅读，是指基于教师专业发展的阅读，是教师在教育教学过程中直接作用于专业实践的自觉的阅读，是站在大师的肩膀上前行。日常教学中，对于大多数教师来讲，恐怕除了读教材、教学参考书和有限的几本教育理论书之外，其他书籍很少涉及，根本谈不上专业阅读。有的教师读书可能稍微多一些，但大多是凭兴趣或者为了休闲的需要，读几本“快餐式”的生活杂志或者文学作品，真正为教学和研究而进行专业阅读的教师凤毛麟角。因而要让教师懂得为了自己的幸福而阅读，从根本上提升教师的阅读兴趣，逐步养成阅读习惯，在自主阅读中摸索阅读方法，在长期阅读中提高阅读能力，成为一位爱阅读、会阅读的教师，这是教师专业成长的首要任务。

如何进行专业阅读？朱永新教授提出两个关键字，即“专”和“问”。所谓“专”，就是教师要专心致志地精读某个领域的书籍，熟读一些与教学专业相关的书籍。如语文教师，不仅要大量阅读古今中外文学作品，提升文学修养，还要阅读古代汉语、现代汉语、文学理论、哲学等方面的书籍，以开阔自己的视野。有些教师在教学实践中锐意改革创新，形成了一套适合自身特点的教育教学方法，为提升理论层次，选择一些与教学方法相关的书籍进行深入阅读，也属于专业阅读。为了帮助教师进行专业阅读，我们可以这样做：

1. 研制书目

赵树理曾说过：读书也像开矿一样，“沙里淘金”。面对成千上万的书籍，挑选出适合自己的书籍是一项大工程，不仅需要时间和精力，还需要精准的判断。为此，学校可以为每位教师建立一份优质、专业的教师书目，供教师参考，让教师从中挑选书目。这些书目为我们寻觅那些精神上的奇珍异宝提供了有效的指南。它既节约了教师寻觅好书的时间，提高了阅读的效率，又能为培养教师的创造力提供足够广阔的沃土，而不是施加过度的压力。

为了提升青年教师的专业理论素养，我们学校教导处每学期为每位青年教师提供专业阅读书目。2019 年 9 月，开学后我给教师们提供了 400 多本最新的教师专业阅读书目，让他们自主选择其中自己最感兴趣的一到两本书目记下来。同时，提醒教师们要去网上多了解所选书的作者、主要内容及写作风格等，以帮助自己选到最喜欢读的书。一周后，统计教师所选的书目，有案例式的《有效教学 66 个案例》；有学科专业书，如《改变，从写作开始》《有滋有味教语文》《好用的英语教学游戏》；有教育专著，如朱永新的《自己培养自己》《成长是最好的奖励》；有儿童心理方面的《认识一个孩子》；有哲学类的《心与灵的碎片》；等等。书买回来后，我在书的扉页给每位教师写上一些寄语——“最是书香能致远”“腹有诗书气自华”“书香致远，幸福绵长”……盖上学校的公章，把书送到每位教师的手上。

教师专业阅读

2. 阅读分享

朱永新教授指出，在专业阅读的过程中，善于提出问题、分析问题，自然就能够把握知识的源流和内在的关系。专业阅读中的提问，通常是要解决三个“w”，即“是什么”（what）、“为什么”（why）、“怎么办”（how）。解决“是什么”的问题要收集和认清事实，解决“为什么”的问题要解释事实，解决“怎么办”的问题要认清事实从而解决问题。教师在专业阅读中经常进行这“三问”，有助于在教学实践中不断提升自身“复活知识”的能力，将复杂问题简单化、碎片知识系统化，从而在教学工作中做到游刃有余，不断提高教学专业化水平。因而，在教师阅读的过程中，定期组织教师召开阅读分

阅读分享会

享会，可以展示阅读笔记，也可以交流阅读的收获与困惑，还可以开展读书思辨问答等活动。总之，在交流中促进教师对阅读的理解并将其深化，边读边交流，加深印象。

2019 年学期末，我们开展了阅读分享会。有一位教师分享了李镇西老师的《自己培养自己》，她说从书中看到了李镇西的成长历程，李老师说每个人心中都藏着一个“卓越的自己”，我们可以通过四个不停——不停地阅读、不停地实践、不停地反思、不停地写作，用一生去追求那个让自己都惊讶的“我”，这个追求过程永无止境。李老师的成长故事和话语给了她力量，为初入职的她指明了方向。还有一位教师说他选了一本哲学书《心与灵的碎片》，读了几遍读不懂，但还是坚持读，边读边查字典或百度，边读边做批注，在多次反复阅读后终于有了一些感悟……

每个人都在真实地、认真地分享自己的读书体会，他们分享的内容多元、丰富，既有专业理论知识分享，也有结合自己的教学实践谈收获与反思。《在校园里诗意地栖居》《一盏一盏的灯》……多美的书名呀，多美的分享呀，教师看似在分享读书体会，其实就是在分享心灵的收获，不仅收获知识，更收获精神。在这场精神盛宴里，每位教师都感受到了阅读的幸福、成长的幸福。他们就像乡村夜里的一盏盏明灯，点亮自己，也点亮学生。

3. 专家引领

几乎每位校长都认识到，培养青年教师需要发挥“传帮带”作用。我们学校采取的方法是“名师引领，智者同行”。学校不定期请一些知名教育专家，如李镇西、张丽钧等到学校现场讲学，教师与专家现场交流，专家为教师答疑解惑。教师只有不断地阅读，获得本体性知识，不断深入阅读，提高自身的学术底蕴，自觉学习最前沿的先进教育教学理念，获得条件性知识，指导自己的教育教学实践，才能用阅读助力自己的专业成长。

（二）不停地磨课，用实践促进专业成长

“纸上得来终觉浅，绝知此事要躬行”，阅读所获得的终归是别人实践总结的经验，要引领学生成长，追求幸福而完整的教育生活，需要我们在自己的教育实践中不断地去探索，总结自己实践的直接经验。这里的“实践”就是全身心地投入课堂之中，投入学生之中，投入“完美教室”之中，踏踏实实地做好每项日常工作。

教育教学实践是教师发展的基础平台。教师的智慧，在教育教学实践中汲取；教师的能力，在教育教学实践中提高；教师的价值，在教育教学实践中实现。一个优秀教师的特质，包括稳定而持久的职业动力、优秀的教学能力、教学内容的处理能力、与学生交往的能力、教学组织与管理能力、语言表达能力、教学科研能力、运用各种教学方法和手段的能力、良好的性格特质、对教育教学具有高度的自我调节和完善的能力。这些特质都要在课堂教学的反复实践中才能磨炼出来。教师要在“课堂拼搏”中提炼自己。教师要立足课堂，用高效课堂吸引学生。不管是立足自身课堂获取的直接经验，还是深入他人课堂获得的间接经验，都是教师专业成长过程中积累起来的宝贵财富。所以，教师必须在课堂教学的反复实践和决战中，促进专业的逐渐成长，立足教学实践、打造高效课堂，是教师专业成长的支撑点。

教师每日一练

课堂是教育教学的主阵地，是见证教师专业成长的重要舞台。作为教师，课堂就是安身立命的场所。教师的专业成长首先要立足于课堂教学，在教的过程中发现问题、捕捉问题、加以研究，推动自己前进，并在教的过程中进行反思和总结，把经验上升到理论，实现教学积累。为了提升我校青年教师课堂教学水平，我校实施了“333”工程，即三课制度、课堂教学“三部曲”和课堂教学三招。

1. 三课制度

“三课制度”即“入职三年新教师过关课、入职五年以上教师示范课、外出学习汇报课”，引领教师上课、听课、观课、评课，在实践中研讨，在研讨中提升；引领教师不断地将专业阅读的理念与教学实践结合起来，在实践中思考，在实践中改进，促进成长。通过听汇报课，我们实现了“一人学习、众人受益”的效果。走出去，才能开阔教育视野与教学思维；学进来，才能由受教者变成施教者，由被动接受变成主动讲授，由台下变成台上，令学习成为教师的自我认同与价值肯定。

2. 课堂教学“三部曲”

课堂教学“三部曲”——同课同构，同课异构，异课同构。引导青年教师观看特级教师的教学实录，运用“实录还原法、案例法、补白填空”等方法，提炼名师教学背后的教学理念与教学思想，并内化为自己的教学行为，从而不断地提升教学水平。

3. 课堂教学三招

梳理总结自己的成长经验及学校青年教师的成长情况，我们发现“随堂听课、异地教学、大循环教学”是促进青年教师课堂教学成长的有效“三招”。我们针对青年教师专业成长提出的随堂听课，既包括学校领导和老教师听青年教师的“推门课”，也包括要求青年教师抽时间去听骨干教师的常态课。在听课过程中，带着思考、带着问题、带着感悟，在听课交流中提升自我的教学水平。异地教学是让青年教师去外校或是村小教学点开展教学交流，面对陌生的环境和不同的学生，迅速地调动学生的学习积极性，提高课堂驾驭能力。大循环是让青年教师带班上，准确地熟悉并把握所任教学科的教学体系，更好地把握学段特点，从整体上把握学生身心发展的特点。

（三）不停地写作，用写作熔铸成长的思考

“问渠那得清如许？为有源头活水来。”教育写作是对教育实践的总结提升。要想写得精彩，唯有做得精彩。可是，在我们身边的同行中，有很多明明做得很精彩的教师却拒绝写作，教育写作成为大多数教师成长路上的“拦路虎”。

面对失败的教育个案，要写下来吸取教训；面对沉闷的课堂，课后要反思如何激发学生的活力；碰到有效的管理小技巧，要写下来积累经验；与顽劣的学生打交道，要透过自己连续的文字记录捕捉教育中微小的契机；遭遇不配合工作的家长，要反复推敲大量的文字记录并从中找到有效合作的密码……持续的文字性思考，可

以让教师的文章获奖或者发表、课题高层次立项，在面临教育问题时能越来越从容地应对，面对教育写作越来越自如。

“一次不动笔的思考往往是肤浅的、零碎的、浮光掠影的，一次不形成文字的思考往往是断断续续的、不成体系的、不够深刻的，所以思考的最好方式是写作”。一段故事或事件的背后，有哪些关乎育人的契机或警示？一则案例或事件的发生，有什么样的教育思考或者启示？一场有心或无意的对话，是否带来了感触或领悟？透过某种大现象或者小背景，又有哪些独到的见解或深刻的自省？生活中，很多所见所闻所历所感都会在我们心头泛起涟漪、引发触动。那我们就要沿着探寻之路做更深入的思考，用理性的视角来提炼总结，形成文字，让零散的思考系统汇集，让系统的积聚串起那些星星点点的智慧。专业成长，需要让自己变得敏锐善思，更需要用写来熔铸思考与现实。

写，是一种更深刻、更有体系的思考，亦是一种静若止水的常态行走。将自身专业成长作为不断追求的教师，必然会笔耕不怠，让思考引领自己前行，也必定会以更多样的教育之行让笔下绽放出美丽的七彩之花，开启自己职业生涯的春天。在教育教学过程中，我们引导青年教师养成写随笔的习惯，每天记录成长的得失、教学的困惑和管理的成败等。学期末，我们把教师的教学随笔整理、出版一本教师随笔专辑。教师们翻阅教育教学随笔，回顾自己教育教学中的点滴感受，常常感叹：这一篇篇的文章记录并见证了自己专业上的成长之路。这一路有成功、有失败、有泪水，更有花香，是每个教师珍贵的财富。

（四）不停地反思，用思考促进成长的智慧

美国学者舍恩认为：“人们职业水平的提高，最主要的渠道不是职业活动的专门学习，而是在职业活动中不断反思。”一个成功的教师，总是善于在自己的教育教学中发现问题，并将这些问题作为分析与反思的对象，考察这些问题产生的原因，分析解决问题的种种途径，他们就是在这种不断反思中获得发展的。美国心理学家波斯纳提出了教师成长的公式：经验 + 反思 = 成长，没有反思的经验是狭隘的经验，如果教师仅仅满足于获得经验而不对经验进行深入思考，那么他的发展将大受限制。

学会反思是教师成长的必备素养。教育不苛求完美，但不能放弃追求完美，教育是一门遗憾的艺术，只有不断反思才能明确自己在教育实践中的得失，明白学生的需求，从而提升工作的针对性和有效性。反思的过程就是不断修正和完善自己专业认识的过程。反思就是把自己作为研究的对象，研究自己的教育理念和实践，反省自己的教育教学实践，反省自己的教育观念、教育行为及教育效果，以便

及时调整自己的教育观念和教育教学行为，从而提高自己的教育教学效果。教师在教育教学中，要批判地考察自我的主体行为表现及其行为依据，通过回顾、诊断、自我监控等方式，或给予肯定、支持与强化，或给予否定、思索与修正，从而不断提高教育教学效能。通过反思，教师能在教育理论的指导下对过去的教学经验进行回忆、思考、评价，做出新的计划和行动，从而改进教学实践，提高自身素质。教师通过反思既能总结好的做法，积累成功经验，又能不断发现问题并努力提出解决问题的新策略；既能反思自己的教育教学行为，又能反思别人的教育教学行为。教师经常性地反思可以聚沙成塔，成为促进教师专业成长的宝贵财富。

（五）一个信念，情怀滋养成长的远方

教师的专业成长，需要有大量阅读的积淀，也需要有诸多反思的提点，需要有化笔为犁的写作提升，更需要的是那颗热爱教育、渴望成长的心。乡村教育条件简陋、生活单调，更需要有情怀、耐得住寂寞的实干家。当我们教师将自己那颗不甘沉沦、渴求成长的心付诸扎扎实实的行动时，我们便已经开始了关乎拔节、关乎成长的累积。一个教师想要获得真正的专业成长，一颗热爱教育的坚定的心便足以带我们走向远方！

乡村教师如何培养自己的教育情怀、体验职业幸福呢？——调整心态，读写为伴。

李白说，“空长灭征鸟，水阔无还舟”。拥有了好心态，便拥有了幸福。我们可以从立德树人的高度来看待、认同、接纳自己所从事的工作，在工作中获得幸福感。乡村教师要坚定“让乡村的每个孩子都闪闪发亮”这一教育情怀，对乡村的孩子、乡村的教育始终保持一种激情，一种热爱，一种执着和追求。坚信自己是从乡村这块沃土中日渐成长起来的，深深热爱这片沃土，愿意为这片乡村教育沃土奉献一切力量。就像艾青在诗中写的那样：为什么我的眼里常含泪水？因为我对这土地爱得深沉。同时，通过如饥似渴的阅读，与遥远的思想者对话，坚持不懈地写作，用笔书写自己的教育心得，过一种读写人生，丰盈自身的职业幸福感。

生命不息，奋斗不止。习近平总书记说，幸福是奋斗出来的。奋斗是刘禹锡笔下“千淘万漉”的辛苦，是郑板桥笔下“咬定青山”的坚韧，是陆游笔下“少壮工夫老始成”的耐心与决心。每位乡村教师要练好四项基本功——一课三磨，一书三读，一题三讲，一文三改。反复研究，精益求精，以研究的气质建立职业规划，读书、写作、磨课、微课题研究、反思，培训自己，发展自己，相信自己，用一生去寻找那个让自己都吃惊的“自己”。

教师硬笔字比赛

阅读赋能，提升教师理论水平，丰厚文化底蕴；教学赋能，锤炼教师专业能力；写作赋能，总结经验，提炼思想；反思赋能，不断进步。全方位对乡村青年教师赋能，教师成长自然来。

聚是一团火，散作满天星。我们相信这些星星点点的乡村青年教师通过“4+1”专业成长模式的训练，一定能迎来他们专业成长的春天，他们将辐射带动更多的乡村教师成长与进步……

改变评价方式，激发学生的内驱力

祁儒禝　青海省西宁市湟源县城关第二小学校长

作为基础教育工作者，如何做才能让学生快乐学习、全面发展、健康成长？这是我常常思考的问题。通过多年的教育工作，我体会到：学校要创设种种有利于学生健康成长的环境，引发学生探究的兴趣，让学生主动做事、主动学习。这样，学生才会认为来学校上学是一件快乐的事情。在教育教学的过程中，要培养学生的自主思维、发散性思维、举一反三的能力，要让学生学会发现问题、解决问题的手段、技术，这样，我们教出来的学生才会是有思想的学生。在教育的过程中，要激发学生的内驱力，让学生成为主动探索、主动质疑的人。

一、在阅读中提升孩子们的幸福感

2017 年 3 月，我初到二小，这边的学生和我以往在其他学校接触的学生有很大不同，他们人前拘谨、羞涩、内向、不敢表现自己，但在熟悉的人面前也还是活泼开朗的。他们很少阅读课外书籍，写作是大难题。我就在想，如何让孩子们更大胆一点？我想到，“格桑花”的观影、悦读项目可以为孩子们打开一扇窗。于是，我求助于青海省格桑花教育救助会。

“格桑花”捐赠的图书

格桑花观影活动为孩子们打开了一扇窗

没过多久，4000 本由“格桑花”捐赠的绘本就到学校了。当孩子们拿着这些从来没有见过的“画书”翻看的时候，他们的脸上洋溢着幸福笑容。再后来，“格桑花”又捐助了许多崭新的书籍，用于开展“整本书阅读”项目。全班的同学可以在教师的带领下共读一本书，这是多么新鲜的事情啊！业余时间，我总是发现孩子们在教室里、操场角落里，谈论着书本的话题："那个长袜子皮皮真勇敢！""查理可以得到藏着邀请函的巧克力吗？""那个巨人到底是不是好心眼的啊？"我就想，我要是能够加入孩子们的话题就好了，于是忙里偷闲，看完了所有"格桑花"捐助的书籍，发现这些孩子们的书籍还真有趣。

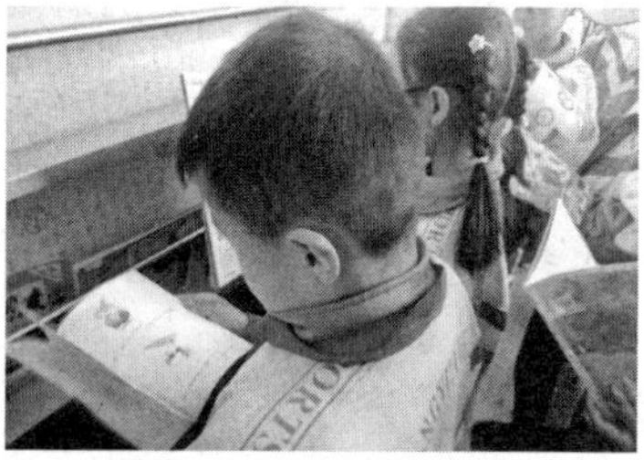

阅读课上、课间时，孩子们随时可以阅读喜欢的图书

我喜欢和孩子交流读书

我终于可以顺利地加入孩子们的谈话了，和他们聊聊书里的主人公，还真是一件有趣又轻松的事情。当然，孩子们也十分喜欢这些书籍，常常跟我说："校长，下学期我们班级要读哪些书籍啊？"这样的提问，是压力也是动力，"迫使"我想办法筹措资金，购买了《柳林风声》《稻草人》《小王子》《不老泉》等书籍，用于班级整本书阅读的推进。读着读着，我们的孩子们由原来的 80% 不喜欢阅读，到现在多数同学都喜欢阅读；由原来的"写作文咬烂笔杆望破天"到现在可以慢慢应付，变化是很大的。学校的教学质量也由原来的全县中下游到现在的名列前茅。我们做了分析，这和阅读有很大的关联。因为阅读能力增强了，分析能力、写作能力、表达能力都提升了。

二、进步争章，让成长更出彩

我常常和教师们讨论，如何才能激发学生的内驱力，让学生主动探索、主动学习？这个问题在教师们的头脑风暴之下，以“校园小超市”的方式解决了。这是一种全新的评价激励方式，面向全体学生，采取“教师评价—学生互评—自我评价”相结合的方式，队员们靠平时在品德、学习、文艺、体育等方面的表现，争取进步章并储存到“进步争章储蓄卡”上，再用储蓄卡中的进步章到学校开设的“小超市”兑换奖品。超市里不仅有送给妈妈的饰品、绘本读物、乐高拼装等实物，还有孩子们喜欢的彩泥、魔方等玩具，更有免作业一天、免测试等“惊喜红包”，想获得这些物质的或精神的奖励，就要看谁的“进步争章储蓄卡”上集的进步章多。

摆在“红领巾进步小超市”里的“货品”，如一本同学录、一盏小台灯、一个魔方，虽然值不了几个钱，但它对队员们来说却充满了“诱惑”，因为它们是用金钱买不到的，只有在品德、学习、纪律、卫生、音乐、体育等方面表现得足够优秀，才有资格去兑换。用自己良好的表现去换取自己想要的东西，不仅充分体现了自己的价值，而且符合队员们“不示弱”的心理特点，最关键的是这种鼓励比奖励小红花更有诱惑力，更让人充满期待，比校长在表彰大会上读一串名字，然后一个个上台领奖更新鲜、更刺激，也更及时。阶段性的表彰，可能让队员们感觉时间太久，甚至感觉自己的良好表现没有及时得到鼓励而淡化。“红领巾进步小超市”就不同了，它不仅会鼓励自己优秀一点，再优秀一点，更会使自己的表现及时得到“大众点评”，从而使自己充满信心，朝着更高的目标勇往直前。这样做看似是一种物质“兑现”，其实更是一种长效的自我约束、自我激励。

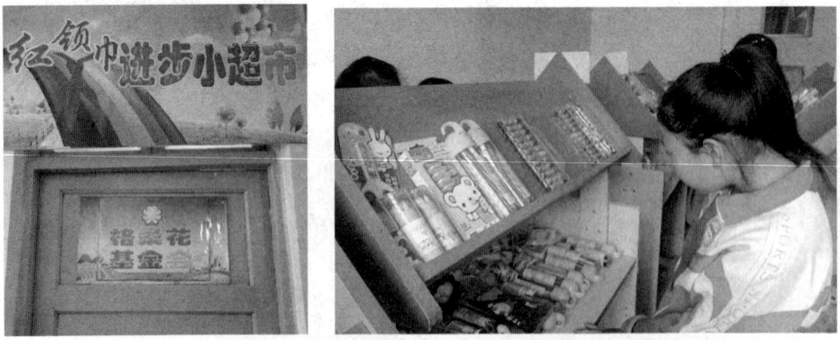

孩子们在“红领巾进步小超市”里寻找自己喜欢的东西

为了使红领巾争章活动更新颖、刺激，也为了队员们的进步章有更好的“出路”，学校大队部不断创新，精心设计了红领巾争章——神秘大红包活动。红包里有“与校长共进午餐”“做校长小助理”“免一次作业”“免一次小测试”等形式多样的小活动。其中，最刺激的红包要数“与校长共进午餐”。起初，队员们抽到此红包时都忐忑不安、犹豫不决，甚至感觉有些划不来，可惜了那些章了，但尝试后，队员们回班炫耀“我们的校长真亲切，和校长吃一顿午餐，我的进步章算是没白花”。红包中的免作业、免测试都是最受队员们欢迎的，这些神秘大红包不仅辅助了小超市的正常运营，还为学校省下了不少少先队活动经费。

第一位换取“神秘红包”后和我一起吃午餐的队员，我们的午餐是一碗牛肉面

记得刚刚开始推出“与校长共进午餐”的神秘红包时，一位学生在大队辅导员的“忽悠”下，用 30 个进步章换了一个“神秘”红包，他当时还很期待，打开红包一看是“与校长共进午餐”，再听同学们七嘴八舌的议论就后悔了。当天的校园里遍布着“神秘红包”坚决不能兑换的消息，有好多学生在我办公室门口偷瞄。中午，我邀请那位学生去吃饭的时候，很多学生甚至在悄悄“跟踪”我们。我问那个学生：“午饭想吃什么呀？”他说：“一碗牛肉面就可以了。”（后来我了解到，这位学生只提出吃一碗牛肉面，而没有要其他大餐，是因为他觉得老师们也不富裕，真是贴心的孩子！）当然，在吃饭的过程中，我没有拿出教师的威严问东问西、苦口婆心，只是和他交谈一些学生们感兴趣的话题，用餐氛围很愉快。第二天，校园里又传播着“和校长吃饭很有趣，神秘红包值得兑换”等消息。一时间，神秘红包在“红领巾进步小超市”里十分走俏。

三、红领巾研学，开阔学生视野

我们学校坚持以少年儿童为本，以格桑花西部助学“行走的格桑花”活动为平台。结合进步争章活动，队员们只要存够 200 个章就有机会参加“红领巾研学，小眼睛看世界”探索营活动。世界是一本书，我们要让更多的队员走出去多看看书中描述的那些精彩。为此，学校成立了“红领巾研学旅行”活动领导小组，精心设计活动方案和安全预案，制订了“研学旅行”活动的内容和目标，活动前辅导员分学段，学科融合，提前设计“研学汇报单”，由学生自主收集目的地资料，做旅行攻略，在活动中进行参观，聆听讲解，实践体验，讨论思考，写心得、日记。活动结束后为同学们讲讲外面的大千世界。这样的研学之旅，既开阔了走出去的孩子的视野，也激励着未走出去的孩子。

“端午活动”和研学活动中开心的孩子们

2018 年 10 月，我带着 40 个学生去上海参加格桑花教育救助会为我校学生专门定制的“拓展营”，我们先后到了上海、常州等地，参观了图书馆、拓展基地、乐高世界、海洋馆等，开阔了学生的眼界。一位学生在自己的“拓展营手账”中写道：我今天看到的大城市和我在电视里看到的不一样，和我想象中的也不一样，这些城市干净、繁华，这里的人文明、聪明，这里的生活富裕、紧张。我以前以为生活在大城市就是最好的，但我现在想，为什么这里的大人没有笑容，这里的小孩子也没有我们开心，他们总是愁眉不展。我还是喜欢让我快乐的家乡，但我的家乡有点落后，我要好好学习，长大了改变家乡。从这个孩子的日记里，我看到了孩子们最真实的想法，看到了格桑花拓展营真正让孩子们认识和思考这个世界。如果我们的孩子们可以通过一些活动，去真正地观察、思考，然后奋发有为，那么教育的目的就达到了。

格桑花拓展营

创新开展好实践活动，激发学生的内驱力，让孩子们快乐学习、健康成长是我们二小追求的目标，在这个目标的激励下，全体二小人奋发向上，学校呈现一种崭新的活力。2018 年、2019 年、2020 年连续三年，学校在全县统考中，教学质量位列第一。2017 年、2019 年，学校获得全县教育目标考核第一名。学校近三年获得了“西宁市平安校园”“湟源县优秀基层党组织”“湟源县先进集体”等荣誉称号。

浅谈足球运动对繁荣小学学生学习情况的影响

牛茂坤　内蒙古自治区扎兰屯市繁荣小学校长

足球运动被誉为“世界第一运动”，风靡全球，是一项团队协作的对抗性竞技。随着我国各项体育事业的快速发展，足球运动的现状不容乐观。为更好地培养足球运动后备人才，各地积极开展校园足球运动，大力推广校园足球运动是近几年校园体育的基本内容之一，也是提高青少年身体素质的重要手段。

扎兰屯市繁荣小学自 2014 年开始开展校园足球运动，成为扎兰屯市第一批国家级足球特色校之一。在学校大力开展校园足球运动期间，关于开展校园足球运动是否会影响学校整体教学质量、是否会影响学生学习情况的困惑和争议一直都在。为此，繁荣小学课题组和教研组共同研讨，攻坚克难，将阻力变为动力，充分挖掘了足球运动对学生发展的积极作用。经过五年的努力，足球运动对繁荣小学的学生学习情况的影响颇为显著。

一、校园足球运动的开展缓解了学生的学习压力

虽然小学生减负工作一直常态化开展，但在应试教育体制下的学生压力仍旧或多或少地存在。社会对于“别让孩子输在起跑线上”的舆论导向，家长们望子成龙、望女成凤的心理，老师们希望尽到义务，让学生尽可能多、尽可能牢固地掌握知识，这些都给学生施加了无形的压力。校园足球运动的开展有效地为学生们缓解了部分压力，让学生在学业中得到放松，劳逸结合，排解学习过程中的不良情绪。

每班每周保证一节足球课，课上除了学习基本的足球技能外，还会通过对抗比赛让所有学生尽可能地参与足球活动，体会运动的乐趣。学生们在追逐、奔跑中，得到简单的快乐。学校开发了适合不同学段的足球校本教材，确保足球课科学、实效开展，让学生在学习课业的同时强身健体，达到全面发展的目的。

二、校园足球运动的科学开展有效地激发了学生的学习动机

学校有专业足球梯队 5 支，足球队员近 150 人。对于这部分学生，学校有严格

的成绩达标制度。要成为足球队员并一直在足球队训练，就要达到学校的学习成绩要求。所以这项制度成功激发了进入校足球队和想要进入校足球队的学生的学习动力，使他们更加主动地投入课业学习中。

学校每周五大课间举行“足球吉尼斯挑战赛”，所有学生都可以参与其中。颠球、运球过桩、定点射门等，学生们在各自擅长的领域竞技并成为“校园小明星”，学校在每周的升旗仪式上对这些学生进行表彰并鼓励他们继续努力。学生们在一次次挑战中获得对自己努力的肯定和自信，在自我挑战并不断进步的过程中，学习动力也不断得到激发。

足球运动在一套科学有效的奖励体系中开展，成功地调动了更多学生积极参与足球活动，也激发了学生的学习动力。

三、足球运动对后进生的转化起到促进作用

有一些学生因为缺乏学习兴趣或单亲留守、缺乏管理等成为后进生，他们在集体中缺乏归属感，对学习缺乏兴趣和自信。传统的后进生转化方式是进行教师谈话或单独辅导等，但效果因人而异。这些学生往往热爱运动，在我校校园足球运动如火如荼开展的大环境下，教师们稍加引导，就可以使他们热爱足球。在足球运动中，他们有团队、有队员的认同，慢慢地就有了归属感。经过一个阶段的训练，他们会逐渐自信起来。

这样的例子在繁荣小学比比皆是。因为学校生源的特殊性，许多学生的父母常年在外打工，疏于对孩子的教育和管理。学校的足球队成了他们的“第二个家”，这里有教练这个大家长，有许多一起流汗拼搏的兄弟，这些孩子们不再是特殊的存在，他们变得更加阳光开朗，学习上也更加努力，成绩自然节节攀升。

四、校园足球促进了学生学习成绩的普遍提高

学校课题组和教研组共同开发了一套以校园足球为核心的校本课程，包括“说足球”“写足球”“画足球”“唱足球”……学生们以足球为核心，发散思维，提升学习能力和综合素养。学校同时开展丰富多彩的全员性校园足球活动，有效地使学习和足球运动相结合，促进了学生学习能力和学业水平的提高。

在开展校园足球的五年时间里，繁荣小学取得了许多优异的成绩，队员们踢进“主席杯”并取得男子组亚军、女子组第五名的好成绩，连续几年赴海南、广西北海等地学训，这些都提高了师生的荣誉感，促使我们更加努力地争取好成绩，也促使繁荣小学学生学习成绩连年提高，近年六年级毕业班的成绩在全市的排名中不断提升。虽然学习成绩的提升不能仅仅归功于校园足球运动的开展，但经过五年的

实践，繁荣小学用事实证明校园足球运动的开展不会影响学校的教学质量，踢球也不会影响学生的成绩。相反，足球运动能够锻炼学生的意志和团队协作精神，能够激发学生取得成就的动力，而这些良好的品格和心理素质，也促进了学生在学习中不断进取。繁荣小学的足球队员们大都以优异的成绩升入了初中，全校学生的学业水平均有不同程度的提高，校园足球运动的开展与学校其他工作的开展形成了良性循环。

在校园足球开展的过程中，繁荣小学的学生学习兴趣和动机越来越强了，学习能力和学习成绩也不断提升，广大师生在开展校园足球运动的过程中受益。虽然目前对足球运动和学习行为的关系，我们还缺少更加系统的研究，但我们用连续几年的实践证明了足球运动对学习行为产生的积极影响，这也更加坚定了我们要继续研究、不断深化开展校园足球运动的决心。

春风化雨桃李艳，红色基因代代传

蒲芙蓉　四川省通江县实验小学校长

行程万里，不忘来路；饮水思源，不忘初心。在近百年的奋斗历程中，红色基因始终与中国共产党所走过的每段历史相伴相随，红船精神、长征精神、延安精神等熠熠生辉的红色基因，体现了中国共产党最鲜明的品格。今天，面对意识形态领域错综复杂的形势，迫切需要我们实施红色基因传承工程。通江红军小学肩负立德树人的根本任务，依托本土红色教育资源，夯实革命传统教育，让红色血脉薪火相传。

一、文化润红苗

文化是一种思想，是一种引领。红色文化是一种精神，需要代代传承。通江红军小学注重精神环境和文化氛围的打造，以“尚美承道，立德树人”为办学理念，以“智勇坚定、排难创新、团结奋斗、不胜不休”的红军训词为精神引领，教师把“怀爱心、备智慧、具特色、有正气”作为价值追求，以“爱生活、勇担当、懂感恩、会创新”为育人目标。学校紧扣这样的精神文化营造红色文化环境。

（一）红色文化墙

校园的正面墙介绍了“红四方面军英雄中队”的历史。通江位于四川省东北部，米仓山东段南麓，历史源远流长，文化底蕴厚重。1932 年 12 月，撤离鄂豫皖苏区的中国工农红军第四方面军，由陕南进入四川省通江县，创建了以通江为首府的全国第二大苏区——川陕革命根据地。这块红色的土地拥有 200 多处革命遗址，被誉为军史“露天博物馆”。数十年过去了，红四方面军在通江的光辉战斗历史早已化作我们心中的红色丰碑。习近平总书记说，“红色基因就是要传承”。通江红军小学“红四方面军英雄中队”成立于 1993 年，以曾在通江浴血奋战的红四方面军的名字命名，由时任通江县委书记张忠孝同志亲笔题写队名。1993 年，李克强同志曾来信以“希望之光”激励全校师生。

（二）红色楼道文化

教学楼一楼展示学校的办学理念、校训、教风、学风、校歌；二楼展示毛泽东诗词；三楼、四楼是配图古诗文、配图成语故事、配图《三字经》、名人名言等国学文化。做到面面墙壁会说话，角角落落能育人，时时处处以浓厚的传统文化滋养和浸润学生心灵。

（三）红色班级文化

班级文化是校园文化的基础，通过开展《红军故事知多少》《向英雄敬礼》手抄报评选、“雷锋精神代代传”学习园地评选、“红军故事会”“致敬先烈”主题队会等活动，建设和谐、进取、向上的班级文化。

（四）红色校园广播

每天上午、下午定时播放革命歌曲、世界名曲及中华古诗文吟诵曲目，播报国际国内新闻。让学生感知“家事国事天下事”，做一个有温度的人。经过长时间的积累与沉淀，红色文化已然成为通江红军小学师生的精神所向。校园红色文化自然形成了一股生生不息的洪流，成为红军小学育人的丰沃文化土壤。

二、课程育红星

近年来，学校以培植“红小书韵”“红小气度”，培树“红小精神”“红小品质”为德育目标，利用本土资源开发系列红色课程。

（一）红色教育进课堂

课堂是开展红色教育的主阵地。我校通过教研例会、座谈会等形式，向全体教师阐释红色教育的重要意义，探讨在课程中实施红色教育的有效方法和途径。充分调动师生的积极性，高效挖掘学科红色文化内涵，让红色文化与学科教学有机嫁接、自然融汇。学校通过听课、问卷调查、学生座谈等形式，对教师落实红色教育情况进行综合评估，纳入教师评价考核，确保红色教育落到实处。

（二）开发本土红色资源

通江被誉为红军之乡。我校充分开发红色教育资源，把红色教育纳入课程体系，编撰红色教育校本教材：《我们美丽的家乡》《红芽》《听妈妈讲那过去的故事》《希望之光》。内容有“当年战争”“家乡英雄”“红色故事”“红色遗址”等，全面详细地介绍通江这块革命热土上发生的感人故事，热情讴歌革命战争年代“捐躯赴国难，视死忽如归”的通江儿女，是学生了解家乡、热爱家乡、接受革命传统教育的有效载体，也是红色教育的生动教材。

（三）丰富红色教育活动

1. 红色艺术活动

我们用演讲、歌咏、舞蹈等学生喜闻乐见的形式，让学生讲英雄、颂英雄、演英雄、学英雄，教育学生做英雄。

（1）开展“报国情，强国梦”的主题国防教育演讲赛。

（2）举办“歌颂祖国”征文比赛。

（3）观看《闪闪的红星》《开国大典》等红色电影。

（4）举办“红色故事会”。

（5）六一“唱红歌　跳红舞”。在红色舞台上接受红色精神的洗礼，激发师生对健康向上、积极进取精神的向往和追求。

2. 红色体验活动

（1）开展“清明节”祭先烈、崇英雄的研学活动。

（2）“重走红军路”，“重尝红军餐”，感知革命艰辛。

（3）开展“爱心募捐”“义工帮扶”等学雷锋活动。

（4）坚持“瞻仰陵园”感恩教育活动。

（5）独创“假期亲子实践作业”，在每学期的开学典礼上，为优秀作业、优秀家长颁发荣誉证书，让家长树立与孩子共同学习红色文化、共同成长的理念。我们的做法被《教育导报》以《用快乐为假期生活导航》为题做了专题报道，也被教科体局以《336 颗星星只为奖给暑期的他们》推介。

3. 红色运动会

把“送军粮”“飞夺泸定桥”“抢丰收”“两河口战役”“空山战役”等革命故事设计成红色比赛项目——“火线鸡毛信”“小红军担架队救伤员”“红军的扁担”“艰苦长征路”“工兵摸地雷”“独轮车送军粮”，让学生在生动热烈的体育活动中接受革命传统教育。

三、业绩耀红光

通江红军小学坚持立德树人、以文化人，全校师生在红色基因的传承中天天进步，学校工作蒸蒸日上。目前学校形成了一个以“正”治校、以“正”治教的“磁场”，在这个正向的场里，人人是主角，人人有担当，人人都成长。学校已然形成了“能者尊、勤者荣、庸者窘、惰者羞”的群体氛围，可谓风清气正、环境宜人。

学校连续三年被县委、县政府表彰为“教学质量优胜单位”。被授予“四川省示范家长学校”“四川省优秀家长学校”。实现了“零伤害、零事故、零犯罪”，被司法部评为“零犯罪学校”。

全校师生将继续做好红色文化的传承者，做好魅力山水红军城的建设者，做好通江壮丽画卷的描绘者，办好人民满意教育。我们只问初心，只问敢勇，只问深情，无问西东！

乡村教师成长突围之路

李芳芳　陕西省西安市周至县终南镇双明小学校长

我们就像开在贫瘠野地里的花，不起眼却强韧地迎风摇曳，没有太多的涂脂抹粉，只有单纯坚定地向阳！

——题记

一、在恐惧中催逼成长，在自卑中不断提升

我是一名乡村教师，从小生长在农村，1998 年初中毕业后上了一所中等师范学校。但 1999 年大学扩招之后，曾经有很多人向往的中师校园里一度流传着“三年一场中师梦，醒来已是万事空”的打油诗，部分同学选择回去上高中，那样的氛围曾多次让我感到迷惘和压抑，感觉自己就像是那“夹缝中的一代”，自卑而迷惘。2002 年 3 月，我如愿以偿地踏上讲台，由于当时县域教师缺编严重，作为中师生的我还幸运地被分配到了一所乡村中学，担任班主任兼英语教师，我无比激动。但同时我内心也很害怕，因为师范三年我们没有开设过英语课。所以，当时我定的第一个奋斗目标就是——做一名合格的英语教师。为此我不断催逼自己成长，认真钻研教材，精心备课，反复练习英语口语，同时抓住一切空闲时间自学英语。在取得了西北大学汉语言文学本科学历之后，我又积极进修英语本科学历，随后参加省考成功获取英语教师资格。作为年轻人，我认真钻研教材教法，虚心向有经验的教师学习，不断提升我的专业知识和技能，2010 年全县组织的教师技能大赛中，我还获得了初中英语组第一名。经过不断的历练，我也逐步成为学校的骨干教师，并多次获奖。2017 年 10 月我获得了“桂馨·南怀瑾乡村教师奖”，2018 年 11 月还有幸参加了第四届教育博览会并进行故事分享。不间断地学习，一步步地成长，让我真正懂得了一个道理：“教师真正的自信与尊严源于自我专业的成长。”

参加第四届教育博览会

二、专业引领明确方向，实践反思助力成长

我第二阶段的成长目标是做一名专业化的班主任。

其实，一开始我根本不知道怎样管理班级，整天在教室里扮演着“保姆 + 警察”的角色，不仅自己累，学生也不喜欢。2006 年，我们学校来了一位新校长，注重对青年教师的培养。他当时提出“班主任要走专业化发展之路”，那是我第一次听到“教师专业化”这个词，对我之后的教师生涯产生了很大的影响。记得有一次校长亲自组织班主任培训，会上他带领大家学习了杂志上的一篇文章，是关于魏书生老师的“科学与民主管理”的内容，那次培训让我感觉很新鲜，魏老师“人人有事做，事事有人做”的管理方法也深入我心。随后，我便立刻购买了魏老师的《班主任工作漫谈》，并在我的班上尝试进行自主管理，这些实践不仅让我看到了学生的潜能，也让我感受到了专业成长带来的工作上的成功体验。所以，我又读了很多全国知名班主任像李镇西、王晓春、万玮、郑学志的著作与文章，订阅了《中国教师报》《中国教育报》及《班主任之友》等报纸杂志，不断学习，更新理念。特别是读李镇西老师的《爱心与教育》《做最好的老师》等著作后，我的内心产生了极大的触动。我第一次真实地触摸到了我想成为的好教师的形象。在随后当班主任的十年里，我一直把“爱心与责任”作为工作的准则，把做一名受学生爱戴的良师作为自己的追求，走近学生，带领他们一起朝前走。

三、阅读经典点亮心灯，影响带动携梦前行

“一个人的精神发育史就是他的阅读史；一个没有阅读的学校根本不可能有真正的教育”。第一次听到朱永新教授这些话时，真可谓振聋发聩，我从内心里认同他的看法。这几年来，阅读不仅增加了我的专业知识，也让我对教育有了更多的思考和实践，并慢慢形成了自己的教育理念。在我的熏陶下，我女儿从小便养成了良好的阅读习惯，每天都能自觉地读书，12 岁的她目前的阅读量有上千本。我不能确切地说出阅读到底给她带来了多大的影响，但 7 岁那年当她读完《窗边的小豆豆》后，她带着哭腔的“妈妈，你为什么不能成为小林宗作那样的校长？”的质问，却深深刺痛了我。那一刻，我明白了阅读不一定会让她成为谁，但那些像小林宗作一样的人物形象会永远留在她的脑海中，并会成为她的一部分。正如英国诗人惠特曼诗中所写的那样，“有一个孩子每天向前走去，他看见最初的东西，他就变成那东西，那东西就变成了他的一部分，在那一天，或者那一天的一部分。”我想阅读经典读物就会有这样的效果。

“心有所信，方能行远。”2013 年 8 月，我被调到一所山区小学担任校长。面对一百来人的村小，八九个正式编制的教师，落后的教学设备，单调的学校生活和一群不太重视家庭教育的家长，我除了感到压力就是心疼，感觉农村的孩子真是不容易，因为像我们这样的村小，体育、音乐、美术、科学甚至英语等课程无法开

齐。无数个夜晚，我都在反复思考一个问题："我们到底要培养什么样的孩子？六年的小学生活，我们能给孩子们什么东西？"结合阅读对于我和女儿的改变，我觉得阅读便是没有门槛的"公平教育"，也是教师专业成长的一个好途径。所以，我要让孩子们从小就读到丰富的书籍，用阅读点亮一盏盏心灯，让每个孩子的眼中散发出应有的光亮。于是，我们开展了"书香校园"建设，每天带着孩子们一起晨诵、一起阅读。但任何一个小小的梦想要落地生根，都是不易的。没有书，我就想办法四处筹钱给师生买书；没有时间，学校就硬性规定每天中午阅读 20 分钟，逐一检查评比；家长不支持，我们就利用各种机会给家长培训改变观念。最难的是改变教师，现在农村教师不读书的比比皆是。为了让我们的教师从思想上认同，我采取了统一培训与逐个击破的方法，张老师家孩子刚两岁，我就送她孙瑞雪写的《捕捉儿童敏感期》，赵老师孩子上幼儿园了我就送她《好妈妈胜过好老师》，并把我孩子以前读过的绘本送给她孩子，指导她进行亲子阅读。在这样的"赠书"和与教师们的聊书中，让他们慢慢感受阅读的好处，引导他们从被动变为主动，从带着自己孩子读到带着班上学生读。

就这样经过了三年，我们学校的孩子基本上都有了良好的阅读习惯，学校把阅读也编入课表，开始了阅读课程化的尝试。其实在这个过程中最为受益的还是我们的教师，在不断地阅读中，我们开始反思自己，学做好教师、好家长。在从理论到实践的尝试中，也让我们有了正确的学生观和不唯分数的质量观，并由此展开了一系列尝试：没有艺术教师，我们教师就自己学或通过互加网络课堂，教孩子美术音乐，让孩子们拿起画笔、吹起乐器；我们让科学课变得好玩，结合乡土资源，带领学生走入桃树林，去观察花蕊，了解植物；带孩子们养蚕宝宝，写观察日记，进行抽丝比赛；还带孩子们做水的探究性实验，用吸管做排笛感受声音的高低；学校小办不起大型运动会，我们就开趣味运动会，师生乐开了花，对于获奖的学生，会郑重地颁发给他们金、银、铜奖牌，让孩子有奥运冠军一样的荣耀感；春天，我们带孩子上山踏青"寻春"，在古诗词里"诵春"，在纸上"绘春"；端午传统节日，就和孩子一起拧花绳，包"粽子"；农村

我们的绘本角

孩子习惯不好，我们就在学校里利用午饭后的时间教孩子正确刷牙、洗手。虽然做的都是一些小事，但看到孩子们和教师们的变化，我真正感受到了快乐，感受到了自我成长带给自己和周围人的改变。

午读——让我们精心捧读一本书

课间——我们一起读绘本

一路主动，才会一路阳光。作为乡村教师，虽有很多制约我们成长发展的因素，但我认为只要我们心中有光芒，就必定会有属于自己的远方。作为乡村教师，我们首先要进行思想上的突围。要认识自己，找准定位，明确自己各个阶段的目标，要坚定树立成长为一名良师的信念。其次是要在行动上突围，要主动成长。万般想法皆离不开一个字——干。唯有不断读书学习，实践反思，脚踏实地地真学真干，才能突出思想重围。最后就是要从环境上突围。记得马云乡村获奖教师牛宇曾说过：“我虽在乡村，但一直努力不被同化。”有多少人工作几年后能够一直保持最初的状态呢？是什么让我们懈怠不前了呢？人都是有能量的，当我们守住初心、不断前行时，也就会吸引到更多“相同尺码的人”，与我们抱团成长。越努力，就会越幸运，这些年我也有幸结识了一群有梦想有情怀的乡村教师，他们是乡村教育的突围者，在他们身上我看到了良师的模样，也看到了未来的自己和乡村教育的明天。